판소리 탄생 연구

판소리 탄생 연구

한상일 지음

1판 1쇄 발행 | 2025. 1. 25

발행처 | **Human & Books**
발행인 | 하응백
출판등록 | 2002년 6월 5일 제2002-113호
서울특별시 종로구 삼일대로 457 1409호(경운동, 수운회관)
전화 | 02-6327-3535~6, 팩스 | 02-6327-5353
이메일 | hbooks@empas.com

ISBN 978-89-6078-784-1 93670

판소리 탄생 연구

한상일 지음

Human & Books

|목차|

제1장　서론

제2장　판소리 예술 탄생의 원류적 배경

제3장　판소리 예술 형성의 사조적 기반

제4장　판소리 문화접변의 초기적 양상

| 표목차 |

판소리의 풍요, 국악의 융성

성장기부터 자연스럽게 국악을 접했고, 15세 무렵부터 선친에게서 소금과 대금을 배웠습니다. 고등학교에 입학해서는 지영희 선생님으로부터 피리와 태평소를 배웠고, 군에 가서도 군악대에서 근무했습니다. 3년간 모교에서 교사를 하다가 국립창극단, 국악관현악단 지휘자로 일했고 이후 성남시립국악단 예술감독 및 지휘자로 일하다가 동국대학교 한국음악과 교수로 학생들을 가르치기도 하였습니다. 이후 다시 현장으로 나가 광주시립국악단을 거쳐 지금은 대구시립국악단 예술감독 및 지휘자로 일하고 있습니다.

돌이켜보면 55년을 국악과 희로애락을 함께 했습니다. 국악의 선율과 동거동락했습니다. 국악은 저의 집이고, 저의 일터이고, 저의 꿈이고, 저의 사랑이었습니다.

그런 가운데 80년대 진도의 박병천 명인에게서 진도 시나위를 공부할 계기가 있었습니다. 그때는 자세히 몰랐지만, 굿판에서 청배를 한다거나 사설을 늘어놓거나 청중들과 여러 가지 방식으로 소통을 할 때, 그게 판소리의 초창기 모습이 아닐까 하는 생각을 어렴풋이 하였습니다. 특히 남도의 굿판이 그런 경우가 많았습니다. 훗날 박사과정을 하면서 여러 판소리 서적을 보니 제가 짐작했던 대로 남도의 굿이 바로 판소리의 원류라는 게 확인이 되었습니다. 그렇다면 도대체 남도의 굿이 어떤 과정을 거쳐 판소리가 되었을까요?

　제가 한국의 역사를 좋아하다 보니 역사드라마나 역사책 보는 것을 좋아합니다. 그런데 고려시대 김부식이 지은 『삼국사기』에 〈수궁가〉와 똑같은 이야기가 있는 것을 보고 놀랐습니다. 백제의 의자왕이 즉위하고 642년 의자왕은 합천의 대야성을 공격하여 성주와 성주의 아내를 죽입니다. 그 성주의 아내가 바로 김춘추의 딸이었습니다. 김춘추는 구원군을 청하기 위해 고구려로 가는데, 그때 고구려의 연개소문이 신라가 빼앗아간 죽령 이북의 땅을 돌려달라고 합니다. 김춘추는 돌려줄 수 없다고 맞서죠. 연개소문은 김춘추를 감금하게 됩니다. 그때 선도해라는 고구려 사람이 김춘추에게 이야기를 하나 들려줍니다. 그게 바로 우리가 알고 있는 〈수궁가〉의 내용입니다. 간을 주겠다고 하고 위기를 벗어난 토끼처럼 하라는 것이었습니다. 김춘추는 신라의 영토를 주겠다고 약속하고 신라로 돌아오는 데 성공합니다.
　조선 후기에 완성된 판소리에 삼국시대에 이미 그 줄거리가 있었던 것입니다. 이게 도대체 어떻게 된 일일까요? 그래서 저는 어떻게 판소리가 발생하게 되었나를 차근차근 살펴보게 되었습니다. 그러고 보니 결국은 판소리는 문학과 음악과 연희판의 내용이 다층적으로 스며들어 가서 확립되었다는 것을 알게 되었습니다. 그게 바로 문화의 접변입니다.

하나의 원본 서사가 있으면 여러 스토리가 더해지고, 또 다른 장르의 음악들이 가세합니다. 너름새까지 합쳐집니다. 더 중요한 것은 처음에 하층민이 담당했던 굿에 양반이나 중인 계층까지 판소리의 내용과 형식에 관여를 해 점차로 판소리의 세계가 확대되었다는 것입니다. 그리하여 18세기 중반에 거의 골격을 갖춘 판소리는 더욱 세련미를 보태어 19세기 말이 되면 거의 현재와 비슷한 양상의 완성된 예술 장르로 탄생하게 됩니다. 정현석이나 신재효 같은 양반, 중인들이 없었다면 오늘날의 판소리도 없었을 게 분명합니다. 그러니까 판소리는 우리 전통문화의 역량이 결집된 종합예술인 것입니다. 오늘날 판소리의 광대함과 풍요로움은 우리 전통문화의 접변이 가져왔던 결과인 것입니다.

이렇게 거듭 발전을 거듭한 현재의 판소리는 한국의 대표적인 국악 장르이며 한국의 1인 오페라라 해도 과언이 아닙니다. 외국의 유명 음악인도 우리 판소리를 알게 되면 놀라서 입을 다물지 못합니다. 그 내용의 풍부함이나 음악적 다양성에 놀라고, 한 사람의 소리꾼이 장시간을 공연하며 그 많은 배역을 소화하는 데 더욱 놀랍니다.

이 책은 저의 박사학위 논문이었습니다. 최근 판소리를 공부하는 학생이나 전공하는 사람들, 특히 판소리를 전공하는 교수님들로부터 이 논문을 책으로 출판하라는 권유를 많이 받았습니다. 생각해보니 판소리를 발생론적으로 추적하면서 우리 소리, 우리 국악의 가치를 밝혀주는 내용이기에 출판해도 좋겠다는 생각을 했습니다.

평생을 국악인으로 살아온 저로서는 이 책이 우리 국악을 조금이나마 더 자세하게 이해할 수 있는 계기가 되었으면 합니다. 판소리가 풍요롭듯이 우리의 삶도 국악을 통해 조금이나마 더 기름지고 풍요롭게 되었으면 합니다. 이 책을 출간해주신 휴먼앤북스의 하응백 대표님과 추천사로 졸작에 온기를 더해주신 김승국 전통문화콘텐츠연구원장님, 유영대 전북특별자치도립국악원장님께 감사드립니다. 그리고 모든 국악인과 국악을 공부하는 여러분께 진심으로 고마움을 표합니다. 고맙습니다.

2025년 한상일

진골 출신이 소개하는 판소리 미학의 모든 것

한상일 교수의 역저 『판소리 탄생 연구』 출판을 축하한다. 이번에 펴내는 저서는 그의 2011년도 박사학위 논문을 기반으로 내용을 좀 더 심도 있게 보강하여 출판하였다.

한상일 교수와 나는 1980년 초 현 '국립전통예술중·고등학교'의 전신인 '한국국악예술학교'에서 동료 교사로 만나, 그 인연이 지금까지도 이어지고 있다. 그냥 아는 사이로 지내온 것이 아니다. 서로 개인적인 문제도 상의하고, 한편으로는 국악 전반에 대한 의견을 나누면서 호형호제하며 지내고 있다. 그래서 나만큼 한 교수에 대해 많이 알고 있는 사람도 드물 것이다.

국악계에서 한상일 교수가 차지하는 비중은 매우 크다. 한상일 교수의 주 전공은 피리이다. 게다가 대금과 해금 정도는 능숙하게 연주할 줄 안다. 그는 국립국악관현악단 예술감독, 성남시립국악단 예술감독, 광주시립국악단 예술감독을 역임하고 현재 대구시립국악단 예술감독으로 재직하고 있으니 국악관현악단 지휘자로서 화려한 경력의 보유자다. 그런 그가 판소리의 문화접변 양상을 중심으로 판소리의 예술적 전형화 과정에 대한 저서를 집필하였다니 고개를 갸우뚱하는 이들도 있을 것이다.

그러나 그것은 한상일 교수에 대하여 모르는 사람들의 의구심이다. 한상일 교수는 국악계의 진골 가계 출신이다. 선친이 우리나라 한범수류 해금 산조와 대금 산조의 일가를 이루신 한범수 명인이시다. 게다가 형제들이 판소리, 피리, 대금 등 각 영역에서 일가를 이루며 활동하고 있다. 어릴 때부터 한 교수의 집에는 명인, 명창들의 발길이 끊이지 않았다. 이러니 유년기부터 성장하면서 국악 전반에 대한 전문적 지식을 쌓아갔다.

게다가 그는 국립창극단의 기악부 악장을 거치며 판소리에 대한 예술적 이해와 심도 있는 지식을 쌓았기에 이러한 저서를 집필하기에 충분한 선행 학습이 갖춰져 있다고 할 수 있다. 한 교수와 국악에 관한 의견을 나눌 때마다 느끼는 것은 국악계 전반에 대한 그의 해박하고 깊숙한 지식에 놀라지 않을 수 없다. 과연 국악 진골 출신답다.

사실 판소리와 관련된 서적이 많이 나와 있지만, 이번에 한 교수가 펴낸 『판소리 탄생 연구』만큼 판소리에 대한 역사적, 예술적 문화접변 양상을 소상하게 다룬 저서는 없다. 이번에 펴낸 저서는 판소리에 대한 역사적, 예술적, 학문적인 면을 심도 있게 다루면서도 판소리가 향후 어떻게 하면 예술성을 살리면서도 시대의 변화에도 부응하는 방향으로 계승·발전할 것인가, 그리고 이 시대의 공동체적 가치를 담아내기 위해서는 어떠한 모습으로 관객에게 다가설 것인가에 대해 대안까지 제시하고 있다.

끝으로 이 책을 저술한 한상일 교수의 노고에 경의를 보내며, 이 저서가 판소리에 대한 심도 있는 지식에 목마른 판소리 애호가들과 연구자들에게는 큰 도움이 되리라 생각하여 이 저서를 독자들에게 강력히 추천한다.

전통문화콘텐츠연구원장 김승국

판소리문화를 이해하는 지름길

판소리가 어떻게 해서 탄생하였는지 궁금해하는 사람이 많다. 서양식으로 말하자면 판소리는 1인 오페라다. 유명한 서양 오페라 〈투란토트(Turandot)〉의 경우 푸치니 작곡이며 주세페 아다미와 레나토 시모니가 이탈리아어 대본을 완성하였다. 그렇다면 판소리 〈춘향가〉의 작사, 작곡자는 누구인가?

〈춘향가〉의 작사, 작곡자는 없다. 아니 오히려 수없이 많다. 처음에 사설은 간단했을 것이나 점점 더 이야기가 보태지면서 정교해지고 재미를 더해 갔을 것이다. 근원설화에서 여러 이야기가 보태졌다. 음악적으로도 그렇다. 판소리는 굿과 서사무가, 비손의 고사소리, 무속적 성격의 타령, 그리고 영산 등의 영향을 직간접적으로 받아 형성되었다. 물론 이러한 음악 장르가 곧바로 판소리의 창악으로 이어진 것은 아니다. 시간의 흐름에 따라 여러 단계의 과정을 거쳐 판소리의 창악으로 정착되었을 것이다.

또한 판소리가 1인 오페라라면 초창기 판소리 광대는 다른 민간 예인들과 함께 유가나 문희연과 같은 연희판에서 합동 공연을 했을 게 틀림없다. 그리고 상황에 따라 소리가 아닌 다른 예능, 즉 재담이나 잡희를 펼치기도 했고, 또 판소리 외에 단가, 가사, 사설시조 등을 겸하기도 했을 것이다. 또한 판소리 광대는 당대 유흥문화를 주도했던 중인층과 시정 한량들의 연희판에도 참여하여 활동함으로써 판소리의 위상을 점차적으로 확대해나갔을 것이다. 그러다

15

가 19세기 후반기에 이르면 판소리 광대는 일상의 연희판에서 최고의 지위로 부상하여 연희를 주도했을 것이다. 그러면서 판소리는 오늘날의 판소리로 거듭나게 되었다.

그러니까 판소리는 전통문화의 총화라고 할 수 있다. 한 아이를 키우는 데 한 마을 사람이 필요했다면, 오늘날의 판소리 형성에는 한국전통문화가 총합적으로 필요했다. 그러니 어찌 판소리의 작사, 작곡자를 쉽게 말할 수 있겠는가.

이 책 『판소리 탄생 연구』은 그러한 판소리의 전형화 과정을 발생론적으로 고찰한 책이다. 이 책이 흥미로은 것은 다층적으로 판소리 탄생의 여러 경로를 추적하고 있기 때문이다. 판소리 광대는 다른 기예를 하는 음악인과 만나면서 더욱 기량을 향상시키고, 조선 후기 풍류 문화에도 영향을 받아 점점 판소리를 내용과 형식을 발전시켜 나간다. 여기에 중인과 양반계층이 판소리의 생산과 소비에 관여하면서 판소리는 점점 완성도를 높여 19세기 말이면 거의 오늘날의 형태를 완성시킨다.

이 책은 그러한 과정을 하나하나 세밀하게 추적한다. 판소리 전문가가 아니라도 이해하기가 그다지 어렵지 않은 게 또한 큰 장점이다. 판소리의 역사라고 해도 되겠다.

젊어서는 피리와 대금을 부시더니, 또 여러 국악단의 지휘자로 감독으로 정열적인 활동을 하더니, 또 어느 때는 국가나 서울이나 경기도의 무형문화위원으로 국악의 중심을 잡으시더니, 학교에도 재직하면서 후학을 가르치면서 어느 사이 또 이러한 책을 집필하셨다. 물론 박사학위 논문이라 하지만 그 노력은 상찬(賞讚)받아 마땅하다.

한상일 감독님의 열정적인 활동에 찬사를 보내면서, 판소리를 공부하는 분들에게 또 우리 전통문화를 이해하고 싶은 분들에게 이 책의 일독을 꼭 권한다. 이 책을 읽는다는 것은 판소리문화를 이해하는 지름길에 들어섰다는 것을 의미한다. 축하드린다.

전북특별자치도립국악원장 유영대

제 **1** 장

서론

제1절 연구시각과 목적

본 연구에서는 판소리가 형성된 이후 판소리와 주변 세계와의 다양한 접변(接變) 양상을 고찰함으로써 판소리가 예술적 전형을 추구해 나간 과정을 구명하고자 한다.

판소리는 전라도 세습무의 집단에서 발생한 것으로 알려진 바와 같이, 초기에는 하층 예능인들이 주체가 되어 연행(演行)한 민속 예술이었다. 그러다가 시간이 지나면서 사회의 전 계층이 향유하는 예술로 부상함에 따라 조선 후기는 물론 근현대에 이르기까지 우리 민족의 대표적인 전통 예술로 자리 잡게 되었다.

판소리는 이야기를 창과 아니리와 너름새로 연행하는 종합예술이다. 온전한 판소리가 되기 위해서는 이야기가 좋아야 하고 그것을 전달하는 음악적 요소와 연극적 요소도 잘 구비돼야 한다. 그러나 이야기나 음악·연희적 요소는 단시간에 만들어지는 것이 아니기에 기존에 존재하는 이야기와 음악·연희적 요소를 활용할 수밖에 없다. 판소리가 사회의 전 계층이 향유하는 예술로 부상할 수 있었던 이유는 주변에 좋은 이야기와 가치 있는 음악·연희적 요소들이 많았고, 판소리는 그것들을 효과적으로 활용했기 때문이다.

판소리가 대본으로 삼는 이야기 소재는 다양한 미적 요소를 갖추고 있다. 판소리의 소재에는 골계와 해학이 있고 풍자와 비판이 있으며 울음과 웃음이 있다. 그래서 우리는 판소리에 골계미, 해학미, 숭고미, 비장미가 온축되어 있다고 이해하고 있다. 이러한 미적 요소는 조선 후기 당대의 현실적 환경과 정신 속에서 배태된 것이다. 따라서 판소리는 당대의 시대정신을 광범위하고 심도 있게 반영하고 있다고 볼 수 있다. 판소리가 민족예술을 대표할 수 있었던 것은 판소리에 반영된 바로 이러한 시대정신 때문이다. 즉, 시대가 판소리를 낳았고 판소리가 시대를 이끌었다고 할 수 있다.

판소리가 민족의 대표 예술로 자리 잡을 수 있었던 것은 무엇보다도 판소리 고유의 예술적 가치와 매력 때문이다. 그러나 무릇 가치와 매력은 그 예술을 향유하는 향유층들의 폭넓은 지지를 받을 때라야 구체적으로 발산될 수 있다. 판소리 역시 향유층들이 관심을 가지고 적극적으로 향유했기 때문에, 그 가치와 매력이 민족을 대표하는 문화적 요소로 자리 잡을 수 있었다. 따라서 판소리가 오늘날과 같은 예술적 전형을 갖추게 되기까지는 향유층들의 판소리에 대한 관심과 애정이 무엇보다도 중요하게 작용했다고 볼 수 있다.

향유층들의 판소리에 대한 관심은 다양하게 나타난다. 판소리를 적극적인 자세로 들어주는 것도 관심이고 판소리를 듣거나 읽은 다음에 감상을 피력하는 것도 관심이다. 판소리 대본을 기록하거나 나름대로의 시각으로 개작·변용하는 것도 관심의 하나임은 물론이다. 판소리 광대를 후원하거나 판소리 이론을 모색하고 그 이론을 실전에서 활용할 수 있도록 가르치는 것은 매우 적극적인 관심이라고 할 수 있다. 향유층들의 이러한 관심으로 인해 판소리는 점진적으로 좋은 판소리, 가치 있는 판소리 예술이 될 수 있었다.

좋은 판소리가 되기 위해서는 연행(演行)의 주체인 판소리 광대의 능력이 무엇보다도 중요하다. 이야기가 아무리 좋다고 해도 판소리 광대가 그것을 제대로 연행하지 못한다면 판소리의 정신도 표출할 수 없고 향유층들의 호응도 받을 수 없다. 그래서 판소리 광대들은 이야기의 생산 및 전달의 측면에서, 성음(聲音)과 너름새의 측면에서, 그리고 각자의 장기와 더늠 개발의 측면에서 각고의 수련을 해야 했다. 판소리는 독자적인 학습으로는 기량을 습득하기가 어렵다. 그래서 대개 사승관계(師承關係)를 맺어 스승으로부터 판소리의 모든 것을 직접 전수받는 방식을 통해 소리를 배운다. 이렇게 하다보면 제자는 스승의 소리법을 거의 그대로 전승하기 때문에 계보(系譜)나 유파(類派)가 형성된다. 그리고 그 계보나 유파 속에서 부단한 수련을 통해 세련된 장기와 더늠을 만들어낸다. 또한 판소리가 예술적·미학적인 측면에서 최고의 지위에 이를 시기에는 미의식도 변하게 된다.

이상과 같이 판소리는 판소리 광대 자신들의 노력과 함께 이야기와 음악·연희적 요소, 현실적 환경과 시대사조, 향유층들의 관심 등 판소리 주변에 존재하는 제반 관련 요소들과 관계를 맺으면서 성장할 수 있었다.

본 논문에서는 판소리와 위에서 언급한 제 요소들 간의 관계 양상을 '문화접변(文化接變)'의 시각으로 접근하여 고찰하기로 한다. 문화접변이란 두 문화 간의 상호 작용으로 일어나는 문화 변동을 말하는데, 본래는 국가와 같은 거대 집단 간에 존재하는 서로 다른 문화가 상호 접촉하는 과정에서 서로 영향을 미쳐 원래의 문화 유형에 변화가 야기되는 문화 변화 현상을 의미한다. 그러나 오늘날에 와서는 거대 집단뿐만 아니라 서로 다른 이질적인 문화를 가지고 있는 개인이나 집단 간에도 상호 접촉을 통해 어느 일방 혹은 쌍방이 영향을 미쳐 그들 본래의 문화적 특성을 변화시키거나 다른 일방의 문화에 동화해 가는 과정도 문화접변이란 개념으로 설명하고 있다.

접변은 국가·단체·개인과 같이 문화 생산자나 향유자들 간의 접촉만이 아니라 문화 스스로도 접변을 하기도 한다. 특히 이러한 현상은 접변이 사회 문화의 전 영역에서 활성화되었을 때 흔히 나타난다. 예컨대 판소리에는 전혀 이질적인 문화라고 할 수 있는 회화(繪畫)와의 접변도 나타나는데, 이러한 현상은 문화 접변 주도자에 의해 의도적으로 만들어진 것이 아니라 접변이 활발하게 일어나던 당대의 흐름과 분위기에 의해 자연발생적으로 일어난 것이다.

문화접변은 오늘날만이 아니라 예전에도 일어났음은 물론이다. 이는 우리나라도 마찬가지다. 한 국가 안에서의 접변만 보더라도 상층문화와 하층문화가 완전히 단절된 것 같지만, 실제로는 쌍방 간에 부단한 접변과 소통이 이루어졌다고 볼 수 있다. 특히 예술 문화는 접변이 없으면 생명력을 가질 수 없다고 생각된다. 예를 들어, 신라와 고려시대에 국가 행사로 행해진 팔관회와 연등회의 주목적은 구나의식(驅儺儀式)이었다. 그런데 구나의식은 본래 민간 저층의 하층문화에서 기복신앙(祈福信仰)과 관련하여 연면히 내려오던 것이었다. 이것을 국가적인 목적에 변용하여 이용한 것이다. 그리고 행사의 주관자는 비록 정부나 상층 관리이지만 실제로 연행을 담당했던 사람들은 하층의 예인(藝人)들이었다. 그렇기에 팔관회와 연등회에서는 상층문화와 하층문화 간에 실질적인 접변이 일어났다.

이러한 문화 간의 접변 양상은 조선시대에 들어와서도 지속되었다. 대표적인 예로 〈용비어천가〉를 들 수 있다. 〈용비어천가〉는 태종을 비롯한 그 6대조의 행적을 신격화하고 영웅화해서 조선의 건국을 정당화하기 위해 창작한 왕조 서사시이자 조선의 건국신화이다. 그런데 이 작품은 왕조의 세계관과 이상만을 담고 있는 순수 창작물이 아니라 하층 세계에서 생산·유통되고 하층민들이 주로 향유했던 이야기들을 소재로 활용하여 창작된 것이다. 이처럼 〈용비어천가〉에도 당대의 상층문화와 하층문화가 긴밀히 혼용되어 있었다. 국가 간의 문화접변도 늘 있어 왔다. 주지하듯이 한·중·일 삼국은 예로부터 동양문화권에 속한 나라였기 때문에, 상호간에 문화 교류 및 접변이 다양하게 이루어져 왔다.

조선 후기는 문화접변이 전면적으로 일어났고, 심지어 문화접변이 역사의 추동력이었다고 할 만큼 접변이 활발했던 시대였다. 특히 조선 후기는 그동안 배제되거나 소외되었던 사람들이 역사의 주체로 등장하고 그들이 생산하고 향유한 문화들이 전면에 부상하면서, 이들이 기존의 지배문화를 변형시킬 정도였다. 민요, 설화 등의 하층문학과 중인층 한문학이 상층의 한문학에 영향을 미쳐 상층 한문학의 세계를 변화시켰고, 중인층 가객과 하층의 음악문화가 상층의 음악에 영향을 미쳐 그것의 성격을 변화시켰다. 이러한 현상은 민간 연희나 회화에서도 그대로 나타난다.

판소리가 탄생하고 성장하면서 예술적 전형을 갖추게 되고, 그것이 조선 후기와 근현대를 대표하는 민족예술이 될 수 있었던 것도 바로 문화접변이라고 하는 역사적 흐름이 있었기 때문이다. 판소리가 전라도 무가권(巫歌圈)에서 형성되었다는 견해를 따른다면 판소리는 접변의 현장에서 탄생했다고 할 수 있다. 그리고 초기에는 판소리는 다른 예능들과 함께 연행되었다. 판소리 광대도 처음에는 판소리만 한 것이 아니라 다른 예능을 겸했다. 판소리의 대본은 이야기를 기초로 하는데, 그 이야기는 기존에 전승되었던 다양한 설화를 바탕으로 만들어졌다. 소리(창)도 당대의 가창 문화와 밀접한 관련성이 있다. 판소리가 전 계층의 사랑을 받는 예술로 발전하는 과정에서는 양반 향유층의 역할이 컸다. 양반 향유층들이 여러 가지 방식으로 판소리의 세계에 부단히 관여함으로써 판소리는 점점 좋은 판소리로 발전할 수 있었다. 판소리 작품 자체에도 접변의 양상이 다채롭게 나타난다. 이것도 양반 향유층의 영향이 절대적으로 작용했다고 생각된다.

요컨대 '판소리의 탄생-전개-성장-예술적 전형의 획득-대표적인 민족예술'에 이르는 과정에서 가장 크게 작용한 것은 바로 '문화접변'이라고 할 수 있겠다. 따라서 판소리가 예술적 정체성과 전형을 갖추게 되는 과정을 추적하기 위해서는 '문화접변'의 양상과 과정을 구체적으로 살펴보는 것이 효과적이라고 생각된다. 이에 본 논문에서는 판소리와 판소리를 둘러싸고 있는 제 요소들간의 접변 양상을 통해 판소리가 진면모를 갖추어 나가게 된 전 과정을 검토하고자 한다.

제2절 연구사 검토 및 연구범위

　판소리는 조선 최고의 예술이자 현대에도 폭넓게 향유되고 있는 우리나라의 대표적인 민족예술이다. 그에 따라 연구성과도 대단히 풍부하게 축적되어 왔다. 특히 판소리는 레퍼토리가 다양할 뿐 아니라 문학적 요소, 음악적 요소, 연희적 요소가 복합된 장르이기 때문에 연구 대상이 다양할 수밖에 없다. 그래서 판소리 연구사에 대한 연구만 하더라도 여러 차례 이루어질 정도로 연구성과가 많다.[1]

　초창기 판소리 연구는 판소리 자료에 대한 연구, 발생 기원에 관한 연구, 작품 내용에 관한 연구 등에 초점이 모아졌고, 작품으로는 단연 〈춘향가〉가 주목의 대상이 되었다.

　판소리가 본격적인 연구 대상으로 부각된 것은 완판본 열녀춘향수절가, 경판 춘향가, 고대본 춘향전 등 기존에 알려지지 않은 판소리 작품이 발굴되면서 시작되었다고 볼 수 있다. 초기의 연구자들은 판소리 작품을 발굴하는 데 힘쓰는 한편 발굴된 작품의 자료적 성격과 내용을 연구하고 소개하는 데 몰두하였다. 그런 다음 주요 작품을 독자들이 쉽게 읽을 수 있도록 주석을 붙이고 현대문법에 준하여 번역을 하여 교주서(校註書)를 발간하는 일도 병행하였

---

1 대표적으로 김흥규, 「판소리연구사」, 『한국학보』 7집, 일지사, 1977; 최래옥, 「판소리연구의 반성과 전망」, 『한국학보』 35집, 일지사, 1984; 최동현, 「판소리연구사」, 『판소리의 바탕과 아름다움』, 인동, 1986 등을 들 수 있다.

다.[2] 이러한 연구 작업은 판소리의 예술적 가치를 학계에 본격적으로 알리는 한편 후속 연구의 주요한 계기를 제공하게 되었다.

판소리 자료에 대한 초창기의 연구에서 또 하나 빼놓을 수 없는 것은 신재 효가 남긴 판소리 자료에 대한 연구이다. 신재효는 〈춘향가〉, 〈심청가〉, 〈박타 령〉, 〈수궁가〉, 〈변강쇠가〉 등의 판소리 작품을 사설로 정리한 바 있고 또 여 러 편의 단가(短歌)를 지은 바 있는데, 이러한 자료들이 이병기, 강한영 등에 의해 소개되면서[3] 신재효와 신재효 판소리 자료에 대한 연구가 본격화되었다.

초기의 연구자들은 판소리의 발생 기원에 대해서도 많은 관심을 기울였다. 판소리는 특정한 이야기를 독특한 성음(聲音)의 창(唱)으로 연행하는 것으로 서, 조선 후기 이전에는 그와 같은 형태의 예술 장르가 존재하지 않았다. 그러 나 무릇 예술 장르는 갑자기 생길 수는 없는 것이다. 따라서 판소리도 그 원류 적 배경과 기원이 있을 것으로 생각하고 그에 대한 연구를 진행하였다. 그 결 과 판소리는 광대 소학지희(笑謔之戲)에 기원을 두고 있다는 견해, 무가(巫歌) 에 기원을 두고 있다는 견해, 중국 강창문학(講唱文學)에 기원을 두고 있다는 견해, 창우(唱優) 집단의 광대소리에 기원을 두고 있다는 견해 등이 피력된 바 있다.[4] 지금은 무가기원설과 창우집단의 광대소리 기원설이 널리 지지를 받고 있다.

---

2 대표적으로 김태준, 『원본 춘향전』, 학예사, 1939; 조윤제, 『교주 춘향전』, 박문서관, 1939; 김사 엽, 『춘향전 : 열녀춘향수절가』, 대양출판사, 1952; 이가원, 『춘전』, 정음사, 1962 등이 판소리 자료 에 대한 초기 연구의 주요 성과물이다.

3 이병기, 『국문학개론』, 일지사, 1961; 강한영, 『영인 신재효판소리전집』, 연세대 인문과학연구소, 1969; 강한영 교주, 『신재효 판소리사설집(全)』, 민중서관, 1971.

4 판소리의 발생 기원에 대한 연구로는 김동욱, 『한국가요의 연구』(을유문화사, 1961)가 초창기 연 구를 대표하는 저술이다. 그 외에, 서대석, 「판소리 형성의 삽의(揷疑)」, 『우리문화』 3, 우리문화연 구회, 1969; 서대석, 「판소리와 서사무가의 대비 연구」, 『논총』 34, 이화여대 한국문화연구원, 1979; 김학주, 「唐樂呈才 및 판소리와 중국의 歌舞劇 및 講唱」, 『한국사상대계』 I, 성균관대 대동문화 연구원, 1973; 이보형, 「창우집단의 광대소리 연구」, 『한국전통문화논구』, 고려대 민족문화연구소, 1990; 손태도, 『광대의 가창문화』, 집문당, 2003 등의 연구가 주요 성과이다.

초창기 판소리 작품의 주제와 사상에 대한 연구로는 조동일의 업적을 주목할 필요가 있다. 조동일은 판소리 작품을 표면적 주제와 이면적 주제로 나누어 분석하여, 표면적 주제는 충·효·열과 같은 유교 윤리이지만, 이면적 주제는 양반의 관념적 인과론을 거부하고 민중의 경험적 갈등론을 제시하며 기존 사회의 불평등과 허위를 비판하는 것이라고 주장한 바 있다. 조동일의 이와 같은 논의는 그 전의 단편적인 주제론을 넘어선 것으로서, 판소리의 주제와 사상에 대한 논의를 본격화했다는 의의가 있다.[5]

이상과 같은 초창기의 연구를 발판으로 판소리에 대한 연구는 지금까지도 활발하게 지속되고 있는 바, 그 연구의 방향은 대단히 다양해졌다. 그 중에서도 대표적인 연구경향은 판소리 자료에 대한 연구, 판소리 작품의 계열·계통에 대한 연구, 판소리 미학에 대한 연구 등으로 나눌 수 있다.

판소리 원전 자료에 대한 연구가 지속된 것은 가치와 의의가 있는 작품 자료가 지속적으로 발굴되어 왔기 때문이다. 또한 작품을 일반 독자들도 쉽게 접근할 수 있도록 하는 것도 중요했기 때문이다. 그래서 초창기의 연구 경향을 이어받아 주요 작품에 대한 교주서(校註書)를 지속적으로 발간하는 한편[6], 판소리 이본 자료를 전면적으로 수집하여 정리하는 연구도 행해졌다.[7] 뿐만

---

5 조동일, 「흥부전의 양면성」, 『계명논총』 5, 계명대학교, 1968; 조동일, 「갈등에서 본 춘향전의 주제」, 『계명논총』 6, 계명대학교, 1970; 조동일, 「심청전에 나타난 비장과 골계」, 『계명논총』 7, 계명대학교, 1971; 조동일, 「토끼전(별주부전)의 구조와 풍자」, 『계명논총』 8, 계명대학교, 1972.

6 주요 교주서로 다음과 같은 것을 들 수 있다.〈춘향가〉: 설성경, 『춘향전』(한국고전문학전집 12), 고려대 민족문화연구소, 1993; 김진영 외, 『춘향가』, 박이정, 1996; 성현경 풀고 옮김, 『옛그림과 함께 읽는 李古本 춘향전』, 열림원, 2001; 최동현 외, 『교주본 춘향가』 1·2, 민속원, 2005; 이윤석, 『남원고사 원전비평』, 보고사, 2009.

〈심청가〉: 정하영, 『심청전』(한국고전문학전집 13), 고려대 민족문화연구소, 1993; 김진영 외, 『심청전』, 박이정, 1997; 김진영 외, 『교주본 심청전』, 민속원, 2005; 최동현 외, 『교주본 심청가』, 민속원, 2005.

〈흥부가〉: 김태준, 『흥부전 변강쇠가』(한국고전문학전집 14), 고려대 민족문화연구소, 1993; 김진영 외, 『흥보가』, 박이정, 1997; 김진영 외, 『교주본 흥보전』, 민속원, 2005; 최동현 외, 『교주본 흥보가』, 민속원, 2005. 〈수궁가〉: 인권환, 『토끼전』(한국고전문학전집 6),

아니라 보다 세분된 판소리 독자를 겨냥하여 원문을 축자적으로 번역한 현대어역본[8], 원문을 현대어 체제로 완전히 풀어 쓴 현대화사설본[9], 영역본[10] 등도 발간된 바 있다. 또한 판소리 작품의 주요 어휘들을 대상으로 뜻풀이와 용례를 제시한 사전도 출판된 바 있다.[11] 이와 같은 판소리 원전 자료에 대한 자료 집적과 현대화 작업은 일반 독자들로 하여금 판소리를 전통문화 유산으로 인식하게 하는 데 큰 기여를 했다. 판소리 작품은 대부분 국문본으로 전하지만, 〈춘향가〉나 〈수궁가〉 등 일부 작품들 중에는 한문본 작품도 상당수 전하고 있다. 이들도 판소리 연구에서 중요한 대상임은 물론이다. 그에 따라 근래에 들어 한문본 판소리에 대해서도 주목할 만한 연구성과가 제출된 바 있다.[12]

　판소리 작품의 계열·계통에 대한 연구는 작품의 전승 양상을 구명하는 데 초점이 모아진 연구이다. 판소리 작품은 신재효가 사설로 정리한 것 외에도, 소위 경판본, 완판본, 안성판본 등의 목판본이 발행되어 널리 유통된 바 있다. 그런데 이들은 일정한 계열·계통을 가지고 있고, 계열·계통에 따라 사설의 분포와 내용도 다르게 나타난다. 따라서 〈춘향가〉 등 각 작품의 전승 양상과 내

고려대 민족문화연구소, 1993; 김진영 외,『토끼전』, 박이정, 1998; 김진영 외,『교주본 토끼전』, 민속원, 2004; 최동현 외,『교주본 수궁가』, 민속원, 2005.
〈적벽가〉: 김진영 외,『적벽가』, 박이정, 1998; 김진영 외,『교주본 화용도』, 민속원, 2004; 최동현 외,『교주본 적벽가』, 민속원, 2005.

7 경희대 김진영 교수 연구팀이 1997년에서 2004년에 걸쳐『춘향전이본전집』17권,『심청전이본전집』12권,『토끼전이본전집』6권,『적벽가이본전집』7권,『흥부전이본전집』3권,『실창(失唱)판소리전집』1권 등 총 46권의 판소리 이본 자료집을 출간한 바 있다.

8 위에서 거론한 교주서들은 모두 주석과 현대어역이 같이 되어 있다.

9 최동현 외,『현대화사설본 춘향가』, 민속원, 2005; 최동현 외,『현대화사설본 심청가 흥보가』, 민속원, 2005; 최동현 외,『현대화사설본 수궁가 적벽가』, 민속원, 2005.

10 최동현 외,『영역본 춘향가』, 민속원, 2005; 최동현 외,『영역본 심청가 흥보가』, 민속원, 2005; 최동현 외,『영역본 수궁가 적벽가』, 민속원, 2005.

11 김진영 외,『판소리문화사전』, 박이정, 2007.

12 대표적으로 성현경 외,『광한루기 역주 연구』, 박이정, 1997; 정하영,「〈춘향전〉한문이본군 연구」,『성곡논총』29, 1998; 류준경,「한문본 〈춘향전〉의 작품 세계와 문학사적 위상」, 서울대 박사논문, 2003; 인권환,『토끼전 수궁가 연구』, 고려대 민족문화연구원, 2001 등이 있다.

용을 제대로 이해하기 위해서는 계열·계통을 파악하는 것이 매우 중요하다. 계열·계통은 목판본뿐만 아니라 필사본과 활자본에도 나타난다. 따라서 목판본, 필사본, 활자본 전체를 고려한 계열·계통의 파악은 판소리 작품을 체계 있게 정리하고 이해하는 데 있어 매우 중요한 것이기 때문에, 지속적인 관심의 대상이 되어 왔다.[13]

판소리의 미학에 대한 연구도 지속적으로 행해져 왔다. 판소리의 미학은 판소리 연행에서 드러나는 미학이 있고 판소리 작품에서 드러나는 미학이 있으며, 그 둘을 아우를 때 도출되는 미학이 있다. 그리고 연행을 중시하느냐 작품을 중시하느냐에 따라 미학도 다르게 파악된다. 따라서 연구대상과 방향을 어떻게 잡느냐에 따라 다양한 결과가 도출된다. 그동안에 제출된 판소리의 미학으로는 골계미, 해학미, 숭고미, 우아미, 비장미, 기괴미, 한(恨), 멋, 신명풀이 등이 있고[14], 특별히 판소리의 공연적 특징을 주목할 경우에는 청각·소리 중심의 신체 미학, 부분적·복합적 현전성(現前性)의 미학, 이면·시김새·그늘의 미학, 구심적(求心的) 놀이와 상생(相生)의 미학, 저조(低調)와 고조(高調)의 조화 미학, 흐름 형성과 지속의 미학 등을 거론하기도 한다.[15]

그 외에도 판소리는 다방면에서 연구되어 왔다. 특히 판소리는 음악적 요

13 〈춘향가〉의 계열·계통을 연구한 대표적인 연구성과로는 다음을 들 수 있다. 설성경,『춘향전의 형성과 계통』, 정음사, 1986(1980년 연세대 박사논문임); 김석배,「춘향전 이본의 생성과 변모양상 연구」, 경북대 박사논문, 1992; 설성경,『춘향전의 통시적 연구』, 서광학술자료사, 1994; 차충환,「국 문필사본 〈춘향전〉의 계열과 성격」,『판소리연구』18집, 판소리학회, 2005; 전상욱,「방각본 춘향전 의 성립과 변모에 대한 연구」, 연세대 박사논문, 2006 등을 들 수 있고, 〈심청가〉 등 나머지 판소리 작품들의 계열 계통에 대한 연구는 각 작품의 박사논문들에서 대부분 이루어져 있다.

14 판소리의 미학에 대한 주요 논저로는 다음을 들 수 있다. 천이두,『한의 구조 연구』, 문학과지성 사, 1993; 김종철,『판소리의 정서와 미학』, 역사비평사, 1996; 박영주,『판소리사설의 특성과 미학』, 보고사, 2000; 최혜진,『판소리계 소설의 미학』, 역락, 2000; 정양,『판소리 더늠의 시학』, 문학동네, 2001; 허원기,『판소리의 신명풀이 미학』, 박이정, 2001; 최동현,『판소리의 미학과 역사』, 민속원, 2005.

15 김익두,『판소리 그 지고의 신체 전략』, 평민사, 2003.

소와 연희적 요소도 매우 중요하기 때문에, 이 방면에 대해서도 관련 전공학자들에 의해 지속적인 연구성과가 발표되고 있다.[16] 판소리의 음악과 사설을 접합하여 판소리의 장단·곡조와 사설의 결합 양상을 고찰하는 연구도 꾸준히 지속되고 있다.[17] 판소리를 잘 하기 위해서는 판소리 명창들의 기량이 매우 중요하다. 그리고 명창들은 사승관계를 통해 자신들의 장기와 더늠을 전승하는데, 이에 따라 자연스럽게 유파가 만들어진다. 판소리 연구에서는 관련 자료가 속속 발굴됨에 따라 이들 명창과 유파에 대한 연구도 심화되고 있다.[18]

　이상으로 판소리에 대한 기존의 연구를 주된 분야와 그밖의 분야로 나누어 살펴보았다. 전체적으로 보면 판소리가 형성된 이후 판소리를 중심에 두고 판소리와 주변 세계와의 관련 양상을 동태적으로 통괄한 연구는 부족해 보인다. 물론 단편적으로는 어느 정도 연구가 이루어졌다고 본다. 예를 들어, 판소리와 관련 설화의 상관성, 판소리와 시대 현실과의 관련성, 판소리 광대들이 양반들의 문희연(聞喜宴)에서 활동한 사례들, 판소리 작품 내에서의 혼용성, 양반 향유층들이 판소리를 감상한 결과로 기록한 한시 판소리나 산문 판소리 각편에 대한 연구들 등 많은 부분들이 다각적으로 연구되어 왔다. 그러나 판소리가 어떠한 과정을 거쳐 예술적 전형을 갖추게 되었는가를 생각해보면, 그동안의 연구로서는 확연한 관점과 이해를 얻기가 어려워 보인다. 본 논문에서

16 정병욱, 『한국의 판소리』, 집문당, 1981; 전통예술원 편, 『판소리 음악의 연구』, 민속원, 2001; 김혜정, 『판소리음악론』, 민속원, 2009; 김익두, 위의 책; 임명진 외, 『판소리의 공연예술적 특성』, 민속원, 2004.

17 대표적으로 이보형, 「판소리 사설의 극적 상황에 따른 長短調의 구성」, 『예술원논문집』 14, 한국예술원, 1975를 들 수 있는데, 현재에도 전통음악 전공 젊은 학자들에 의해 이 방면의 연구가 계속 확대되고 있다.

18 대표적인 연구성과를 들면 다음과 같다. 최동현, 『판소리명창과 고수 연구』, 신아출판사, 1997; 최동현 외, 『판소리 동편제 연구』, 태학사, 1998; 최혜진, 『판소리의 전승과 연행자』, 역락, 2003; 강예원, 『판소리 작곡가 연구』, 지식산업사, 2005; 유영대, 『동편제 명창 박봉술의 예술세계』, 민속원, 2009; 신은주, 『판소리 중고제 심정순가의 소리』, 민속원, 2009; 판소리학회 지음, 『판소리명창론』, 박이정, 2010.

문화접변이란 시각으로 판소리의 예술적 전형화 과정을 추적해 보고자 한 것은 이와 같은 연구사적 한계가 있기 때문이다.

　본 논문에서는 이상으로 언급한 연구사와 문제의식을 바탕으로, 다음과 같은 내용을 연구대상으로 삼아 논의를 구체화하기로 한다.

　2장에서는 판소리 예술 탄생의 원류적 배경에 대하여 고찰하기로 한다. 판소리는 당대에 전혀 이질적인 모습으로 등장한 것처럼 보이지만, 기실은 그 전대(前代)의 다양한 전제들로부터 형성되었다. 판소리의 대본 역할을 하는 이야기는 당대까지 연면히 이어져 온 설화들을 토대로 했으며, 판소리의 창(소리)도 그때까지의 다양한 가창문화에 큰 영향을 받아 만들어진 것이다. 판소리의 너름새(동작이나 행위)도 마찬가지다. 고대로부터 우리나라에는 상층문화나 하층문화 속에서 연희적인 문화 형태가 존재해 왔었다. 판소리의 너름새는 이들과 밀접한 관련성이 있다. 이에 2장에서는 판소리예술 탄생의 원류적 배경을 문학적 배경, 음악적 배경, 연희적 배경으로 나누어 살펴보고자 한다. 이 고찰을 통해 우리는 판소리의 발생과 형성 단계에서의 다채로운 접변 양상을 살펴볼 수 있을 것이다.

　3장에서는 판소리예술 형성의 시대사조적 기반을 고찰하고자 한다. 조선 후기는 사상적인 면에서, 세계관 및 역사관의 측면에서, 민족의식의 측면에서, 문화론의 측면에서 다른 세상이었다고 할 정도로 그 전대(前代)와는 판이하게 달랐다. 그리고 그 다른 환경 속에서 판소리를 비롯한 모든 문화 현상들이 태어나고 자라났다. 3장에서는 특히 실학(實學)과 양명학(陽明學)을 토대로 한 평등주의적 세계인식과 주변문화의 부상(浮上), 민족의식의 고양과 민족문화의 재발견, 음악과 풍류문화 등을 주목할 것인데, 조선 후기의 여러 가지 시대적 특징 중에, 이들이 특히 판소리의 형성·전개·성장과 밀접한 관련이 있다고 생각되기 때문이다.

4장에서는 판소리 접변의 초기적 양상을 검토하고자 한다. 여기서 초기적 양상이라고 한 것은 판소리가 형성될 때의 모습, 판소리가 아직 독자적인 연행 예술로 자리 잡기 이전의 모습, 판소리 대본이 짜여질 때의 모습 등을 말한다. 이때는 판소리가 대표적인 민족예술로 자리 잡기 이전인데, 그런 만큼 다른 예능·예인들과 다양한 교류와 접변이 이루어졌다. 이에 관하여 '연행 현장에서의 접변', '판소리 작품에서의 접변' 등으로 절(節)을 나누어 구체적으로 검토하고자 한다. 우리는 이 부분의 고찰을 통해 판소리 광대 및 판소리가 초기에 어떠한 모습으로 존재했으며, 어떠한 과정을 거쳐 독립적인 연행 예술로 존립할 수 있었는지를 알 수 있을 것이다.

5장에서는 판소리의 '문화접변의 심화와 전형화 과정'에 대하여 고찰하고자 한다. 판소리는 애초에 천민들이 연행한 예술로 출발하였다. 그러다가 전 계층의 애호를 받는 민족예술로 등극하게 되는데, 그 과정에서 양반 향유층들의 관심이 매우 중요하게 작용했다. 즉, 상층양반들이 판소리를 미천하게만 보지 않고 판소리를 알아주고 인정해 준 것이다. 이처럼 양반 향유층들이 판소리를 '인지해가는 과정'을 본 논문에서는 '문화접변의 심화'로 보고자 한다. 그리고 양반 향유층들은 인지와 감상의 결과로 한시 판소리, 산문 판소리 등을 남기게 되는데 이 장(章)에서는 이들 결과물을 통해 판소리와 양반 향유층의 접변 양상을 살펴보고자 한다. 한편, 양반 향유층들이 다각적인 방법으로 판소리에 관심을 보이자, 판소리 광대들도 장기와 더늠을 개발하는 등 양반 향유층들의 관심에 호응하기 위해 부단한 노력을 하였다. 그리고 이러한 판소리 광대와 향유층들 간의 상호작용이 지속됨에 따라 판소리는 서서히 그 자신의 예술적 전형을 획득해 갈 수 있었다. 뿐만 아니라 판소리는 그 예술적 전형을 갖추면서 미의식도 변하게 되었다. 따라서 이 장(章)에서는 판소리 광대들이 판소리의 세련을 위해 펼친 여러 가지 수련과 활동 양상, 그리고 그러한 과정을 통해 만들어 낸 그들의 판소리 장(場)과 미의식에 대해서도 자세하기 검토하고자 한다.

6장에서는 판소리의 미학적 의의를 재정립하고 이를 토대로 미래에 존재할 판소리의 모습에 대해서 알아보고자 한다. 판소리는 조선 후기에 본격적으로 유통되기 시작하여 근현대에 이르기까지 우리나라의 대표적인 민족예술로 자리 잡고 있다. 그것은 판소리가 부단한 과정을 통해 그 자신이 예술적 전형을 획득했기 때문이다. 그러나 예술의 전형은 시대가 달라지면 바뀌기 마련이다. 물론 그 미학적 전형성은 변하지 않는다. 전형성마저 변한다면 장르 자체가 해체되기 때문이다. 그렇다고 하더라도 예술은 시대 변화와 함께 한다. 이 점은 판소리도 마찬가지일 것이다. 따라서 이 장(章)에서는 판소리의 예술미학적 본질은 무엇이며, 그것이 미래의 판소리를 위해 어떻게 기능할 것인가, 그리고 미래에는 판소리의 모습이 어떻게 변화해 갈 것인가 하는 점들에 대하여 고찰해 보고자 한다.

판소리라고 하면 우리는 으레 〈춘향가〉를 떠올린다. 그것은 〈춘향가〉가 판소리를 대표하는 작품이기 때문이다. 물론 판소리가 조선 최고의 예술적 위상을 가질 수 있었던 것은 〈춘향가〉 외에 다른 작품들도 기여한 바 크다. 특히 조선시대에는 판소리 작품 중 〈적벽가〉를 잘 불러야 명창 소리를 들을 수 있었다고 한다. 그래서 본론에서 살펴보겠지만, 명창들 중에는 〈적벽가〉를 장기로 하는 명창들이 많다. 그러나 남아 있는 작품 자료의 측면에서, 그리고 양반 향유층들이 향한 관심의 측면에서 〈춘향가〉를 능가하는 작품은 없다. 따라서 본 논문에서는 판소리 전체를 대상으로 하면서도 자료를 다룰 때에는 〈춘향가〉를 중심으로 하고 그 외의 작품은 필요에 따라 활용하기로 한다. 학계에서는 대개 〈춘향전〉, 〈심청전〉 등으로 지칭하고, 특별히 창본(唱本)이나 창(唱)을 중시 할 경우에는 〈춘향가〉, 〈심청가〉 등으로 지칭한다. 그러나 본 논문은 판소리 작품이 아니라 '판소리'에 초점이 맞춰져 있으므로, 〈춘향가〉, 〈심청가〉 등으로 통칭하고자 한다.

판소리 예술 탄생의
원류적 배경

판소리는 서사적인 내용을 창(唱)과 아니리와 너름새로 청중들에게 전달하는 예술이다. 그리고 〈춘향가〉, 〈심청가〉 등의 판소리작품을 상기해 보면 알수 있듯이, 판소리 작품의 서사적인 내용은 대체로 분량이 길다. 그러한 긴 이야기를 창(소리)에 아니리(말)와 너름새(동작)를 섞어서 전달하는 예술은 판소리 이전에는 존재하지 않았다.

무릇 어떤 예술 장르이든 간에 외면적으로 볼 때는 전혀 새로운 것으로 보이더라도, 대부분 그 전대(前代)의 장르에 영향을 받아 형성되기 마련이다. 이것은 판소리도 마찬가지다. 따라서 판소리 연구자들은 이른 시기부터 판소리의 원류적 배경이 무엇인가에 대하여 큰 관심을 가져 왔다. 그리고 그 관심의대상은 판소리를 구성하는 서사적인 내용, 그것을 전달하는 방법인 창과 아니리와 너름새, 그리고 그것들의 결합방식이 어디에서 유래하는지에 관한 것이었다. 그렇기에 판소리의 원류적 배경에 대한 기존의 연구를 살펴보거나 새롭게 고찰하기 위해서는 판소리의 서사적 내용의 원천, 판소리 전달방식이 갖는특징들의 원천을 따로 분리하여 검토하는 것이 효과적이라고 생각된다. 이에본장에서는 판소리 예술 탄생의 원류적 배경을 문학적 배경과 음악·연희적 배경으로 나누어 살펴보고자 한다.

제1절 문학적 배경

판소리는 사설이라고 할 수 있는 판소리 대본이 무엇보다도 중요하다. 그래서 판소리 광대들이 처음에 소리를 배울 때에도 대본의 구절구절을 먼저 외운 뒤 그 구절을 소리로 바꾸는 연습을 반복한다. 그러면 판소리 작품의 사설, 즉 서사 내용은 어디에서 유래했는가? 다시 말해서 오늘날 우리가 알고 있는 춘향과 이몽룡의 만남·사랑·이별·재회의 서사, 심청의 서사, 흥부와 놀부의 이야기, 용왕과 토끼와 자라의 이야기, 적벽가의 이야기 등은 어디에서 유래했으며 어떠한 과정을 거쳐 형성되었는가 하는 점이 관심이다.

이와 관련하여 먼저 고려해야 할 것은 〈춘향가〉 등의 이야기가 서사 장르라는 것과 서사 장르로서 완결성을 갖춘 소설이라는 점이다. 대체로 순수 창작소설이 아닌 경우에, 서사의 완결성은 소재나 제재로부터 일정한 서사화 과정을 거쳐야만 이루어질 수 있다. 즉, 소재나 제재에서 최소한의 내용이 될 수 있도록 살이 붙어야 하고, 그런 다음에는 일정한 의미를 전달해 줄 수 있는 이야기가 되도록 구조화해야 한다. 그리고 이야기가 인물간의 대립과 갈등을 기초로 전개되면서 주제를 형성하기 위해서는 일정한 분량이 되어야 한다. 〈춘향가〉 등의 서사도 이러한 과정을 거쳐 오늘날의 모습을 갖추었다고 볼 수 있다. 장르적으로 서사이면서 완결성을 갖추기 이전의 서사로서 대표적으로 꼽을 수 있는 것은 설화이다. 따라서 〈춘향가〉 등의 판소리 서사의 원류를 살펴보기 위해서는 각 작품의 관련 설화들을 먼저 고찰할 필요가 있다. 본절에서는 〈춘향가〉의 원류 설화를 중점적으로 검토하고 나머지 작품들에 대해서는 간략히 서술하고자 한다. 먼저 〈춘향가〉의 관련 설화를 보기로 한다.

〈춘향가〉는 춘향이라는 여성과 이몽룡이란 남성의 만남과 사랑을 소재로 한다. 그리고 이들 간에 신분 차이가 있다는 것도 주요한 고려 사항이다. 과거 신분제 사회에서는 신분 차이가 나는 남녀가 사랑을 하는 것은 흔한 일이 아니었다. 흔한 일이 아님에도 불구하고, 사랑하는 사이가 되었기에 이야기의 좋은 소재가 될 수 있었다. 한편, 남녀의 만남과 사랑이 곡절 없이 지속되어 행복한 결말에 이른다는 것은 쉬운 일이 아니다. 더구나 신분 차이가 있는 남녀에게는 거의 불가능에 가깝다. 따라서 대개 남녀의 사랑은 이별과 수난을 동반하게 된다. 〈춘향가〉에서는 이별과 수난이 신분 차이라는 외적 요인에 의해 일어난다. 춘향은 자신의 사랑을 지키기 위해서 그 사랑을 훼손하려는 세력에 목숨을 걸고 저항한다. 그로 인해 수난은 더욱 커진다. 춘향은 수난을 극복하고 극적으로 이몽룡을 다시 만나는데, 신분 차이로 인한 이별과 목숨이 위태로울 정도의 수난을 극복하기 위해서는 특별한 계기가 필요하다. 〈춘향가〉에서 그것은 이몽룡이 어사가 되어 '암행어사 출도'를 외침으로써 상황을 극적으로 반전시킨 것이다. 그리고 춘향과 이몽룡은 다시 사랑을 확인하고 행복한 삶을 누린다.

이와 같이 〈춘향가〉는 신분차이가 나는 남녀 인물의 만남과 사랑, 낮은 신분으로 인한 수난, 수난을 견디며 자신의 본래적 가치를 고수하는 것, 남성 인물이 암행어사가 되어 반전을 시킴으로써 여성 인물을 구하고 그녀와 인연을 이어가는 것 등이 중핵적인 서사 요소라고 할 수 있다. 따라서 설화 중에서도 이러한 내용을 갖춘 설화가 〈춘향가〉 서사의 원류가 되었다고 볼 수 있다.

설화는 발생 근거를 전혀 알 수 없는 작은 소재가 민간에 회자되면서 설화로 확장되기도 하고, 실제로 일어났던 실사(實事)가 설화적 구성을 취하여 설화로 전변되기도 한다. 그러나 실사인지 허구인지 판단하는 것은 쉽지 않다. 〈춘향가〉 서사의 관련 설화 중에도 실사로 주장된 것이 없지 않다. 대표적으로 성섭(成涉, 1718~1788)이 남긴 기록을 들 수 있다.

　　내 고조가 호남지방 암행어사가 되어 암행(暗行)중에 한 곳에 이르렀더니, 호남 열두 지방의 수령들이 크게 잔치를 베풀어 술상이 매우 어지러웠고, 기생들이 음악을 하여 구경꾼이 담을 이루었다. 해가 정오에 이르렀을 때 어사가 거렁뱅이 차림으로 음식을 청하자 여러 수령들이 잠깐 자리를 내주도록 허락하고 보잘것없는 음식을 갖다 주게 한 후 여러 수령들이 어사에게 말하기를,

　　"길손이 시를 지을 수 있으면 온종일 잔치에 참예하여 배부르고 취토록 먹겠지만 그렇지 못하다면 그냥 돌아감이 좋을 것이다."고 하였다. 어사가 운을 청하자 '膏'자와 '高'자를 불렀다. 어사가 즉시 종이 한 장을 청하여 시를 쓰기를,

　　"술잔 안의 좋은 술은 천 사람의 피요, 상 위에 좋은 안주는 만백성의 땀이로다. 촛농이 질 때마다 백성들의 눈물도 떨어지고 노랫소리 높은 곳에 원망소리도 높아간다."고 했다. 쓰기를 마치자 즉시 시를 바치니, 여러 수령들이 돌려보며 의아해 마지않을 때, 서리가 암행어사 출도를 외치며 달려 들어왔다. 여러 수령들이 한꺼번에 흩어져 버렸다. 당일로 파직된 자가 6인이요, 그 나머지 6인은 나라에 계문(啓文)을 올렸다. 여러 수령들이 모두 세도가의 자제들이었으나 하나도 그 원적을 따지지 않고 처벌하니 호남 사람들이 이를 칭송하며 미담으로 여겼다.[19]

---

19 "吾高祖爲繡衣湖南時 暗行至一處 湖南十二邑守令 大張宴 杯盤狼藉 設妓樂 觀者如堵 日之方中 繡衣爲乞客樣請飮食 諸倅方醉 暫許席 草草設飮食 諸倅曰 客能作詩 則可以預終日宴席 醉飽飮

위의 내용은 〈춘향가〉의 후반부 암행어사 출도 부분과 거의 같다. 성섭은 이러한 일을 자신의 고조인 성이성(成以性)이 직접 경험한 것으로 기록하였는데, 사실로 간주하고 시기를 따져보면 대략 17세기 후반의 일이 된다. 그러나 위 내용과 같은 행적이 현전 〈춘향가〉의 형성과 관련이 있다고 해도 극히 부분적인 영향에 불과하다고 볼 수 있다. 암행어사 출도 부분만 유사하기 때문이다.

위의 내용은 성섭이 자신의 조상의 일을 기록한 내용이기 때문에 실제로 있었던 일이라고 한다면, 다음의 인용문은 주위 사람으로부터 들은 내용이라고 할 수 있다.

남원읍에 노기(老妓)의 딸 무남독녀인 처녀(춘향)가 있는데, 얼굴은 추박(醜薄)하고 시임부사(時任府使)의 아들(몽룡)과의 정적관계가 있었고, 이부사는 해임 상경 후 일가가 영쇄부진하였다. 춘향이가 미천(微賤)의 처녀로 양반의 자제에게 허신(許身)한 것이 광영이고, 또한 연정이 날로 깊어졌다. 그러므로 수절하면서 이몽룡이 영달하여 다시 자기를 찾기를 고대하였으나 천리원격에 소식이 막연하였다. 필경은 그 무정의 원한을 품고 죽고 말았다. 그후에 남원 일군이 대흉재가 들어서 내리 3년 동안을 계속하였다. 전군민의 기아상태는 남부여대 유리개걸의 참상을 나타내게 되매, 농민과 부녀들은 일제히 흉재(凶災)의 원인은 원귀 춘향의 소사라고 미신하고 방재책에 대한 의론이 비등하였다. 시임(時任)이방이 치자(治者)의 입장에서 인민의 미신의 귀추를 양해하고 춘향전을 지어서 이것을 무녀의 살풀이굿에 올려서 그 원혼

食 否則莫如歸 繡衣請其韻 曰膏 曰高 卽請紙一丈 寫詩曰 樽中美酒千人血 盤上嘉肴萬姓膏 燭淚落時民淚落 歌聲高處怨聲高 寫畢卽進 諸倅轉觀 疑訝之際 書吏呼暗行而直入 諸倅一時皆散 當日罷出者六人 其餘六人入書啓中 諸倅者勢家子弟 而一不顧籍 湖南之人 稱之爲美談". 成涉,『필원산어(筆苑散語)』上, 第一, 109條. 조희웅,『고전소설연구보정』하, 박이정, 2006, 1052쪽에서 인용.

제2장 판소리 예술 탄생의 원류적 배경

을 위로하였다. 그것이 과연 설원하였던지 흉재는 곧 등풍(登豊)으로 환역하고 따라서 인심도 안정되었다. 그 후에 춘향전은 여러 문호의 붓으로 첨삭을 가하여 소설이 되고, 남원을 위시하여 그 인근 읍군에서는 무녀의 춘향전 살풀이굿이 성행하였다. 광대들은 그 가치를 인정하고 창극조로 옮겨서 부르기를 시작하여, 창극으로 개작할 때에 더 많은 부연과 윤색을 경유하여 금일의 춘향전을 이루었다.[20]

위의 내용은 정노식이 자신의 스승인 석정(石亭) 이정직(李定稷, 1840~1910)으로부터 들었다는 내용이다. 그러나 이정직이 이 이야기를 어떠한 경로를 통해 알게 되었는지는 나타나 있지 않다. 내용을 보면 춘향이가 이몽룡의 무정함에 원사(寃死)했다는 것까지가 〈춘향가〉 이야기와 관련이 있다. 물론 춘향이 추모였다는 것과 원사했다는 것은 현전 〈춘향가〉의 내용과는 다른 점이다. 그리고 위의 내용은 현전 〈춘향가〉에 이르게 된 과정도 서술되어 있다. 즉, 춘향이 원사한 뒤 흉재가 빈발하자, 고을의 이방이 〈춘향전〉을 지어 살풀이굿을 했고, 그때 지은 〈춘향전〉이 여러 문호의 붓을 거쳐 소설이 되었으며, 나중에 광대들이 판소리로 부르면서 개작 부연 윤색을 가한 것이 현전의 〈춘향전〉이라는 것이다. 위 내용의 문맥을 따르면, 이방이 지은 〈춘향전〉은 살풀이굿에 맞는 짤막한 형태의 이야기였을 것이고, 그것이 차차 오늘날의 〈춘향전〉으로 전변되어 정착된 것으로 볼 수 있다. 그러나 위의 내용에서 판소리 〈춘향가〉의 원류적 배경과 관련하여 보다 중요한 것은 춘향과 이몽룡의 만남과 사랑, 두 사람의 이별, 춘향의 수절 등과 같이, 현전 〈춘향가〉의 내용과 동일한 부분이다. 그리고 그 내용이 실제로 일어났던 일로 서술되고 있다는 점이다. 이와 같이 〈춘향가〉는 실제로 일어났거나 일어났다고 믿는 이야기들을

---

20 鄭魯湜 著, 『조선창극사』(복각본), 동문선, 1994, 39-40쪽.

원류로 형성될 수 있었던 것이다.

다음으로는 〈춘향가〉의 배경이 되는 호남지방에서 실제로 유전되었다고 알려진 기록물이다. 이에는 조재삼(趙在三, 1808~1866)의 기록이 대표적이다. 조재삼은 "우리나라의 창우를 속칭 창부 또는 광대라 하는데, 춘양타영을 제일로 친다. 호남지방 민간에서 전하는 바에 의하면, 남원부사의 아들 이도령이 어린 기생 춘양과 사귀었는데, 후에 춘양이 이도령을 위해 절개를 지키자, 새로 부임해 온 부사 탁종립이 춘양을 죽였다. 호사자가 이를 슬피 여겨 그 뜻을 타영으로 만들어 춘양의 억울함을 씻어주고 춘양의 절개를 표창했다."[21]는 기록을 남기고 있는데, 문맥상으로 보면 조재삼은 호남지방 민간에서 전하는 바를 그대로 옮기고 있다. 그리고 춘향과 이몽룡의 사랑과 이별, 춘향의 수절, 신임부사로부터의 수난 등이 현전 〈춘향가〉의 내용과 동일하다.

또한 주목되는 것은 남원 지역에 유포되어 있는 '박석고개 전설'이다. 이 전설의 내용은 다음과 같이 정리된다.[22]

- 관기(官妓) 월매의 딸이자 천하 박색인 춘향이가 30에 가깝도록 시집을 못 갔다.
- 춘향은 요천(蓼川)에서 빨래를 하다가 이도령을 본 뒤 사모하여 병이 되자 월매의 계교로 이도령과 하룻밤 인연을 맺었다.
- 이도령은 정표로 춘향에게 비단수건을 주고는 얼마 후에 상경해 버리자 춘향은 자결하고 만다.
- 부중의 사람들이 그 연유를 알고 불쌍히 여겨 이도령이 가던 박석고개

---

21 "我國倡優 俗謂唱夫 亦曰 廣帶 以春陽打詠 爲第一調 而湖南諺傳 南原府使子李道令 眄童妓春陽 後爲李道令守節 新使卓宗立殺之 好事者哀之 演其義爲打詠 以雪春陽之冤 彰春陽之節". 趙在三, 『송남잡지(松南雜識)』, 「음악류(音樂類)」, 〈춘양타영(春陽打詠)〉. 조희웅, 위의 책, 1042쪽에서 인용.

22 김동욱, 『증보 춘향전 연구』, 연세대출판부, 1976, 57쪽.

에 장사 지냈다.

내용상 위의 정노식과 조재삼의 기록과 유사하다. 특히 춘향이 죽었다는 것과 그녀를 신원해 주었다는 내용은 동일하다. 우리는 죽은 사람의 원한을 풀어주는 이야기를 '신원설화(伸寃說話)'라고 지칭한다. 그렇게 볼 때, 〈춘향가〉의 설화적 원류 중 실사(實事)의 기록에 가깝다고 판단되는 두 이야기에 모두 신원 모티프가 삽입된 것은 현전 〈춘향가〉 형성에 신원설화가 깊은 영향을 미쳤음을 알 수 있다.

다음은 역사상 실존 인물의 행적이 설화로 형성·유통되었고, 그것이 〈춘향가〉의 원류가 되었다고 판단되는 설화이다. 이에는 대표적으로 옥계(玉溪) 노진(盧禛, 1518~1578)설화와 박문수(朴文秀, 1691~1756)설화가 있다. 노진 설화를 단락으로 나타내면 다음과 같다.

- 옥계가 평안도 선천에 사는 당숙에게 혼수(婚需)를 부탁하나 거절당하다.
- 옥계는 길을 안내하던 기생과 결연을 하다.
- 기생은 옥계에게 돌아오기를 부탁한 뒤 한 암자에서 살다.
- 옥계는 나중에 과거에 급제한 후 암행어사가 되어 평안도에 갔다.
- 옥계는 자신을 기다리고 있는 기녀의 절개에 감복하여 데리고 와서 종신토록 살았다.[23]

간략한 설화이지만, 상층 양반인 옥계와 지방 기생 간의 결연, 기생의 수절, 양반이 암행어사가 되어 탐방함, 기생의 절개를 가상히 여김, 양반과 기생의 해로 등이 〈춘향가〉의 내용과 유사함을 알 수 있다. 다음은 박문수 설화의 서

---

23 유화수·이은숙 역주, 『계서야담』, 국학자료원, 2003, 349-353쪽.

사단락이다.

- 박문수가 외숙을 따라 진주 임소에 갔다가 한 기녀와 사랑을 맹세했다.
- 박문수가 못생겨서 나이가 30이 되도록 음양을 알지 못하는 한 물 긷는 계집종[汲水婢]을 거두어 잠자리를 같이 한다.
- 박문수가 나중에 과거에 급제한 후 암행어사가 되어 진주로 가, 그곳에서 옛 기녀의 집 앞에서 밥을 구걸한다.
- 기녀의 어미가 박문수인 줄 알고 거두어 밥을 차려준다.
- 기녀가 거지꼴인 박문수를 보고 외면한다. 그리고 본관사또의 생일에 참여해야 한다며 새 옷을 가지고 나가버린다.
- 박문수가 기녀 어미의 만류를 뿌리치고 집을 나왔다가 예전의 급수비 (汲水婢)를 만난다.
- 계집종이 박문수를 자기의 집으로 모시고 가 극진히 대접한다. 박문수가 계집종이 자신이 잘 되기를 빈 흔적을 보고 감탄한다.
- 이튿날 박문수는 계집종의 집을 나와 본관사또의 생일연에 가까스로 참여한다.
- 박문수는 생일연에서 본관사또와 기생들의 냉대를 받는다.
- 박문수가 사또 등에게 양반 대접을 계속 요구하자 본관사또는 하인을 시켜 박문수를 내쫓게 한다. 이때 '암행어사 출도'가 일어난다.
- 박문수가 기녀를 초래하여 과거의 약속을 배반한 것에 대하여 질타하고 태장을 가한다.
- 박문수가 '내가 사랑하는 여자가 있다'고 말하며 급수비를 불러 칭찬하고 지위를 격상시켜 행수기생을 시킨다. 그리고 앞서의 기녀는 급수비

를 시킨다.[24]

　이상 박문수 설화는 〈춘향가〉의 내용과 더욱 방불하다. 다만, 기생과 그 어미, 급수비 간의 관계가 춘향과 월매의 관계로 축약되었다는 것과, 춘향과 동일 캐릭터인 급수비(汲水婢)의 수난 대목이 없다는 것이 다를 뿐이다.

　〈춘향가〉 내용의 핵심은 양반과 기생의 사랑, 신관사또의 횡포, 기생의 수절, 암행어사 출도이다. 그 중에서 신관사또의 횡포와 기생의 수절은 남녀주인공의 사랑을 완성시켜 주는 계기적 사건이라고 볼 수 있는데, 그런 점에서 보면 양반과 기생의 사랑, 암행어사 출도가 핵심 중의 핵심 내용이라고 할 수 있다. 〈춘향가〉의 청중이나 독자들이 무엇보다도 감동하고 몰입하는 내용도 바로 이 부분이라고 할 수 있다. 우리는 남녀 간의 사랑을 내용으로 하는 설화를 '염정설화(艶情說話)'라고 하거니와, 〈춘향가〉는 염정설화와 암행어사 설화가 근간이다. 그런데 위 박문수 설화는 〈춘향가〉의 근간인 염정설화와 암행어사 설화를 온전히 갖추고 있어서, 〈춘향가〉의 원류 설화로서의 가치가 매우 높다고 하겠다.[25]

　〈춘향가〉에서 계기적 사건으로 기능하는 신관사또의 횡포와 기생의 수절도 〈춘향가〉의 주제 형성에 중요한 기능을 한다. 〈춘향가〉에서 춘향은 신분이 기생이다. 그리고 기생은 '수절'과는 거리가 먼 지위에 속한다. 그래서 〈춘향가〉에서도 춘향은 기생이든 대비정속(代婢定贖:관청의 여종이나 기생이 자기 대신에 다른 사람을 사서 넣고 자신은 자유롭게 되는 일)상태이든, 처음에는 주위 사람들로부터 기생으로 취급받는다. 이몽룡도 춘향을 사랑하긴 하지만,

---

24 이월영·시귀선 역, 『청구야담』, 한국문화사, 1995, 724-731쪽.
25 〈춘향가〉의 염정(艶情)은 양반과 기생의 사랑이다. 그런데 양반과 기생의 사랑을 내용으로 하는 설화는 위 노진 설화나 박문수 설화 외에도 다양하다. 따라서 〈춘향가〉의 염정 부분은 노진 설화나 박문수 설화 외에도 다양한 염정 설화 혹은 그러한 세태의 영향을 동시에 받았다고 볼 수 있다.

내면으로는 기생을 향해 표출하는 양반의 일반적인 풍정(風情)에 가까운 태도를 취할 때가 많다. 그런데 이몽룡의 춘향에 대한 마음이 완전히 달라지는 것은 옥중의 춘향을 보고서부터이다. 이때부터 이몽룡은 춘향의 절개의식과 그로부터 형성된 본래적 가치를 진정으로 인식하게 된다. 그리고 춘향을 대하는 태도도 그 전과는 전혀 달라진다. 이와 같이 춘향의 지위와 주위 사람들의 인식이 달라지게 된 것은 신관사또로부터의 수난과 수절 때문이다. 따라서 이 대목도 〈춘향가〉에서는 매우 중요한 부분이라고 할 수 있다. 고전 설화 중에는 상층 양반이 부당한 목적으로 하층의 여자를 빼앗는 설화가 산재해 있다. 최래옥은 이러한 설화를 '관탈민녀형(官奪民女型)설화'라고 한 바 있는데[26], 여기에는 『삼국사기』에 실려 있는 〈도미설화〉, 『삼국유사』에 실려 있는 〈도화녀설화〉, 〈지리산녀의 노래〉, 〈숙향이굴 전설〉, 〈산방덕 전설〉 등이 있다고 한다. 이렇게 보면, 판소리 〈춘향가〉는 고전문학 속에 산포되어 있는 다양한 관탈민녀형 설화의 영향을 깊이 받았다고 생각된다.

이상과 같이 판소리의 대표작 〈춘향가〉는 양반과 기생의 사랑, 신관사또의 횡포, 기생의 수절, 암행어사 출도 등을 핵심 내용으로 하는데, 이들은 과거의 실사(實事), 실사(實事)같은 설화, 실존인물과 관련된 설화뿐만 아니라 염정설화, 암행어사설화, 관탈민녀형 설화 등 〈춘향가〉 내용에 앞서 존재하면서 널리 유포되었던 다양한 관련 설화를 원류로 하여 형성될 수 있었다.

〈심청가〉는 효행, 인신공희(人身供犧), 개안(開眼)을 핵심 모티프로 하는 작품이다. 따라서 그 원류 설화도 이와 부합되는 것이어야 한다. 그동안 〈심청가〉의 형성 배경이 되는 설화로는 『삼국유사』에 실려 있는 〈효녀지은설화〉와 〈거타지설화〉, 그리고 〈관음사연기설화(觀音寺緣起說話)〉 등이 거론되어 왔다. 이 중에서 〈관음사연기설화〉는 특히 주목되어 왔는데, 〈효녀지은설화〉가

---

26 최래옥, 「관탈민녀형 설화의 연구」, 『장덕순선생화갑기념 한국고전산문연구』, 동화문화사, 1981, 91-112쪽.

효행을 모티프로 하고, 〈거타지설화〉가 인신공희를 모티프로 하는 설화인 반면, 〈관음사연기설화〉는 효행, 인신공희, 개안 모티프를 모두 갖추고 있고, 이야기의 전개 과정도 〈심청가〉와 방불하기 때문이다. 관음사(觀音寺)는 전남 곡성군에 있는 백제시대의 고찰(古刹)이다. 이 관음사 창건 유래담을 단락으로 정리하면 다음과 같다.

- 한 고을에 원량(元良)이란 장님이 일찍이 부인을 잃고 홍장(洪莊)이란 딸을 두고 있었다. 원홍장은 착하고 아름다웠으며 무엇보다도 효행이 지극하여 그 명성이 나라 안은 물론 중국에까지 전해졌다.
- 어느날 홍법사(弘法寺) 성공(性空)스님이 원량에게 시주를 하라고 간청하고, 원량은 재물이 없어 16세의 딸을 데려가 팔아 쓰도록 한다.
- 성공 스님을 따라 나선 홍장은 소랑포 부두에서 보물을 가득 실은 배를 만난다. 배의 사자(使者)가 홍장을 보고 황후마마라고 부른다. 이유인 즉 진(晉)나라의 황후가 서거했는데 황제의 꿈에 신인(神人)이 나타나, 새 황후가 동국에 태어나 이미 장성하였는데 단정하기가 죽은 황후에 못지않다고 하여 예물을 싣고 모시러 왔다는 것이었다.
- 홍장은 예물을 성공 스님에게 주고 자신은 사신을 따라 중국으로 들어가 황후가 되었다.
- 홍장은 고향의 아버지를 그리워하여 장인(匠人)에게 자신의 모습을 관음상으로 만들게 하고 그것을 배편으로 조국으로 보냈다.
- 옥과(玉果)에 사는 성덕(聖德)이라는 처녀가 어느 날 물가에서 배 위에 있는 관음상을 보고 예를 올린 뒤 직접 그것을 등에 업었는데, 새털처럼 가벼웠다. 길을 재촉하여 곡성군에 이르자 관음상이 태산처럼 무거워 더 이상 움직일 수 없었다. 거기에 관음상을 모시고 절을 세워 관음

사라고 했다.

- 원량은 딸을 이별할 때 흘린 눈물 때문에 눈을 뜨게 되었다. 두루 복을 누리다가 95세에 죽었다.[27]

이상과 같이 〈관음사연기설화〉는 현전 〈심청가〉의 주요 내용과 매우 유사하다. 현전 〈심청가〉를 보면 인당수 모티프가 나오고 뺑덕어미가 등장하며 심봉사가 눈을 뜨는 것도 봉사 잔치에서 딸과의 상봉을 통해 이루어지는 것으로 되어 있으나, 〈관음사연기설화〉는 그와 다르다. 그러나 이러한 내용은 설화의 전승 과정에서 얼마든지 변할 수 있는 부분이다. 요컨대, 〈심청가〉는 〈관음사연기설화〉 혹은 이와 같은 성격의 설화와, 옛 문헌에 실려 전하는 각종의 효행담과 인신공희담 등을 원류로 하여 형성되었다고 볼 수 있겠다.

〈흥부가〉는 주지하듯이 다음과 같은 기본 단락으로 구성되어 있다.

- 흥부가 제비 다리를 고쳐주다.
- 제비가 박씨를 갖다주어 보은(報恩)하다.
- 박 속에서 재물이 나와 부자가 되다.
- 놀부가 제비 다리를 꺾고 고쳐주다.
- 제비가 박씨를 갖다주어 보수(報讎)하다.
- 박 속에서 나온 사람들에게 돈을 빼앗겨 망하다.

이상의 기본 단락을 포괄하는 설화로는 '선악형제담(善惡兄弟談)', '동물보은담(動物報恩談)', '무한재보담(無限財寶談)' 등이 있다. 그리고 이러한 설화는 문헌설화 및 구비설화 중에서 흔히 발견되는 것들이다. 〈방이설화〉, 〈박타는

---

27 김상환, 「聖德山觀音寺緣起說話」, 『부처님이 들려주는 효 이야기』, 동국역경원, 2001, 157-173쪽.

처녀설화〉, 〈새의 보은〉, 〈사슴 보은설화〉 등이 그 대표적인 것들이다. 그 중에서 〈방이설화〉는 선악형제담과 무한재보담으로 구성되어 있다면, 〈박타는 처녀설화〉는 선악형제담, 동물보은담, 무한재보담을 모두 포괄하고 있는 설화이다. 따라서 우리는 〈흥부가〉의 원류 설화에 가장 가까운 설화로 〈박타는 처녀설화〉를 꼽을 수 있다.[28]

〈토끼전〉은 『삼국사기』에 실려 전하는 설화 〈구토지설(龜兎之說)〉을 배경으로 하여 형성된 것으로 알려져 있다. 그런데 〈구토지설〉은 인도의 『본생경(本生經)』에 실려 있는 갖가지의 〈본생설화〉가 한문으로 번역되어 중국으로 전해졌고, 그것이 다시 우리나라로 전해져 성립된 것이다. 그 외에 문헌설화 및 구비설화로 전해져 온 동물들의 지혜담(智慧談)들도 〈토끼전〉의 내용 구성에 일정한 영향을 미쳤다고 볼 수 있다. 마지막으로 〈적벽가〉는 『삼국지연의』 중 적벽대전의 이야기를 판소리화한 것으로 알려져 있다. 그러나 『삼국지연의』의 해당 내용이 곧바로 판소리 〈적벽가〉로 전환된 것은 아니라고 생각된다. 『삼국지연의』는 우리나라로 전해져 폭넓게 읽혔는데, 그 과정에서 『삼국지연의』와 관련된 설화들도 많이 생성된 것으로 보인다. 판소리 〈적벽가〉는 그러한 일련의 설화 중에서 적벽대전과 관련된 설화를 토대로 형성되었다고 보는 것이 보다 타당하다고 생각된다. 이상과 같이, 판소리 작품들은 모두 그 전대(前代)에 존재했던 설화를 원류로 하여 그 서사적 내용을 구축할 수 있었던 것이다.

〈춘향가〉 등 판소리 작품의 서사적 내용은 그 전대(前代)의 문학 양식인 서사무가의 영향도 많이 받았다고 생각된다. 대표적으로 〈춘향가〉와 경기도 남부 지역에서 전승되는 〈성주풀이〉를 비교해 보면 그 영향 관계가 분명히 드러난다. 〈성주풀이〉는 황우양씨 이야기로서 황우양씨가 집을 비운 사이에 소진

---

28 〈흥부가〉의 배경 설화에 대한 이상의 설명은 인권환 편저, 『흥부전연구』, 집문당, 1991, 17-48쪽 참조.

랑이라는 남신(男神)이 황우양씨의 부인을 겁박하고 납치하여 부부가 될 것을 강요하나, 부인의 지혜로 시간을 끌다가 귀환한 황우양씨에 의하여 소진랑이 징치되고 부부가 재결합한다는 이야기다. 이 신화는 부부 중심의 가정이 틈입자로 인해 위기를 맞게 되고 부부의 공동 노력으로 다시 틈입자를 제치하고 위기를 극복한다는 것이다. 이는 두 사람의 남성과 한 사람의 여성이 벌이는 삼각관계를 다룬 서사문학으로서 사랑 이야기의 기본 모형을 제시해 주는 신화이다. 〈춘향가〉의 핵심 서사구조도 이와 다르지 않다. 춘향과 이몽룡이 결연한 것은 이미 부부가 된 것과 같은 성격으로서 황우양씨 부부가 단란하게 살고 있었다는 상황 설정에 대응되고, 이몽룡이 서울로 올라간 사이에 변학도가 춘향을 겁박하는 것은 황우양씨가 하늘나라로 궁궐을 지으러 간 사이에 소진랑이 황우양씨 부인을 겁박한 사실과 일치한다. 그리고 이몽룡이 암행어사가 되어 옥에 갇힌 춘향을 구출하고 변학도를 징치하는 것은 황우양씨가 귀환하여 소진랑을 징치하고 구메밥을 먹는 부인을 구출하는 것과 그대로 대응된다. 이처럼 〈성주풀이〉와 〈춘향가〉는 서사구조나 주제 성향까지 일치하고 있음을 알 수 있다.

〈춘향가〉뿐만 아니라 〈심청가〉도 서사무가의 하나인 〈바리공주〉와 상통하는 면이 있다. 안맹한 부친을 위해 남경 장사 선인(船人)에게 공양미 삼백석에 몸이 팔려 고향을 떠나 인당수로 갔다가 중국 천자의 배필이 되어 안맹한 사람 모두를 개안시킨 심청의 이야기는 효행으로 가족과 사회를 구원한 여성의 이야기이다. 〈바리공주〉 역시 부친의 병을 낫게 하려고 고향을 떠나 낯선 이계(異界)에 가서 9년간의 노역을 치르고 약수를 얻어 귀환하여 죽었던 부친을 회생시키고 가족과 국가에 큰 공을 세우는 여성 이야기라는 점에서 심청 이야기와 상통하는 모습을 보여준다. 이런 점에서 서사무가의 작품 세계와 판소리

의 작품 세계는 유사성이 강함을 알 수 있다.[29]

이상으로 판소리의 대본으로 기능하는 판소리 작품의 서사적 내용이 어디에 기원을 두고 형성되었는지를 설화와 서사무가를 통해 살펴보았다. 현전 판소리 작품이 판소리 광대의 창(唱)에 올려지기까지는 여러 단계의 과정이 필요했음은 쉽게 짐작할 수 있다. 그러나 판소리 작품의 서사내용과 관련하여 중요한 것은 어떠한 형태이든 그 원류로서의 이야기가 존재했다는 것이고, 그것이 오랜 시간을 거쳐 전변되면서 지금과 같은 모습의 형태를 갖추게 되었다는 점이다. 본고에서는 그 원류로서의 이야기를 설화와 서사무가에서 찾아보았다.

---

29 이상, 서사무가와 판소리의 관련성에 대한 정리는 서대석, 「판소리의 기원」, 판소리학회 엮음, 『판소리의 세계』, 문학과지성사, 2000, 96-98쪽 참조.

제2절 음악적 배경

판소리는 대본 기능을 하는 서사적 내용만 가지고서는 존재할 수 없다. 서사적 내용을 전달하는 방식으로서 창과 아니리와 너름새도 매우 중요하다. 이 중에서 '창'은 소리를 말하는바, 소리는 판소리의 본질 요소에 해당한다. 그렇기 때문에 소리가 아니리, 너름새와 결합하여 하나의 판소리가 되기까지의 배경을 살펴보기 전에, 소리에 대한 전통적 관념과 인식을 먼저 살펴볼 필요가 있다고 생각된다.

소리[音]는 우리나라를 포함한 동양 전통에서 인심(人心)이 외물(外物)과 접촉했을 때 드러나는 여러 양상으로 이해해 왔기 때문에, 소리의 현현 양상에 대하여 대단히 주목해 왔다. 소리[音]를 예(禮), 정치 등과 연계하여 중시했던 것도 그 때문이다. 동양 전통에서 소리의 개념과 의미가 가장 잘 나타나 있는 것은 『악기(樂記)』의 논설들이라고 할 수 있다. 이에 주요 내용을 살펴보기로 한다.

대개 음(音)의 발생은 인심으로 말미암아 생긴다. 인심의 움직임은 외물이 그렇게 만들어서이다. 인심이 외물에 감응하여 움직이게 되므로 성(聲)으로 나타나고, 성이 서로 호응하므로 변화를 낳는다. 그 변화가 문장을 이루면 그것을 음이라 한다. 음을 나란히 안배하여 악기로 연주하고 간과 척, 우와 모

를 쥐고 춤추면 그것을 악이라 한다.[30]

위의 내용에서는 소리의 발생 경로를 통해 소리에 대한 전통적 개념과 의미를 드러내고 있다. 즉, 인심이 외물과 접촉하면 성(聲)이 발생하고, 그 성이 다양한 접촉과 변화를 거쳐 하나의 흐름을 가지게 되면, 그것이 음이 된다는 것이다. 그리고 그 음이 악기와 만나면 음악이 된다는 설명이다. 이와 같은 설명에 의하면, 성(聲)과 음(音)이 발생하기 위해서는 사람의 마음과 외적 사물의 감응이 가장 중요한 것이다. 이렇게 보면 인심은 저마다 다르고, 외적 사물도 시대와 나라마다 다르며, 그에 따라 인심과 사물의 접촉 양상도 다양할 수밖에 없기 때문에, 나라와 시대마다 다양한 소리가 탄생하는 것은 자연스러운 일이다. 인심과 외물의 접촉 양상이 다르기 때문에 소리도 다양할 수밖에 없다는 점은 『악기』의 다음 글에도 잘 나타나 있다.

악(樂)은 음(音)으로 말미암아 발생하며 그 근본은 인심이 사물에 감응을 받는 것이다. 그래서 애달픈 마음을 느낄 때 그 성(聲)은 불안 초조하며 쉽게 쇠약해지고, 즐거운 마음을 느낄 때 그 성(聲)은 남김없이 터지며 느긋하고, 기쁜 마음을 느낄 때 그 성(聲)은 한껏 피어오르며 퍼져가고, 성난 마음을 느낄 때 그 성(聲)은 거칠고 사납고, 공경하는 마음을 느낄 때 그 성(聲)은 곧고 청렴하다. 사랑하는 마음으로 감응을 하면 그 소리는 조화롭고 부드럽다. 이 여섯 가지는 본성이 아니라 인심이 외물에 감응을 느낀 뒤에 움직인 것이다.[31]

---

30 "凡音之起 由人心生也 人心之動 物使之然也 感於物而動 故形於聲 聲相應 故生變. 變成方 謂之音 比音而樂之及干戚羽旄 謂之樂." 김승룡 편역주, 『樂記集釋』, 청계출판사, 2002, 75쪽.
31 "樂者 音之所由生也 其本在人心之感於物 是故其哀心感者 其聲噍以殺 其樂心感者 其聲嘽以緩 其喜心感者 其聲發以散 其怒心感者 其聲粗以厲 其敬心感者 其聲直以廉 其愛心感者 其聲和以柔 六者非性也 感於物而后動." 김승룡 편역주, 위의 책, 88쪽.

한편, 이상과 같이 『악기』에서 정립된 음(音)의 발현 양상과 그 의미는 우리나라에서도 거의 변함없이 수용되었다. 이점은 대표적으로 『악학궤범(樂學軌範)』 서문에 잘 나타나 있다.

악(樂)이란 하늘에서 나와서 사람에게 붙인 것이요, 허(虛)에서 발하여 자연에서 이루어지는 것이니, 사람의 마음으로 하여금 감응하게 하여 혈맥을 뛰게 하고 정신을 유통케 하는 것이다. 느낀 바가 같지 않기 때문에 소리도 같지 않아서, 기쁜 마음을 느끼면 그 소리가 한껏 피어오르며 퍼져가고, 노한 마음을 느끼면 그 소리가 거칠고 사납다.(……) 소리가 같지 않은 것을 조합하여 하나로 만드는 것은 임금의 인도 여하에 달렸다.[32]

위의 내용을 보면 『악기』의 내용과 거의 동일함을 알 수 있다. 그런데 음(音)과 악(樂)을 임금의 인도 즉 정치와 관련시키고 있음을 확인할 수 있는데, 이는 『악기』에서부터 이미 강조되어 왔던 것이다. 동양 전통에서 음악은 인심과 외물의 접촉에 의해 자연스럽게 발생하는 것으로 이해하지만, 외물의 다양한 현상은 사회, 정치, 문화 등에 의해 좌우되기 때문에, 자연스럽게 음악의 양상은 정치나 이념과 불가분의 관계에 놓여있음을 알 수 있다.[33]

한편, 『악기』에서 정립된 음악론은 유가이념과 결합되면서 양반지배층의 음악을 형성하는 데 주도적인 역할을 하였다. 그렇기 때문에 우리나라를 포함한 상층 음악은 대체로 온유돈후한 정태적 성격을 지향하고 있다.

---

32 "樂也者出於天而寓於人 發於虛而成於自然 所以使人心感 而動盪血脉 流通精神也 因所感之不同 而聲亦不同 其喜心感者發以散 怒心感者粗以厲 (……) 能合其聲之不同而一之者 在君上導之如何耳." 이혜구 역주, 『신역 악학궤범』, 국립국악원, 2000, 31쪽.

33 음악이 예악으로 이해되고, 더 나아가 이념이나 정치와 연계되면서 다양한 의미망을 구축하게 되는 여러 양 상에 대해서는 윤재근, 『東洋의 本來美學』(증보판), 나들목, 2006 참조.

그러나 소리[音]가 사람의 마음과 외물의 접촉에 의해 자연스럽게 발생한다는 원론적 의미는 면면히 이어져 각 나라의 민속음악을 형성하는 데 큰 기여를 하게 된다. 일반 백성들의 삶은 매우 다양하고 역동적이기 때문에, 그 와중에서 생기는 생각과 느낌 역시 다양할 수밖에 없다. 그렇기 때문에 삶의 양상에 따라 그에 부합되는 소리와 음악이 다채롭게 발생하는 것은 자연스러운 일이다. 본 논문에서 주목하는 판소리도 마찬가지다. 이렇게 볼 때, 판소리의 소리적 성격은 기본적으로 동양 전통에서 주목하고 강조한 '소리'의 근원적 성격에 맥이 닿아있음을 알 수 있다.

다음으로, 판소리예술 탄생의 원류적 배경으로서 좀더 근접한 현상들을 주목해 보자.

먼저 어떤 특정한 내용을 창, 아니리, 너름새의 형식으로 전달하는 예술 장르를 주목할 필요가 있다. 그리고 이에 해당하는 대표적인 장르로서 우리는 굿을 들 수 있다. 굿은 무당이 신에게 제물을 바치고 노래와 춤으로 길흉화복 등의 인간의 운명을 조절해 달라고 비는 제의를 말한다. 굿을 하는 주체는 무당이고, 무당에는 강신무(降神巫)와 세습무(世襲巫)가 있다. 강신무는 신격화되어 신의 구실을 실연(實演)하는 무당을 말하고, 세습무는 강신(降神)의 과정을 거치거나 공수를 받는 절차 없이, 무당 자신이 익힌 방법으로 무업(巫業)을 행하는 무당을 말한다. 강신무가 실제로 제의를 행할 때에는 신의 의복을 상징하는 무복(巫服)을 입고 무가(巫歌)를 부르면서 무악(巫樂)의 가락에 맞추어 춤을 추면서 공수를 내리는 반면, 세습무는 특별한 무복 없이 흰색 치마저고리나 흰 두루마기를 입고 머리에는 고깔을 쓰고 의례를 행하는 것이 일반적이다. 절차적으로는 강신무는 먼저 자신이 모시는 신을 부르는데, 이를 청신(請神)이라고 한다. 그리고 강신한 신을 대접하고 즐겁게 하는 오신(娛神)의 과정을 거쳐 마지막으로 신을 보내는 송신(送神)의 과정을 거친다. 그러나 세습무는 강신의 과정이 없으므로 청신이 없다. 단지 무당이 신을 향해 일방적으로 비는 행위만을 할 뿐이다.

굿은 '거리'라고 부르는 여러 제차(祭次)로 구성되는데, 이 과정에서 주로 연행되는 것이 무가이다. 굿의 현장에서 불리어지는 무가에는 서사무가, 서정무가, 희곡무가 등이 있는데, 이 중에서 가장 큰 비중을 차지하는 것은 서사무가이다. 서사무가는 구연(口演)형태에 따라 구송창(口誦唱)과 연희창(演戲唱)으로 나누어진다. 구송창은 무당이 자신의 북장단에 맞추어 단조로운 가락으로 무가를 구송하는 형태를 말한다. 이 형태는 주로 앉아서 구송하므로 좌창(坐唱)이라고 하며, 말과 창의 구별이 없고 몸짓을 곁들이는 것도 없다. 서울 지역의 〈바리공주〉나 충청도 앉은굿에서 〈제석본풀이〉가 구연될 때 이와 같은 형태를 취한다. 반면에 연희창은 반주무(伴奏巫)와 주무(主巫)의 협동으로 이루어지는데, 주무는 서서 반주무가 장단을 쳐주면 그것에 맞추어 말과 노래를 교체하면서 몸짓을 곁들여 구연하는 형태이다. 반주무는 장단을 쳐줄 뿐만 아니라 탄성을 발하거나 추임새를 곁들여 주무의 흥을 돋운다. 이러한 형태는 주로 동해안 세습무의 굿에서 볼 수 있다. 연희창의 구연 형태는 서사무가가 청배무가(請拜巫歌)로서 가지는 제의적 기능이 쇠퇴하고 청중의 문학적 욕구를 충족시키려는 의도에서 구송창의 형태가 변모된 것이다. 즉, 구송창은 구연자인 무당이 신을 의식하고 신을 향하여 무가를 구연하는 형태이고, 연희창은 구연자가 인간을 의식하고 인간을 향하여 이야기의 내용을 흥미있게 잘 전달하기 위해 개발한 구연 형태이다.

그런데 연희창 방식의 굿을 보면 판소리의 공연 방식과 유사하다는 점을 바로 알 수 있다. 즉, 무당이 반주 무당의 북장단에 맞춰 노래와 말과 몸짓으로 서사무가의 내용을 전달하는 형태는 판소리의 연행 방식과 동일한 것이다. 따라서 우리는 창과 아니리와 너름새로 공연되는 판소리가 연희창 방식의 무속제의에서 발생되었음을 알 수 있다.

　구체적으로 〈제석굿〉을 보자. 〈제석굿〉은 가정의 번창, 풍요를 노래하는 무가(巫歌)와 복덕을 불러들이는 주술적인 행위로 이루어지는데, 지역적으로 다양한 양상을 보여주지만, 그 중에서 특히 전라도 진도지역에서 행해지는 〈제석굿〉은 판소리의 연행방식과 매우 유사하다. 〈제석굿〉은 제석맞이, 중타령, 제석풀이 등이 행해지는 전반부와, 중 근본찾기, 절구경, 염불, 시주받기, 명당터잡기, 집짓기 등이 행해지는 후반부로 나누어진다. 이 중에서 전반부는 주로 흘림 장단을 사용하여 제석의 근본을 풀어내는 서사적 전달에 치중하고, 후반부는 아니리, 진양조, 자진모리, 중모리 등의 다양한 창곡을 이용하여 가창하는 방식으로 전개된다. 이처럼 〈제석굿〉은 전후반부가 각각 '풀이'와 '놀이'로 구성되는데, 이러한 구성은 판소리의 구성적 특징과 상통하는 점이 있다. 예를 들어, 〈춘향가〉나 〈흥부가〉에서 전반부에서는 이야기가 순차적으로 전개되다가, 변사또 생일잔치 장면이나 암행어사 출두 장면, 그리고 박타는 장면 등을 기점으로 놀이적 장면이 강화되는바, 이러한 판소리의 풀이와 놀이의 구성방식이 굿에서 보이는 구성원리의 연장선상에 있다고 생각된다.

　뿐만 아니라 놀이가 중심을 이루는 〈제석굿〉의 후반부에서는 창, 아니리, 너름새가 교체되면서 전개된다. 예를 들어, 후반부의 구성 요소 중에서 '중 근본찾기'는 아니리, '지도문'은 진양조, '절구경'은 진양조와 자진모리, '명당터잡기'는 아니리, '집짓기'는 자진모리와 굿거리 등과 같이, 창과 아니리가 교체되면서 전개된다. 또한 연행 장면을 보더라도 무가의 반주를 맡는 반주무(伴奏巫)는 판소리 고수와 기능이 통하고, 무녀의 동작은 판소리 광대의 너름새와 대비된다.[34] 이와 같이, 굿과 무가가 판소리에 선행하는 장르이고, 판소리 광대가 전라도 세습무 집단에서 많이 나왔다는 점을 고려할 때, 판소리 음악은

---

34 이상 〈제석굿〉과 판소리의 관련성에 대해서는 이경엽, 『무가문학연구』, 박이정, 1998, 60-74쪽 참조.

굿과 무가의 영향을 받았음이 틀림없다.

한편, 서정무가에는 〈성주풀이〉, 〈창부타령〉 등이 있는데, 이들은 서사무가를 부르기 전이나 후에 청중들을 굿의 현장 속으로 몰입시키기 위해 불리어진다. 그런데 이러한 서정무가는 판소리 광대가 판소리를 본격적으로 부르기 전에 목을 풀기 위해 부르는 단가(短歌)로 불리어졌다. 판소리 판은 판소리 광대가 청중들을 대상으로 먼저 목을 풀기 위해 단가를 하고 그 다음에 본격적으로 판소리를 한다. 따라서 단가와 판소리는 연속적으로 이루어지는 판소리 한 마당이라고 할 수 있는데, 이러한 상황에서 서정무가가 단가로 활용되었다는 것은 무가가 판소리에 일정한 영향을 미쳤다는 주요한 근거가 될 수 있다고 본다. 희곡무가는 노래보다는 대화와 몸짓이 두드러진 무가를 말한다. 이 역시 서사무가를 부르기 전이나 후에 불리어지는 것이 일반적이다. 희곡무가로 널리 알려진 작품으로는 〈소놀이굿〉, 〈장님놀이〉, 〈도리강관원놀이〉 등이 있는데, 이들의 연행 과정에서 특징적인 것은 말의 전달에서 풍자 골계적인 내용이라든가 비속한 표현이 많이 등장한다는 점이다. 특히 〈도리강관원놀이〉는 동해안 별신굿에서 행해지는데, 신관사또가 부임하여 관속들의 인사를 받는 모습에서 관속들의 풍자 골계적인 말과 비속한 표현이 매우 두드러지게 나타난다. 판소리에서 아니리는 창의 중간에 내용을 말로 전달하는 것이지만, 그 말 중에는 풍자 골계적인 내용이나 비속한 말이 많이 포함되어 있다. 예를 들면 〈춘향가〉에서 이몽룡이 춘향의 집을 찾아가는 도중에 방자가 이몽룡을 골리는 장면은 매우 골계적인데, 이 부분은 아니리로 이루어져 있다. 또한 〈춘향가〉의 도처에 비속하고 희화적인 표현도 상당수 등장한다. 이러한 표현도 대체로 아니리로 행하는 것이 일반적이다. 이렇게 볼 때, 판소리 아니리에서의 골계 풍자적인 표현, 비속한 표현 등은 굿의 현장에서 행해지는 희곡무가의 영향을 일정하게 받았다고 생각된다.

무속제의에는 다소 큰 규모의 굿과 작은 규모의 '비손'이 있다. 그중 비손은 한 사람의 무당이 신에게 간소한 제물을 바치고 가무(歌舞)없이 앉아서 축원을 위주로 제의를 베푸는 것을 말한다. 그런데 상층 사회에서 과거에 급제하면 문희연(聞喜宴)이 열리고, 여기에 여러 광대들이 참여하여 거창한 연희를 하는데, 이때 광대들의 본격적인 연희 이전에 과거 급제자의 집에서 '고사(告祀)'를 먼저 한다. 조선 후기의 문인 송만재(宋晚載, 1764~1843)는 자신의 아들이 진사과에 급제했으나 집이 가난하여 문희연을 열지 못했다. 그래서 장편고시 〈관우희(觀優戲)〉를 지어 그를 대신했다. 〈관우희〉는 앞뒤에 서문과 발문이 있고 중간에 총 50수의 시가 놓여 있는데, 이 시의 내용은 판소리, 줄타기, 땅재주, 검무(劍舞) 등 각종 연희에 대한 것이다. 그런데 시를 살펴보면 판소리를 본격화하기 전에 과거 급제자의 집에서 고사를 먼저 한다.

放榜迎牌獻德談	방 붙자 홍패 받고 덕담 드리니,
靑雲步步可圖南	청운의 걸음마다 나래를 펴네.
歷敭翰注至卿相	한림 주서 거쳐서 정상에 올라,
一就愧柯夢境甘	한마당 단꿈일랑 부끄러운 일.[35]

위의 작품은 〈관우희〉 제46수이다. 여기서 문희연에 참여한 광대가 덕담을 드리는데, 이것이 바로 '홍패고사(紅牌告祀)'다. 홍패고사는 과거에 급제한 사람이 조상의 사당에서 지내는 고사를 말하는데, 이 고사를 먼저 하고 축하 잔치를 벌인다. 그런데 이때의 고사소리는 무속제의에서 비손이 하는 행위와 거의 같다고 생각된다. 왜냐하면 그 목적이 동일하기 때문이다. 따라서 문희연에서의 광대 고사소리는 비손의 굿 현장에서 불리어진 고사소리의 영향을 받

---

35 원문은 李惠求, 「宋晚載의 觀優戲」, 『판소리연구』 1(판소리학회, 1989)를 참고하고, 번역문은 尹光鳳, 『改訂 韓國演戲詩 硏究』(박이정, 1997)의 해당 부분을 이용했다.

아 형성된 것으로 볼 수 있겠다. 문희연 광대의 고사소리는 판소리 단가로 활용되기도 했다. 신재효가 남긴 판소리 단가 〈고亽(일명 명당축원)〉가 그 대표적인 작품이다. 이로 보아 비손의 고사소리는 판소리 단가와 판소리의 형성에 직접적인 영향을 미쳤음을 알 수 있다.

송만재의 〈관우희〉를 보면, 판소리는 12마당이 존재했었다.[36] 그리고 정노식의 『조선창극사』에는 그들의 명칭이 〈장끼타령〉, 〈변강쇠타령〉, 〈무숙이타령〉, 〈배비장타령〉, 〈심청전〉, 〈흥보전(박타령)〉, 〈토별가(수궁가, 토끼타령, 별주부타령)〉, 〈춘향전〉, 〈적벽가(화용도)〉, 〈강릉매화전〉, 〈숙영낭자전〉, 〈옹고집〉 등으로 적혀 있다.[37] 뿐만 아니라 유진한(柳振漢, 1711~1791)의 〈가사춘향가이백구(歌詞春香歌二百句)〉에도 〈춘향가〉를 '打鈴'이라고 했고, 송만재의 〈관우희〉에도 '打令'이란 말이 나오며, 조재삼(趙在三, 1808~1866)의 『송남잡지(松南雜識)』와 최영년(崔永年, 1856-1935)의 『해동죽지(海東竹枝)』에도 각각 '春陽打詠'과 '春香打令'이란 말이 등장하고 있다. 이러한 자료에 의하면 판소리를 '타령'이라고도 했음을 알 수 있다.

타령(打令)은 '타령(妥靈)'이란 말에서 나온 것으로 보고 있다.[38] 그리고 이능화도 "대개 무격(巫覡)이 노래와 춤으로써 신에게 굿하는 것을 타령(妥靈)이라 하는데, 오늘날 사람들이 노래를 타령(打令)이라 하는 것은 여기에서 근원했을 것이다."[39]라고 기술한 바 있다. 현재의 무속에도 신을 편하게 모시는 타령(妥靈)에 그 신과 관계하여 부르는 노래들을 〈창부타령〉, 〈대감타령〉, 〈서낭타령〉, 〈신장타령〉 등으로 부르고 있다. 또한 타령의 장단은 3분박 4박을 따르

---

36 송만재의 〈관우희〉에는 제목 없이 판소리 12마당을 각각 시화(詩化)하고 있다.

37 정노식, 『조선창극사』(복각본), 동문선, 1994, 36쪽.

38 타령(妥靈)은 '신령을 위무한다', '신령을 모신다' 등의 의미로서, 무당이 신을 즐겁게 하는 행위를 의미한다.

39 이능화 저, 이재곤 역, 『조선무속고』, 동문선, 1991, 55쪽.

는데, 이러한 장단은 판소리에도 사용되는 장단이다.[40] 이렇게 볼 때, 판소리는 무속 음악에서 형성된 타령의 영향도 지대하게 받은 것으로 판단된다.

한편, 판소리 광대는 소리를 본격적으로 부르기 전에 목을 풀기 위해 단가를 부르는데, 이 단가를 '영산'이라고도 한다. 그런데 영산이란 말은 본래 불교음악의 하나인 '영산회상(靈山會相)'에서 유래한 말이다. 따라서 '영산회상', '영산'으로 지칭되는 노래들은 대개 인생무상을 내용으로 하는 것이 많다. 그러나 '영산회상'으로 지칭되는 노래 중에는 망자(亡者)의 넋을 위로하는 내용으로 되어 있는 것도 있다. 그리고 이러한 내용의 영산은 특히 남해안굿에서 불리어진다고 한다. 또한 영산의 장단은 2분박 6박으로 진행되는 것이 일반적인데, 남해안굿도 이와 같은 장단을 사용한다. 이렇게 보면, 불교음악이나 무속음악의 하나로 사용된 '영산회상'이 광대소리 '영산'으로 변했고, 이것이 나중에 판소리 단가로 사용되었음을 알 수 있다. 따라서 여기에서도 판소리의 원류로서 무속음악이 중요한 위치를 차지하고 있음을 알 수 있다.[41]

이상으로 음악의 측면에서 판소리예술 탄생의 원류적 배경을 살펴보았다. 판소리는 굿과 서사무가, 비손의 고사소리, 무속적 성격의 타령, 그리고 영산 등의 영향을 직간접적으로 받아 형성되었음을 알 수 있다. 물론 이러한 음악 장르가 곧바로 판소리의 창악으로 이어진 것은 아니다. 시간의 흐름에 따라 여러 단계의 전변 과정을 거쳐 판소리의 창악으로 정착되었을 것으로 판단된다.

---

40 이상 타령의 기원과 특징에 대한 서술은 손태도, 『광대의 가창문화』, 집문당, 2003, 182-189쪽 참조.
41 이상 '영산'에 대한 설명은 손태도, 위의 책, 191-212쪽 참조.

제3절 연희적 배경

다음으로 판소리가 가지고 있는 연희적 요소, 즉 너름새라고 지칭되는 몸짓이나 동작의 원류적 배경과 그것이 소리와 접맥되는 과정을 살펴보기로 한다.

전통시대의 각 나라에서는 각종 행사 때에 예능을 담당하는 사람들이 행사의 목적에 맞는 연희를 담당해 왔다. 이는 우리나라도 마찬가지다. 예능인들이 참여하는 행사로는 고려시대의 팔관회나 연등회, 조선시대의 나례희(儺禮戲)나 산대희(山臺戲), 그리고 선왕(先王)을 종묘에 모시는 부묘(祔廟)의식, 임금의 행행(行幸)등이 있다. 또한 상층 양반의 문희연(聞喜宴)에도 예능인들이 참여했다. 한편, 행사가 열리면 주로 가무백희(歌舞百戲) 행해지는데, 그 중에서 소위 소학지희(笑謔之戲)가 판소리의 원류와 관련하여 주목된다.

소학지희는 '가면이나 인형의 수단을 빌리지 않고 배우가 직접 연기하되, 일정한 인물이나 사건을 소재로 하여 재담(才談)으로 관중을 웃기고, 내용은 풍자적이고 비판적이며, 어느 정도 즉흥적인 성격의 연극'을 말한다.[42] 이러한 소학지희는 나례(儺禮)행사에서 이른 시기부터 행해졌던 것으로 보인다.

무자년(戊子年,1468)에 우인(優人)수십 명이 나(儺)를 하면서 모두 당상관의 장복(章服)을 갖추고 궁궐의 뜰에 입장하여 서로 놀이하기를, "영감은 언

---

42 사진실, 『한국연극사 연구』, 태학사, 1997, 46쪽.

제 당상관이 되었길래 장복을 이렇게 차렸소?" 하였다. 다른 사람이 응대하기를, "나는 경진년에 무과시험에 급제하고 신사년 겨울에 양전경차관(量田敬差官)이 되었다가 정해년 가을에 이시애를 붙잡아서 마침내 당상관에 이르렀소." 하였다. 듣는 사람 치고 웃지 않는 사람이 없었다.[43]

위의 내용을 보면 우인(優人)들이 나례(儺禮)를 행하면서 놀이와 재담(才談)이라는 연희적인 기예(技藝)로 주위 사람들을 웃게 만들고 있다. 그런 점에서 여기서의 우인은 '광대'라고 할 수 있다.[44] 나례는 대체로 임금이 거둥하는 국가 행사였다. 그리고 여기에 참여하는 예능인들은 각 지방에서 차출되어 상송(上送)되었다.

우리 이웃에 함북간(咸北間)이란 사람이 있었으니 동계(東界)에서 왔다. 피리를 좀 불 줄 알고 또 우스운 말과 광대의 놀음을 잘하였다. 매양 남의 얼굴이나 행동을 보면 곧 그 사람의 흉내를 내는데 진가(眞假)를 구별할 수 없었다. 또 입을 오므리고 가(笳)나 각(角)의 소리를 내면 소리가 매우 크고 웅장하여 몇 리 밖에까지 들렸다. 비파나 거문고 같은 것의 소리에 이르러서는 동당당하고 입에서 나오는 소리가 다 박자와 가락에 맞았다. 번번이 궁궐의 내정에 들어가 많은 상을 받았다.[45]

---

43 "戊子年間 有優人數十 因儺 皆具堂上官章服 入殿庭相戲曰 令公何時做堂上官 章服乃爾 有一人應之曰 予於庚申年中武科及第 辛巳冬量田敬差官 丁亥秋捕李施愛 遂至於此 聞者莫不齒冷". 『예종실록』 제4권 33장.

44 창우집단에 속하는 사람 중에서 곡예적 기능을 전문으로 하는 사람을 재인(才人), 무용적 기능을 전문으로 하는 창우를 무동(舞童), 연희적 기예를 전문으로 하는 창우를 광대, 악기를 전문으로 다루는 사람을 공인(工人)이라 하였다.

45 "吾隣有咸北間者 自東界出來 稍知吹笛 善談諧倡優之戲 每見人容止 輒效所爲 則眞假莫辨 又能蹩口作笳角之聲聲甚宏壯 倡徹數里 至如琵琶琴瑟之聲 鏗鏘發口咸中節奏 每入內庭 多受賞賜". 성현 저, 남만성 역, 『용재총화』, 양우당, 1988, 196쪽.

위의 내용은 성현(成俔)이 함경도에서 상송(上送)된 함북간이란 예인의 재주를 보고 서술한 것이다. 함북간은 악기, 재담, 광대놀음, 흉내 내기 등 다양한 재주를 겸비한 사람으로서, 이러한 무리들이 나례희나 산대희에 참여하여 연희를 베풀면서 민속예술을 발전시켜 나갔던 것이다. 그런데 국가의 공식 행사에 참여했던 이와 같은 예인들은 민간에도 다양하게 존재했다.

장생은 어떠한 사람인가를 알 수 없다. 그는 기축년 간에 서울에 드나들며 비렁뱅이 노릇을 했다.…(중략)…그의 얼굴은 심히 아름답고 빼어났으며 눈매가 그림 같고 이야기와 웃기를 잘했으며 특히 노래를 잘 불렀다. 노래를 하면 애처로워서 남의 마음을 움직였다. 그는 늘 빨간 비단으로 지은 겹옷을 입되 아무리 춥고 더워도 바꿔 입지 않았고 어떤 술집이나 기생방 치고 그가 드나들며 익숙하게 놀지 않은 곳이 없고 술을 보면 곧 가득히 부어 들고 노래를 불러 기쁨이 극도에 달한 뒤에야 자리에서 일어섰다. 그는 술이 반쯤 취하면 눈먼 점장이, 술취한 무당, 게으른 선비, 소박맞은 여편네, 밥비렁뱅이, 늙은 젖어미들의 시늉을 하되 가끔 실물에 가깝고 또 가면으로써 십팔 나한을 본받되 흡사치 않음이 없고, 또 입을 찌푸리며 호각 퉁소 피리 비파 기러기 고니 두루미 따오기 까치 학 따위의 소리를 짓되 참인지 거짓인지를 분간하기 어려웠으며, 밤이면 닭울음, 개짖는 소리를 흉내 내면 이웃집 개와 닭이 모두 따라서 울었다.[46]

위의 내용은 허균(許筠)의 〈장생전(蔣生傳)〉의 일부이다. 내용을 보면 장생

---

46 "蔣生不知何許人 己丑年間 往來都下 以乞食爲事…(중략)…其貌甚都秀 眉目如畵 善談笑捷給 尤工謳 發聲凄絶動人 常被紫錦袂衣 寒暑不易 凡倡店姬廊 靡不歷入慣交 遇酒輒自引滿發唱 極其懽而去 或於酒半 效盲卜醉巫懶儒棄婦 乞者老奶所爲 種種逼眞 又以面孔 學十八羅漢 無不酷似 又蹙口作笳簫箏琶 鴻鵠鴛鷺鶴等音 難辨眞贋夜作鷄鳴狗吠 則隣犬鷄 皆鳴吠焉". 이가원 역편, 『이조한문소설선』, 민중서관, 1961, 74-75쪽.

은 지방에서 올라온 사람으로 비렁뱅이다. 그리고 이야기, 노래, 흉내 내기, 악기 연주에 정통한 사람이다. 특히 장생은 흉내 내기를 잘했는데, 그가 보인 시늉은 참과 거짓을 구분하기 어려울 정도였다고 한다. 그런데 눈먼 점쟁이와 술취한 무당의 시늉은 몸짓이나 동작으로 해야 가능한 흉내이다. 따라서 장생은 연기적인 능력이 매우 뛰어난 사람임을 알 수 있다. 또한 게으른 선비, 소박맞은 여편네, 늙은 젖어미 등의 시늉은 언어로도 가능한 흉내 내기이다. 그런 점에서 장생은 재담에도 뛰어났다고 볼 수 있다. 작품에는 장생이 궁중 출입을 했다는 기록은 없다. 그렇게 보면 장생은 지방에서 궁중으로 상송된 예인은 아닌 것으로 보인다. 즉, 민간 연예인이었다. 조선 후기에 이르면 장생과 같이 여러 예능에 뛰어난 민간 예인들이 많이 등장한다.[47]

국가의 공식적인 행사에 참여했던 예인이든 민간에서 활동했던 예인이든, 조선시대가 되면 연희적인 기예에 능통했던 예인들이 많이 등장했는데, 이들과 판소리의 연희적 요소의 관련성은 전라도 출신 예인들에서 찾아진다. 즉, 국가 행사에 참여하기 위해 차출된 전라도 출신 예인들 중에는 전라도 무가권에 속해 있었던 세습무들이 많았다. 그리고 경기 이남의 판소리 광대도 이 세습무 집단 출신이 많다. 따라서 우리는 판소리의 연희적인 요소는 공사(公私)의 연희 현장에서 활동했던 전라도 무가권 출신들의 예인들과 그 밖의 예인들이 펼친 연희에서의 몸짓이나 동작에서 유래했거나 그것의 직간접적인 영향을 받았음을 추정해 볼 수 있다.

위에서 살펴본 예인들의 연희 현장에서의 몸짓이나 동작이 소학지희(笑謔之戱)인 셈인데, 이를 달리 재담극(才談劇)이라고도 한다. 그런데 재담극에 소리가 합해지면 재담소리가 된다. 재담극이 재치있고 재미있는 내용을 다룬 연희라고 한다면, 재담소리는 재치있고 재미있는 내용을 다룬 소리라고 할 수

---

47 박지원이 기록으로 남긴 '광문'도 그에 해당하는 인물이다. 광문 역시 연희, 노래, 춤, 흉내 내기의 달인이었다. 그래서 당대의 여러 사람들이 그의 행적을 기록으로 남긴 바 있다.

있다. 즉, 소리의 처음과 사이사이에 말들이 들어가는 소리가 재담소리이다. 이러한 재담소리에는 〈김한량타령〉, 〈장님타령〉, 〈병신타령〉, 〈개타령〉, 〈배 뱅이굿〉, 〈장대장타령〉 등 그 작품이 매우 많다. 그리고 이러한 재담소리는 경 기이북의 재인촌 사람들이 전문적으로 하는데, 그 중 최경명이나 김영택 같 은 사람은 〈변강쇠타령〉, 〈장끼타령〉도 재담소리로 부른다고 한다. 〈변강쇠타 령〉과 〈장끼타령〉은 판소리 12마당에 속한 판소리 작품이다. 그런데도 이러 한 작품을 재담소리로 불렀다는 것은 재담소리와 판소리의 관련성을 짐작케 한다. 즉, 판소리가 재담소리의 영향을 받았을 가능성이 매우 높다는 것이다.[48] 손태도는 판소리의 발생 배경으로서 재담극과 재담소리를 강조하여 판소리 발생의 공연예술사적 맥락을 '재담극→재담소리→판소리'로 도식화하기도 했 다.[49]

판소리의 연희적 요소와 관련되는 원류적 배경으로서 또 하나 주목되는 존 재는 강담사(講談師)이다. 강담사는 조선 후기에 소설을 전문적으로 구연했던 이야기꾼을 말하는데, 이들의 구연 모습을 보면 연기적인 요소가 풍부하게 나 타난다.

이업복(李業福)은 겸인(傔人)의 부류다. 아이 때부터 언문 소설책들을 맵 시 있게 읽어서 그 소리가 노래하듯이 원망하듯이 웃는 듯이 슬픈 듯이, 가다 가는 웅장하여 영걸의 형상을 나타내기도 하고, 가다가는 곱고 살살 녹아서 예쁜 계집의 자태를 짓기도 하는데, 대개 그 소설 내용에 따라 백태를 연출하 는 것이었다. 그래서 부자로 잘사는 사람들이 그를 서로 불러다 소설을 읽히

---

48 이상 재담극, 재담소리 관련 내용은 손태도, 위의 책, 218-238쪽 참조.
49 손태도, 「조선 후기 서울에서의 광대 문화 변동과 판소리」, 『고전문학연구』 35집, 고전문학회, 2009, 127쪽.

제2장 판소리 예술 탄생의 원류적 배경

곤 했다.[50]

위에서 이업복은 소설을 구연하면서 단순히 구술에만 그치지 않고 말소리에 가락을 넣는 한편 웃는 모습과 우는 모습, 영걸의 형상과 계집의 자태 등 소설 내용에 따라 백태(百態)를 연출하면서 구연을 하고 있다. 말하자면 이업복은 일인다역(一人多役)이 되어 작품의 내용을 가락이 얹힌 말, 얼굴 표정, 몸짓 등을 통해 현실감 있게 전달하고 있는 것이다. 이업복의 이러한 모습은 판소리 광대가 판소리의 서사를 창과 아니리와 너름새로 청중들에게 전달하는 모습과 큰 차이가 없다.[51]

이상으로 음악 연희적 측면에서 판소리의 원류적 배경을 살펴보았다. 판소리는 음악적으로는 서사무가, 고사소리, 타령, 영산 등을 원류적 배경으로 하고, 연희적으로는 소학지희, 재담소리, 강담사 등의 예능 형태를 원류적 배경으로 하여 형성되었다고 볼 수 있다.

---

50 "李業福 傔輩也 自童稚時 善讀諺書稗官 其聲 或如歌 或如怨 或如笑 或如哀 或豪逸而作傑士狀 或婉媚而做美娥態 盖隨書之境 而各逞其態也 一時豪富之流 皆招而聞之". 이우성·임형택 역편, 『이조한문단편집』(상), 일조각, 1973, 번역문 271쪽, 원문 435쪽.

51 조선 후기가 되면 이업복과 같은 전문 이야기꾼이 많이 등장한다. 조수삼(趙秀三, 1762-1849)의 「추재기이(秋齋紀異)」에 기록되어 있는 이야기주머니, 즉 설낭(說囊)이란 별명을 지닌 김옹, 역시 「추재기이」에 등장하는 〈전기수(傳奇叟)〉, 그리고 오물음(吳物音) 등이 대표적인 인물이다.

제 **3** 장

판소리 예술 형성의
사조적 기반

이상에서 판소리 예술 탄생의 원류적 배경을 문학적 배경, 음악적 배경, 연희적 배경으로 나누어 살펴보았다. 본장에서는 판소리예술 형성의 시대사조적 기반에 대하여 살펴보고자 한다.

조선 후기가 되면 사회제도나 체제, 문화와 이데올로기의 측면에서 그 전대(前代)와는 현저한 차이가 나타난다. 그 실질적인 차이의 양상을 정리해 보면 다음과 같다. 하나는 신분제도와 그로 인한 사회적 차별이 상당히 약화되었다는 것이다. 양반지배계층이라고 하더라도 세력을 잃으면 상민보다 못한 처지로 떨어질 수 있었다. 반대로 비록 중인 신분이라고 하더라도 학식과 능력을 갖추면 얼마든지 양반들과 대등한 입장에서 교유할 수 있었다. 그리고 상민들도 신분은 비록 낮지만 부(富)를 갖추게 되면 양반 못지않은 삶을 영위할 수 있었다. 이점은 여성들도 마찬가지다. 조선시대에 여성이 역사 현장에서 활동한 사례는 없지만, 조선 후기가 되면 그 전대(前代)와는 달리 여성들도 한시, 한문산문, 국문시가 등 여러 문화 양식을 활용하여 자신들의 목소리를 적극적으로 개진하게 되었다. 이러한 현상은 비록 신분제도의 변혁은 아니라 하더라도 사회 구성상 매우 큰 변화라고 할 수 있다. 다른 하나는 이념의 변화이다. 조선 후기가 되면 성리학은 공리공론의 학문이고 그 이념 역시 현실성이 없는 것으로 인식되었다. 그 대신에 모든 이치와 진리를 철저하게 현실에서 구하고자 하는 실학(實學)이 대두하게 된다. 실학의 등장과 그 파급 효과는 대단히 큰데, 대표적으로 역사 현장에서 실질적으로 유의미한 것, 그리고 유의미한 활동을 하는 사람이 역사의 주체가 된다는 인식을 불러일으켰다는 점이다. 이로 인해 그동안 배제되었던 일반 민중들과 대부분의 타자들, 그리고 역사 구성물로서 민족적인 것, 민중적인 것들이 부상하게 되었다. 뿐만 아니라 실학 못지않게 주체적 개별자아를 중시하는 학문인 양명학도 이념과 인식의 변화에 일정한 영향을 미쳤다고 생각된다.

임병양란(壬丙兩亂)이후 형성된 또 하나의 중요한 변화는 화이론(華夷論)에 대한 부정이다. 화이론은 조선시대 당대의 중국 명(明)나라는 중화민족이고 그 외의 이민족은 오랑캐라는 것, 그리고 조선은 이민족이긴 하지만 소중화(小中華)로서 청(淸)이나 왜(倭)와는 전혀 다른 민족이라는 관념이다. 그런데 임병양란이 지나고 나자 이러한 인식에 문제가 있다는 것을 알게 된 것이다. 즉, 미개한 오랑캐라고 여겼던 청나라와 일본에게 문명국가로 자처했던 명나라와 조선이 무너진 것이다. 그리고 무너진 요인은 청과 왜가 갖추고 있었던 선진문물 때문이었다. 이러한 상황을 접하게 되자 중국과 조선의 것만이 절대가치를 지닌 것이 아니고, 청(淸)과 왜(倭)의 것도 가치가 있다는 인식을 하게 된 것이다. 그리고 일부 지식인들이 청나라와 일본을 탐방한 후에는 이러한 인식이 더 높아지게 되었다. 직접 경험을 해 보니 명나라보다 청나라의 문화가 더 발전했고 조선보다 일본이 더 선진국이었던 것이다. 이렇게 하여 화이론을 신뢰할 수 없게 된 것이다. 이러한 인식은 더 나아가 그동안 사대(事大)의 대상이었던 중국이 전부가 아니라는 인식으로 이어지고 조선도 독자적인 가치를 지닌 국가라는 인식에까지 이어지게 되었다.

조선 후기에 새로운 흐름으로 역시 주목되는 현상은 상공업이 발달하고 화폐가 유통되면서 서울 도시의 시정공간(市井空間)이 부와 돈을 매개로 대단히 흥성했다는 점이다. 그리고 그 흥성된 분위기는 특히 전대(前代)와는 전혀 다른 성격을 지닌 문학, 음악, 회화 등의 예술문화를 흥기시켰다.

조선 후기의 상업발달은 도덕과 법률에 얽매이지 않는 새로운 사회계층을 형성하게 하였다. 그리고 이들은 신의에 바탕을 둔 다양한 인간관계를 형성하였고, 나아가 주체의식으로 무장한 개성적인 인간형으로 역사 속에 발돋움하였다. 한편, 이 시대에 새롭게 형성된 개성적 인간들은 진정(眞情)과 흥취(興趣)의 미의식을 중시하는 새로운 예술 취미를 발현하였다. 그 결과로 나타난

제3장 판소리 예술 형성의 사조적 기반

것이 대표적으로 동인적 성격을 지닌 문인 집단과 중인층들의 개성주의적 예술체라고 할 수 있다. 특히 그동안 역사 무대에서 소외되었던 중인층이나 평민들은 새로운 문화 주체로서, 사설시조, 가사 등의 시가(詩歌)와 판소리, 탈춤 등의 민속 연희를 문화예술의 주류로 부상시키는 데 큰 기여를 하였다.

조선 후기가 되면 새로운 시대사조에 따라 예술관도 그 전대(前代)와 달라진다. 즉, 시서화(詩書畵) 예술의 가치 개념이 고(古)에서 금(今), 아(雅)에서 속(俗), 법(法)에서 아(我)로서의 변전이 이루어지게 된다. 그에 따라 당대적 예술, 속미적(俗美的) 예술, 주체적 자각의식에 기반한 예술이 급부상하게 되었다.[52]

조선 후기의 상업 발달, 부의 흥성 등은 특히 중인층이나 평민층의 예술적 심미 취향에도 직접적인 영향을 미치게 된다. 중인층이나 평민층의 예술적 심미 취향은 철저히 그들의 생활 기반에 토대를 두고 형성되었고, 그에 따라 그들은 삶의 즉자적 환경에서 배태되는 '정(情)'의 세계를 무엇보다도 중시했다. 이에 조선 후기 중인층과 평민층이 향유한 예술 세계에는 속미적(俗美的) 성향이 강하게 나타났다. 속미(俗美)란 동아시아적 미학 범주로서, 아미(雅美)와 상대되는 개념이다. 아미(雅美)가 아치(雅致), 아정(雅正), 전아(典雅)한 예술적 풍격과 고전적 정취, 그리고 문사적(文士的) 심미 원칙을 간직한 전아미(典雅美)로 이해되는 것이라면, 속미는 속조(俗調), 용속(庸俗), 조박(粗朴)한 예술적 풍격과 서민적·대중적 정취, 그리고 탈규범적 심미 형식을 간직한 통속미(通俗美)로 이해되는 것이다.[53] 이러한 속미적·통속적 예술세계가 조선 후기의 예술적 주류가 되면서 속미성·통속성을 특징으로 하는 민속예술이 부각될

---

52 이상, 조선 후기 상업과 도시발달에 따른 예술 취미의 형성과 예술관의 변화에 대한 자세한 내용은 나종면, 「18세기 시서화론의 미학적 지향」, 성균관대 박사논문, 1998 참조.

53 예술에서의 '속미(俗美)'의 의미와 성격에 대해서는 宋河璟, 「東江 趙守鎬의 接의 用筆美學과 俗美的 藝術世界」, 『서예비평』 제1호, 한국서예비평학회, 2007 참조.

수 있었다.

　요컨대, 조선 후기는 실학과 양명학적 사상을 기반으로 한 평등주의적 세계인식, '우리것'에 대한 민족의식, 주체적 심미의식에 바탕을 둔 개성적 예술관, 속미적(俗美的) 심미 취향 등이 크게 주목되었던 시대였다. 판소리 예술이 부상할 수 있었던 것도 이러한 시대사조와 밀접한 관련성이 있다.

제1절 평등주의 세계인식과 주변문화의 부상

　여기에서는 실학과 양명학의 조선 후기적 성격을 살펴봄으로써, 조선 후기의 평등주의적 세계관의 형성과 그 문화적 영향에 대하여 알아보도록 한다.

　조선 후기의 새로운 시대사조로서 우선 주목되는 것은 실학파의 활동이다. 조선 후기가 되면 삶의 환경이 대단히 복잡해지는데, 그 가운데서 온갖 병폐와 모순이 발생하게 되었다. 실학파들은 이러한 상황을 주목하고 세상을 경륜하여 삶의 질을 제고하는 일, 실질적인 생산활동을 통해 생활수준을 높이는 일, 현실이나 사실을 토대로 진리와 이치를 궁구하는 일 등에 무엇보다도 큰 관심을 기울였다. 우리는 이들을 각각 경세치용 학파, 이용후생 학파, 실사구시 학파라고 지칭한다.

　요컨대, 조선 후기 실학파들의 주장과 견해는 사회 구성의 절대다수를 차지하는 피지배계층들이 역사의 중심이라는 점, 그렇기 때문에 이들의 삶의 문제를 개선해야 한다는 점, 문명국가로 발돋움하기 위해서는 경제 구조를 발전시켜야 하고 아울러 정의로운 경제 현실을 만들어나가야 한다는 점, 추상적인 것이 아니라 현실적인 것에서 가치와 진리를 찾아야 한다는 점 등에 모아졌다고 판단되는데, 이러한 주장과 견해는 이 시대에 들어 새롭게 제기된 사조로서 역사전개에 있어 매우 중요한 의의가 있다고 생각된다.

　그런데 인간관계나 삶의 진정성 문제, 그리고 가치의 문제 등 세계관 및 가치관의 측면에서 실학파들이 제기한 대단히 의의 있는 문제의식으로 우리는 우도(友道)의 윤리를 꼽을 수 있다. 이 우도의 문제를 본격적으로 제기한 사람은 연암 박지원이다. 연암 박지원은 그의 소설집인『방경각외전(放璚閣外傳)』의 서문에서 다음과 같이 말한 바 있다.

> 우도(友道)가 오륜의 끝에 있다고 해서 낮은 것이 아니다. 그것은 마치 오행(五行) 중의 토(土)의 기능이 골고루 사시(四時)의 바탕이 되는 것과 같다. 부자, 군신, 부부, 장유 간의 도리는 신의가 없으면 어떻게 될 것인가. 사람다운 도리 및 사람답지 못한 도리를 우도가 다 바로잡아 주는 것이 아닌가. 우도가 끝에 놓인 이유는 뒤에서 인륜을 통섭케 하려는 것이다.[54]

위의 내용에서 연암은 오행과 오륜을 비교하여, 오행의 '土'가 나머지 '水, 火, 木, 金'의 바탕이 되는 것처럼, 오륜의 '信'도 나머지 부자 군신 부부 장유 간의 도리인 '親, 義, 別, 序'의 바탕이 된다고 말하고 있다. 그러면서 사람다운 도리를 우도가 만들어주기 때문에, 우도는 모든 인륜을 통괄하는 것이라고 주장하고 있다. 이와 같이, 연암은 우도(友道)를 대단히 중시하고 있는데, 주목되는 것은 오륜 중 부자유친, 군신유의, 부부유별, 장유유서는 수직적인 관계에서 요구되는 윤리 덕목이라면, 붕우유신은 수평적인 관계를 바탕으로 하는 윤리라는 점이다. 그리고 이처럼 수평적인 윤리체계인 우도를 중시하게 되면, 인간관계가 신분을 떠나서 형성될 수 있고, 진리와 가치도 신분과 관계없는 곳에서 발견될 수 있다. 즉, 우도를 중시하게 되면 모든 이분법적 사고, 차별의식, 수직적 세계관을 극복하고 지양할 수 있는 것이다. 왜냐하면 우도는 평등의 윤리이고 상대방의 주체성과 자유를 인정하는 바탕 위에서 그 가치를 발현

---

[54] "友居倫季 匪厥疎卑 如土於行 寄王四時 親義別叙 非信奚爲 常若不常 友廼正之 所以居後 廼殿統斯". 이우성·임형택 역편,『이조한문단편집』(하), 일조각, 1978, 번역문 245-246쪽, 원문 411쪽.

하는 윤리이기 때문이다. 연암이 〈마장전〉, 〈예덕선생전〉, 〈광문자전〉 등의 한문소설을 통해, 그동안 소외되었던 계층에게서 삶의 진정성을 발견한 것은 모두 그의 우도론에 기반한 것이다.

그런데 이러한 우도론은 박지원뿐만 아니라 홍대용을 비롯한 소위 연암학파들의 인식론적 화두였다. 그리고 이것이 조선 후기의 인식론과 문화론에 끼친 영향은 대단히 컸다고 생각된다. 문학상의 현상만 보더라도, 양반과 천민이라는 신분 구도를 깨뜨리고 신분차별을 넘어선 사랑을 서사화한 〈춘향전〉, 군주와 신하의 관계를 새롭게 인식하게 하는 〈토끼전〉, 개가(改嫁)의 자유를 설파한 〈장끼타령〉, '나이자랑'을 모티프로 삼아 장유(長幼)의 분별을 서사화한 〈두껍전〉 등 조선 후기 소설사의 주요 작품들이 형성될 수 있었던 내적 동기에 우도의 윤리가 내밀하게 작용했던 것이다. 뿐만 아니라 조선 후기가 되면 판소리뿐만 아니라 여러 민속예술이 양반들이 전유했던 예술들을 제압하고 문화사의 주류로 자리잡게 되었는데, 이 역시 평등의 사유인 우도론과 밀접한 관련이 있다고 생각한다.

한편, 이와 같은 실학의 평등적 사유는 양명학과도 밀접한 관련이 있는 것으로 생각된다. 양명학은 선진유학(先秦儒學)의 사상가인 맹자(孟子)의 '양지론(良知說)'[55]에서 그 시원적 원류를 찾을 수 있는 학문이다. 선진유학에서 공자, 맹자, 순자 등은 인(仁), 의(義), 예(禮), 성선설(性善說), 성악설(性惡說) 등을 주창하고 이론화함으로써 유교 윤리의 토대를 만들었다. 그러다가 왕양명(王陽明)은 송대(宋代)에 형성된 주자학의 모순을 인식하고 그것을 극복·지양하기 위해 맹자의 양지론을 계승하고 거기에 육상산(陸象山)의 심학, 불학(佛學)의 장점을 수용하여 양명학을 주창하기에 이른다. 양명학의 최고 가치 개념은 양지(良知)인데, 양지는 천(天)이 부여한 성(性)으로서 인간이면 누구나

---

55 "人之所不學而能者 其良能也 所不慮而知者 其良知也 孩提之童 無不知愛其親也 及其長也 無不知敬其兄也 親親 仁也 敬長 義也 無他 達之天下也". 『孟子』「盡心」上.

소유하고 있는 보편심으로 규정된다. 그리고 이것은 자유성, 자율성, 자주성, 능동성, 창조성을 그 속성으로 한다. 양명학의 사유체계 속에서는 양지는 곧 현실이고 현실은 곧 양지이다. 나라고 하는 주체적 개별 자아는 너라고 하는 객체와의 합일 관계 속에서의 나이며, 너 역시 이러한 관계 속에서의 너이기 때문에 나와 너의 대립은 아무런 의미가 없게 된다.[56]

양명학의 이와 같은 논리에 의하면, 신분을 고하(高下)나 귀천(貴賤)으로 구분하는 것은 양지의 본질에 어긋난다. 누구나 양지만 갖추게 되면 모두가 대등한 존재론적 가치가 있다고 보는 것이 양명학이기 때문이다.

양명학은 조선에 전래된 이후 주자학 신봉자에 의해 큰 배척을 받았다. 그중에서 퇴계 이황은 양명학을 배척한 대표적인 인물로 꼽힌다. 그러나 허균 (許筠), 장유(張維), 최명길(崔鳴吉) 등에 의해 양명학은 지속적인 관심과 탐구의 대상이 되었다. 특히 허균은 사람이면 누구나 요순(堯舜)이 될 수 있으니, 제가 지닌 양지(良知)만을 밝히고 파지(把持)하면 그대로 자체적 존귀성을 확보할 수 있다는 양명학의 인간주체적 평등사상에 깊이 공감한 바 있다.[57] 그 후 하곡(霞谷) 정제두(鄭齊斗)는 양명학의 최고봉이었고, 한동안의 공백기를 거쳐 정제두의 학문을 계승한 강화학파, 그리고 구한말 박은식, 정인보 등에 의해 양명학에 대한 연구가 면면히 이어져 왔다. 그 과정에서 한국 양명학은 일정한 변용을 겪게 되는데, 대표적으로 박은식이 왕양명의 양지설(良知說)을 천인합일(天人合一), 만물합일(萬物合一), 인류합일(人類合一)로 확대하여 해석한 경우를 들 수 있다.[58]

양명학의 요체는 보편심인 양지(良知)를 갖추거나 거기에 다다르면 누구나

---

56 양지(良知)와 양명학의 이와 같은 성격은 宋河璟, 「王陽明의 良知說에 關한 硏究」, 『유교사상연구』 제1집, 한국유교학회, 1986; 楊國榮 著, 宋河璟 譯, 『陽明學通論』, 박영사, 1994, 「역자의 글」 참조.

57 金吉煥, 『韓國陽明學硏究』, 일지사, 1981, 54쪽 참조.

58 한국 양명학의 역사적 전개 양상에 대해서는 김길환, 앞의 책 참조.

동등한 존재론적 가치를 지닌다는 것이다. 이러한 양명학의 인간평등적 사유는 선진유학(先秦儒學)에서부터 면면히 이어져 온 것으로서, 실학과 양명학의 사상적 저류가 되었다. 다시 말해서 실학과 양명학은 인간과 대상을 파악하는 시각에 있어서 그 개별적 주체성과 가능성을 중시하는 학문으로서, 조선 후기 문화와 사상과 이념의 변화에 큰 영향을 미쳤다고 생각된다.

조선 후기에 들어 주목되는 시대사조와 문화 현상으로 또 하나 주목할 필요가 있는 것은 중인들과 여성들의 활동과 유산이다. 중인들과 여성들이 문화, 특히 문학의 주요 담당층으로 부상하게 된 것도 위에서 살펴본 실학과 양명학의 평등적 사유와 깊은 관련이 있다고 생각된다. 조선 전기까지만 하더라도 중인층의 존재는 극히 미약했다. 이때의 중인들은 단순히 관아(官衙)에서 양반들의 행정적 업무를 보조하거나 의원, 역관 등 기술직에 종사했을 뿐이다. 그런데 조선 후기에 이르면 이들 중 일부 기술직 중인들은 양반 지식인과 교유하면서 양반 못지않은 실력을 갖추고 문학 활동을 하게 된다. 그런데 중인들이 자신들도 문학 활동을 할 수 있다는 자신감을 가지게 된 것은 자신들도 양반들과 똑같은 인간이라는 인식과, 그렇기 때문에 문학도 누구나 할 수 있다는 생각이 바탕이 되었다고 본다.[59]

중인들은 처음에는 양반들과 대등한 입장에서 한시를 주로 지었다. 특히 이들은 시사(詩社)라는 동호인 집단을 만들어 서로 교유하면서 문학 활동을 하였고, 그 결과를 시집으로 묶어내기도 하였다. 시사로는 홍세태가 중심이 된 낙사(洛社)와 천수경(千壽慶, 1757~1818)이 주도한 송석원시사(松石園詩社), 박윤묵(朴允黙, 1771~1849)이 만든 서원시사(西園詩社), 장지완(張之琬,

---

59 홍세태(洪世泰, 1653-1725)는 중인문학의 선구자 중 한 사람인데,『해동유주(海東遺珠)』라는 중인들의 한시집을 엮으면서 "사람이 천지의 중(中)을 얻어 태어나 정(情)에서 느낀 바를 시로 나타내는 것은 신분의 귀천이 없다."라고 말한 바 있는데, 홍세태의 이러한 언급이 문학 활동을 한 중인들의 인식을 대변한다고 볼 수 있다. 조동일,『제4판 한국문학통사』3, 지식산업사, 2005, 174쪽 참조.

1806~1858)이 조직한 비연시사(斐然詩社)등이 있는데, 중인 문인들은 이런 모임에 참가하지 않으면 시인으로 인정받지 못할 정도였다고 한다. 그리고 중인들이 묶어낸 시집으로는 『해동유주(海東遺珠)』, 『소대풍요(昭代風謠)』, 『풍요속선(風謠續選)』, 『풍요삼선(風謠三選)』등이 있다.[60]

중인층 중에는 기술직 중인보다 지위가 다소 낮은 서리(胥吏)나 포교(捕校) 출신의 중인들도 있는데, 이들 중에 소위 전문가객이라 불리며 활동한 사람들의 활동도 조선 후기 문화 현상을 이해하는 데 매우 중요하다고 생각된다. 한시 창작으로 문학 활동을 한 중인들이 시사를 만들어 활동했다면 이들 가객들은 가단(歌壇)을 만들어 활동했다. 중인 출신 전문가객으로 선두 주자는 김천택(金天澤)이다. 김천택은 경정산가단(敬亭山歌壇)을 조직하여 가곡창(歌曲唱)[61]의 유행을 선도하면서 동시에 자신이 지은 시조와 기존에 있던 시조를 모아 시조집 『청구영언(靑丘永言)』을 편찬하기도 했다. 그 이후 김천택의 제자인 김수장은 노가재가단(老歌齋歌壇)을 만들어 활동하면서 시조집 『해동가요(海東歌謠)』를 편찬한 바 있다. 그리고 박효관(朴孝寬)과 안민영(安玫英)도 중인 출신 전문가객으로 활동한 사람들이다. 특히 김수장 이후의 가객들은 그 전대의 시조만 부른 것이 아니라 사설시조를 새로 지어 부르기도 했다. 이처럼 이 시기 중인 가객들은 음악을 통해 양반계층이나 민간 음악인들과 소통하면서 가곡창을 중심으로 조선 후기 음악 문화를 주도했다. 이 당시 상층 양반들은 대개 악공과 기생을 초청한 연회에서 음악을 향유하였다. 그리고 성악(聲樂)도 기생들이 부르는 한시 가창이나 〈사미인곡〉, 〈관동별곡〉류의 사대부 가사를 부르는 것이 주류를 이루었다. 그러다가 조선 후기에 이르면 김천택 등의 전문 가객들이 부른 가곡창이 대세를 이루게 되고, 양반들도 이들의 음

---

60 중인들의 이러한 문학활동에 대해서는 조동일, 위의 책, 171-187쪽 참조.
61 가곡창은 문학적으로 시조라 통칭되는 노랫말을 가사로 하고, 조선 후기 시정(市井)의 풍류방을 주된 연행배경으로 하여, 관현악을 동반하여 부르는 성악 장르를 말한다.

악을 본격적으로 향유하게 되었다.

　한편, 조선 후기의 주요 문화사적 흐름 중에 여성 지식인의 활동도 빼놓을 수 없다. 물론 신사임당(申師任堂), 송덕봉(宋德奉), 허초희(許楚姬) 등 사대부 명문 출신의 여성 문인이 없었던 것은 아니지만, 조선 후기가 되면 여성들의 문학 활동이 급격하게 늘어난다. 특히 조선 후기 문학사의 주요 영역인 가사 문학의 발전은 여성 작가에 의해 이루어졌다고 할 수 있다. 이 시기 여성들이 창작한 가사 중에는 폐쇄된 가정생활에서 야기되는 삶의 고뇌와 애환, 애정 욕망 등을 그린 작품이 상당히 많다. 그리고 그들 중에는 전문가객을 통해 창으로 불리어지기도 했고, 또 후대에 잡가(雜歌)를 짓는 데에도 큰 영향을 미쳤다. 뿐만 아니라 일부 가사 중에는 판소리 작품으로 전변된 것도 있다고 보여[62], 가사가 판소리와 판소리 작품의 형성에도 영향을 미쳤다고 생각된다.

　이상으로 조선 후기의 시대사조를 그 전대(前代)와 변별되는 특징으로서 실학과 양명학의 평등주의적 세계인식, 중인계층의 문화 활동, 여성들의 문학 활동 등 조선 후기의 주도 세력이었음에도 불구하고 주로 타자(他者)로 존재했던 계층들을 중심으로 살펴보았다.

---

62 판소리 12마당의 하나인 〈무숙이타령〉은 가사 작품 〈계우사(誡友詞)〉의 영향을 받아 형성된 것으로 보인다. 이에 대해서는 최원오, 「〈무숙이타령〉의 형성에 대한 고찰」, 『판소리연구』 5집, 판소리학회, 1994.

제2절 민족의식의 고양과 민족문화의 재발견

　　여기에서는 조선 후기 민족의식이 고양되는 현상과 그에 따른 민족문화의 재발견 양상, 그리고 그것의 문화사적 의미를 살펴보고자 한다.

　　조선 후기가 되면 화이론(華夷論)이 회의되거나 부정되면서 민족의식이 싹트게 되고 이에 기반한 민족문화가 주요하게 부각된다. 모든 분야에서 중국의 것을 전범(典範)으로 여기던 인식이 약화되고 상대적으로 '우리 것'에 대한 관심과 애정이 높아진 것이다. 우리 것에 대한 애정은 먼저 우리의 역사와 강토에 대한 관심으로 나타나게 되었다. 그래서 문학 분야에서 우리의 역사를 시로 읊은 영사악부(詠史樂府)가 등장하게 되고[63], 우리의 지리 및 풍속을 읊은 기속악부(紀俗樂府)가 등장하여 우리의 역사와 강토 및 풍속에 대한 관심을 고취시켰다.[64] 그러나 보다 중요한 인식은 우리말의 가치에 대한 인식이었다. 그리고 이러한 인식은 우리말로 이루어진 문학의 우월성을 인식하는 단계로 이어지게 되었다. 우리말과 우리말로 된 문학의 가치를 역설한 선구적인 견해는 서포(西浦) 김만중(金萬重, 1637~1692)에 의해 나타났다.

　　사람의 마음이 입으로 표현된 것이 말이요, 말의 가락이 있는 것이 시가

---

63 심광세(沈光世), 이익(李瀷), 이학규(李學逵), 이유원(李裕元) 등 많은 사람들이 〈해동악부〉를 지었다.

64 이학규의 〈영남악부〉, 신광수(申光洙)의 〈관서악부〉, 정약용의 〈탐진악부〉 등을 예로 들 수 있다.

문부(詩歌文賦)이다. 사방의 말이 비록 같지는 않더라도 진실로 말할 수 있는 사람이 각각 그 말에 따라서 가락을 맞춘다면, 다 같이 천지를 감동시키고 귀신을 통할 수 있는 것은 유독 중국만이 그런 것은 아니다. 지금 우리나라의 시문(詩文)은 자기 말을 버려두고 다른 나라 말을 배워서 표현한 것이니, 설사 아주 비슷하다 하더라도 이는 단지 앵무새가 사람의 말을 하는 것이다. 여염집 골목길에서 나무꾼이나 물 긷는 아낙네들이 에야디야 하며 서로 주고받는 노래가 비록 저속하다 하여도 그 진가(眞假)를 따진다면, 정녕 학사(學士)대부(大夫)들의 이른바 시부(詩賦)라고 하는 것과 같은 입장에서 논할 수는 없다. 하물며 이 삼별곡(三別曲)은 천기(天機)의 자발(自發)함이 있고, 이속(夷俗)의 비리(鄙俚)함도 없으니, 자고로 좌해(左海)의 진문장(眞文章)은 이 세 편뿐이다.[65]

위의 내용은 김만중이 『서포만필』에서 주장한 내용인데, 다른 나라 말을 써서 표현한 것은 아무리 잘해도 앵무새의 사람 흉내에 불과하다는 것이다. 그러니까 자국어로 문학을 해야 천지를 감동시키고 귀신과 통할 수 있다는 것이다. 그런 점에서 물긷는 아낙네들의 우리말 노래가 학사대부들이 읊은 시부보다 더 큰 가치를 지닌다는 것이다. 그렇기 때문에 정철이 우리말로 지은 〈관동별곡〉, 〈사미인곡〉, 〈속미인곡〉이 우수할 수밖에 없다는 주장이다.

김만중의 이와 같은 인식은 연암 박지원의 다음과 같은 언급에서 보다 확고하게 주장되고 있다.

---

65 "人心之發於口者 爲言 言之有節奏者 爲歌詩文賦 四方之言雖不同 苟有能言者 各因其言而節奏之 則皆足以動天地通鬼神 不獨中華也 今我國詩文 捨其言而學他國之言 設令十分相似 只是鸚鵡之人言 而閭巷間樵童汲婦咿啞而相和者 雖曰鄙俚 若論眞贋 則固不可與學士大夫所謂詩賦者同日而論 況此三別曲者 有天機之自發 而無夷俗之鄙俚 自古左海眞文章 只此三篇". 김만중 저, 홍인표 역주, 『西浦漫筆』, 일지사, 1987, 388-389쪽.

지금 무관(懋官)은 조선 사람이다. 산천과 기후가 중화(中華)땅과는 다르고 언어와 풍속도 한당(漢唐)의 시대와 다르다. 그런데도 만약 작법을 중화에서 본뜨고 문체를 한당에서 답습한다면, 나는 작법이 고상하면 할수록 그 내용이 실로 비루해지고, 문체가 비슷하면 할수록 그 표현이 더욱 거짓이 됨을 볼 뿐이다. 우리나라가 비록 구석진 나라이기는 하나 이 역시 천승(千乘)의 나라요, 신라와 고려시대 이래로 비록 검박(儉薄)하기는 하나 민간에 아름다운 풍속이 많았으니, 그 방언을 문자로 적고 그 민요에다 운(韻)을 달면 자연히 문장이 되어 그 속에서 '참다운 이치'가 발현된다. 답습을 일삼지 않고 빌려 오지도 않으며, 차분히 현재에 임하여 눈앞의 삼라만상을 마주 대하니, 오직 무관의 이 시들이 바로 그러하다.[66]

위의 내용은 박지원이 이덕무(李德懋, 1741~1793)의 문집인 『영처고(嬰處稿)』의 서문에 기록한 것이다. 연암은 무관 이덕무의 시를 보고 그것이야말로 진기(眞機)를 온전히 발현한 것으로 판단한다. 왜냐하면 옛것을 답습하지 않고 '오늘날'의 현실을 있는 그대로 표현했기 때문이다. 연암이 이덕무의 시를 보고 이러한 견해를 피력한 것은 아직까지도 여전히 시뿐만 아니라 모든 것을 옛것에 견주어 판단하여 옛것과 다르면 부정적으로 평가하는 당시의 세태를 비판하기 위해서였다. 연암의 말인즉 언어와 풍속은 각 나라마다 그리고 시대마다 다르기에, 작가 자신이 처한 시대의 말과 현실을 바탕으로 작품을 쓰는 것이 당연하다는 것이다. 그리고 우리나라의 경우에도 아름다운 풍속과 말이 있기에, 그것을 활용하여 짓고 거기에 가락을 넣는다면 그것이 바로 참다운

---

66 "今懋官朝鮮人也 山川風氣 地異中華 言語謠俗 世非漢唐 若乃效法於中華 襲體於漢唐 則吾徒見其法益高而意實卑 體益似而言益僞耳 左海雖僻 國亦千乘 羅麗雖儉 民多美俗 卽字其方言 韻其民謠 自然成章 眞機發現 不事沿襲 無相假貸 從容現在 卽事森羅 惟此詩爲然". 박지원, 「영처고서(嬰處稿序)」, 박지원 지음, 신호열·김명호 옮김, 『연암집 하』, 돌베개, 2007, 번역문 79쪽, 원문 408쪽.

문장이 될 수 있다는 것이다.

興到卽運意　흥이 나면 당장에 뜻을 실리고
意到卽寫之　뜻이 되면 당장에 글로 옮긴다.
我是朝鮮人　나는 본래 조선사람
甘作朝鮮詩　조선시 즐겨 쓰리.
卿當用卿法　그대들은 그대들 법 따르면 되지
迂哉議者誰　이러쿵저러쿵 말 많은 자 누구인가.
…(후략)…[67]

위와 같이 정약용((丁若鏞,1762~1836)의 이른바 '조선시 선언'도 민족의식
과 민족문화에 대한 자각에서 비롯된 것임은 물론이다.

이와 같이 조선 후기에 대두한 민족의식과 민족문화에 대한 관심은 이 시
대 문화의 전 방면에서 폭넓게 전개되었다. 조선 후기 이전에는 시와 노래라
고 하면 으레 양반사대부의 한시를 꼽는다. 그래서 한시의 전범이라고 할 수
있는 당시(唐詩), 송시(宋詩)의 내용과 형식을 습득하여 좋은 시를 짓는데 몰
두했다. 그러나 조선 후기가 되면 우리말로 불리어졌던 민요가 더 가치 있는
것으로 인식되었다. 그래서 민요를 한시로 옮긴 소악부(小樂府)가 지어지고
나중에는 아예 민요시를 짓기에 이른다. 조선 후기 이사질(李思質, 1705~?)이
란 문인은 〈어난난곡(於難難曲)〉이란 작품에서 충남 부여지방에서 전승되고
있던 메나리를 들은 그대로 시로 지었는데, 다음과 같은 모습이다.

山有花兮皐有蘭　　　메나리여, 고란초여

---

67 정약용 저, 송재소 역주, 『茶山詩選』, 창작과비평사, 1981, 344-345쪽.

皐蘭長翠山花丹	고란초는 길고 푸른데 메나리는 붉구나.
千年萬歲君無老	천년만세 동안 님은 늙지 마시라
暮暮朝朝看復看	저녁마다 아침마다 다시 보고파라.
於難	얼럴럴[68]

조선 후기에는 이와 같은 민요시가 폭발적으로 지어졌다.

한편, 산문 분야에서 '우리 것'을 대표하는 것은 구전설화이다. 구전설화 역시 정통 한문학 양식에서 제외되었기 때문에 조선 후기 이전에는 제대로 평가받지 못했다. 그러나 우리 백성들의 삶이 온축되어 있는 것이 바로 민간에서 구전되어온 구전설화이다. 따라서 조선 후기에 이르러 민족문화에 대한 관심의 물결이 일게 되자 구전설화도 새롭게 주목되어 양반 사대부들에 의해 다투어 기록되었는데, 그것이 바로 야담이다. 야담은 민간의 이야기를 기록한 것이기 때문에, 야담의 주인공 역시 일반 백성들이다. 그리고 민간의 삶이 다양한 만큼 그 야담 속에 깃들어 있는 이야기도 매우 다채롭다. 그런데 양반사대부들이 그 전에는 무시되었던 이러한 이야기에 관심을 가지게 된 것은 역사의 추동력으로 새롭게 부상한 민중들에 대한 관심 때문이다. 그리고 그러한 관심이 민중들의 삶에서 생성된 이야기에 모아졌던 것이다.

시조는 양반사대부들의 흥취를 주로 읊은 장르였다. 따라서 조선 후기 이전의 시조는 거의 전적으로 양반들의 전유물이었다. 그러나 조선 후기에 이르면 현실세계가 대단히 동태적인 상황으로 바뀌게 되고 또 그러한 현실을 산생시킨 주도 세력이 민중들이었다. 따라서 양반들의 흥취를 주로 담는 시조는 역사적 의의를 잃을 수밖에 없었다. 더구나 3장 6구 45자 내외의 시조로는 복잡하고 동태적인 현실을 담을 수도 없었다. 그래서 생긴 시조 형식이 사설시

---

68 이사질의 작품 소개는 조동일, 위의 책, 249-250쪽 참조.

제3장 판소리 예술 형성의 사조적 기반

조이다. 사설시조는 3단 구성으로 되어 시조이긴 하되 내용은 무한히 길어질 수 있는 열린 형식이다. 따라서 여기에는 당대의 현실이 다양하게 반영될 수 있었고, 특히 당대의 현실이 민중의 삶을 중심으로 전개되었기 때문에, 사설시조에 담긴 내용도 민중들의 그것이 대부분이었다.

민족의식과 민족문화에 대한 관심은 민속극의 발달에도 큰 영향을 미쳤다. 민속극에는 무당굿놀이, 꼭두각시놀음, 탈춤 등이 있는데, 이러한 양식은 고대시대부터 연면히 전승되어 온 것이긴 하지만, 조선 후기 이전에는 문화의 주류로 자라잡지 못했다. 어디까지나 하층 천민들의 허탄한 놀이로 치부되었을 뿐이다. 그러나 조선 후기에 이르면 박지원, 이덕무 등 지식인 선구자들의 관심을 받으면서 주목의 대상이 되기 시작했고, 나중에는 남대문 등 서울의 중앙부에서 공연이 펼쳐질 정도로 주도적인 문화 현상으로 부상하게 되었다. 그러니까 조선 후기가 되면 민속연희와 그 담당층들이 그 전과 달리 숨어서 공연했던 것이 아니라 드러내놓고 공연할 수 있을 정도의 위상을 가지게 된 것이다. 그러면서 양반뿐만 아니라 전 계층이 향유하는 민속예술로 발돋움할 수 있었다.

이상으로 조선 후기에 새롭게 부상한 민족의식과 민족문화에 대하여 중국의 타자였던 우리 것, 양반들의 문화와 대척적으로 존재했던 문화 현상들, 주류 문화에서 배제되었던 민속예술 등을 중심으로 살펴보았다.

제3절 음악의 대중화와 풍류문화의 성행

여기에서는 판소리예술과 좀더 근접한 문화 요소인 조선 후기의 음악문화와 풍류문화에 대하여 살펴보고자 한다.

조선 후기는 다양한 음악이 연행되면서 음악문화라고 할 수 있는 경향이 형성되고, 아울러 음악문화가 풍류적인 성격을 띠면서 그것은 사회의 전 구성원들이 보다 쉽게 접할 수 있는 문화 소비품으로 자리잡게 되었다. 특히 18-19세기의 음악문화는 도시의 시정 공간에서 발달하였기 때문에 그곳을 삶의 기반으로 하는 사람들이 주로 향유하였다.

음악을 비롯한 문화의 층위는 대체로 궁정(宮廷) 관각문화(館閣文化), 여항(閭巷) 시정문화(市井文化), 향촌(鄕村) 촌락문화(村落文化)로 나눌 수 있다. 이 중에서 궁정 관각문화는 당대의 지배계층이 향유하는 고급 엘리트문화로서 진지하고 고아함을 특징으로 하고, 향촌 촌락문화는 당대의 피지배계층인 민중들이 향유하는 기층 민간문화로서 순수하고 소박한 미학을 추구하며, 여항 시정문화는 도시에 거주하는 불특정 다수의 집단인 대중이 향유하는 통속문화로서 세속미(世俗美)를 추구하는 문화라고 할 수 있다. 이러한 문화적 층위에서 18-19세기에 들어서면 여항 시정문화가 급격하게 성장하여 이 시대의 문화를 주도하게 된다. 반면에 궁정 관각문화와 향촌 촌락문화는 각자의 독자성을 유지하면서도 주변부로 밀려 나가거나 아니면 그 자체의 성격을 변화시켜 여항 시정문화에 합류하는 상황으로 바뀌게 된다. 음악 분야를 보면 상층 양반들의 향유물이라고 할 수 있는 궁중의 악장이나 가곡 및 가사의 연창(演唱)이 시정문화를 주도했던 가객들로 인해 그 전대(前代)보다 대중성이 강해지는 방향으로 변화되었고, 민간예술로 존재했던 판소리는 신재효와 같은 중인층이나 양반 좌상객들의 관심을 받아 시정공간으로 부상하면서 향유층을 보다 더 넓힐 수 있었다.[69]

당시 시정 공간에서 연행되었던 음악으로 먼저 꼽을 수 있는 것은 가사(歌辭)와 시조의 가창(歌唱)이다. 가사는 본래 양반사대부의 풍류방 문화권에서 향유되었던 문화였다. 그러다가 조선 후기가 되면 향유공간이 여항 시정문화권으로 이동하여 전문 가객들이 부르는 가창가사(歌唱歌詞)로 자리잡게 된다. 이점은 시조도 마찬가지다. 시조는 본래 양반사대부들이 연회에서 기생들을 불러 그들로 하여금 부르게 하였는데, 조선 후기에 이르면 시조가 시정 공간에서 전문 가객들의 창으로 유통되었다. 특히 시조창을 개발했다고 하는 이세춘(李世春)이 등장하면서부터 시조창은 양반과 중인 등 시정의 주요한 문화 소비품이었다. 다음으로 꼽을 수 있는 시정 음악은 잡가(雜歌)이다. 잡가는 사대부 풍류방 문화권이 주도권을 장악하던 시기에는 그 세력이 미약했으나, 도시의 발달이 본격화하여 풍류문화가 시정 공간을 석권하던 시기에 이르면 이 시대 가창문화권의 헤게모니를 잡았다고 할 정도로 그 위상이 높았다.

그리고 판소리를 비롯한 민속연희도 이 시대 시정 공간을 풍미했다고 할 수 있다. 민속연희는 중국의 사신을 맞이하는 행사나 과거 급제자의 유가(遊街)및 문희연(聞喜宴)에서 주로 행해졌는데, 송만재(宋晚載)의 〈관우희(觀優戱)〉를 보면 이때에는 땅재주, 줄타기, 검무(劍舞), 재담(才談), 판소리 등 다양

69 이상 문화의 층위별 그 성격과 변화 양상은 김학성, 「18·19세기 예술사의 구도와 시가의 미학적 전환」, 『한국시가의 담론과 미학』, 보고사, 2004 참조.

한 예인들이 참여하여 합동 공연을 했음을 알 수 있다. 그리고 이러한 연희는 점차적으로 남대문 등 서울의 도시에서도 벌어질 정도로 많은 관심을 받기에 이른다.

음악문화의 발달과 함께 조선 후기의 문화 현상으로 주목되는 것 중 하나는 유흥적 풍류문화이다. 위에서 살펴본 음악과 연희의 발달 역시 유흥적인 풍류 분위기와 밀접한 관련성이 있다. 즉, 상공업이 발달하고 화폐가 유통되면서 조선 후기에 이르면 일부 부유층이 등장하게 되고, 이들은 당대 시정문화의 한 축을 담당했던 중인 계층들과 연합하여 시정의 풍류를 확산시켰다. 특히 시정의 유흥적 풍류와 관련하여 일부 중인계층들의 역할이 지대했는데, 여기에 포함되는 중인들로는 역관(譯官) 등의 기술직 중인들, 서리(書吏)나 겸종(傔從)등의 경아전층(京衙前層), 대전별감(大殿別監)과 무예별감(武藝別監) 등의 액예(掖隸), 군영장교나 포교 등의 군교(軍校), 승정원 사령이나 나장(羅將)등 관공서의 하예(下隸), 시전상인(市廛商人) 등이 있다.[70] 이들 중 일부는 기방(妓房)과 기생들을 장악하고 부유한 풍류랑들과 함께 각종의 놀음을 가졌다. 이들이 누린 놀음에 대해서는 작자 미상의 가사 작품인 〈한양가〉에 잘 나타나 있다.

장안소년 유협객과 공자 왕손 재상 자제 부상대고 전시정(廛市井)과 다방
골 제갈동지 별감 무감 포교군관 정원사령 나장이라 남북촌 한량들이 각색
놀음 장할시고 선비의 시축(詩軸)놀음 한량의 성청(成廳)놀음 공물방(貢物房)
선유(船遊)놀음 포교의 세찬(歲饌)놀음 각사(各司) 서리(書吏) 수유(受由)놀음
각집 겸종 화류놀음 장안의 편사(便射)놀음 장안의 호걸놀음 재상의 분부(分

---

70 강명관,『조선시대 문학예술의 생성 공간』, 소명출판, 1999, 176쪽.

付)놀음 백성의 중포놀음 각색 놀음 벌어 방방곡곡 놀이 철다[71]

    이와 같은 놀이들이 각처의 누정(樓亭)과 산곡(山谷)과 한강에서 벌어진 것이다.[72] 그러나 놀이들 중 승전(承傳)놀음이 특히 대단했다고 보이는데[73], 이 놀음에서는 화려하게 치장한 별감들이 온갖 기물과 음식을 차려놓고 수많은 기생들과 예인들을 불러 질탕한 연회를 베풀었다.[74] 이 놀음에서 불리어진 소리만 하더라도 "거상조(擧床調)[75] 내린 후에 노래하는 어린 기생, 한 손으로 머리 받고 아미를 반쯤 숙여, 우조(羽調)라 계면(界面)이며 소용(搔聳)[76]이 편락(編樂)[77]이며 춘면곡 처사가며 어부사 상사별곡 황계타령 매화타령 잡가 시조 듣기 좋다"[78]라는 표현에서 볼 수 있는 것처럼, 우계면, 가곡(歌曲), 십이가사(十二歌詞), 잡가 등 당대에 향유되었던 거의 모든 성악곡(聲樂曲)과 소리들이 망라되어 있다.

    이러한 유흥은 도시의 왈자들도 참여하거나 왈자 스스로 돈을 드려 놀음을 열기도 하였던 것으로 보인다. 이 점은 〈게우사〉에서 확인할 수 있다. 〈게

---

71 강명관 지음,『한양가』, 신구문화사, 2008, 88-90쪽.

72 작품에는 놀이처로 압구정, 세검정, 탕춘대, 옥류동, 도화동, 진관동 등 여러 장소가 소개되어 있다.

73 작품에 의하면 승전놀음은 별감들의 놀음이라고 되어 있는데 구체적으로 어떤 형태의 놀이인지는 알 수 없다. 〈한양가〉는 승전놀음에 대한 가사라고 할 정도로 이 승전놀음에 많은 양을 할애하고 있다.

74 이 승전놀음에 참여한 예인으로는 거문고, 가야금, 생황, 퉁소, 피리, 해금 등을 연주하는 악기 연주자들, 우계면(羽界面)으로 소리를 하는 소리꾼들, 시조 잡가를 부르는 소리꾼들, 춤추고 노래하는 기생들 등 도시의 시정공간에서 활동했던 거의 모든 예인들이 총출동했다.

75 거상조는 연회를 시작할 때 먼저 연주하는 음률을 말한다.

76 소용은 조선 숙종 때 가객 박후웅(朴後雄)이란 사람이 과거의 희락(戲樂)을 본받아 새로 만든 가곡의 곡조인데, 떠들썩하고 높이 솟구치는 풍으로 부른다.

77 '장단이 촘촘한 엮음의 낙'이라는 뜻으로, 낙시조를 엮는 가곡의 한 가지이다. 우조, 곧 평조에서 계면조로 바꾸어서 부른다는 점에서 '반우 반계'라고도 한다. 이상, 거상조, 소용, 편락의 의미에 대해서는 강명관, 위의 책, 102-103쪽의 주석 풀이 참조.

78 강명관 지음, 위의 책, 102-103쪽.

우사〉는 왈자 무숙이가 기생 의양을 자기 손에 넣기 위해 온갖 놀음을 벌이면서 흥청망청 소비를 하다가 패가망신하였는데, 그때 의양이가 꾀를 내어 가산을 일구고 무숙이를 깨우치는 내용이다. 〈게우사〉에서 무숙이는 어느 청루 고당의 연회에 참여하게 되는데, 그곳에는 당하 천총, 내금위장, 선전관, 비별랑, 도총, 경력 등의 중인들과 한량들이 자리를 잡고 있었다. 그리고 이들은 가사명창, 노래명창, 악기연주자, 이야기꾼, 판소리꾼 등 온갖 예인들을 거느리고 있었다. 특히 판소리 광대로 송흥록과 모흥갑이 참여하고 있는데, 이들은 실제 당대의 판소리 명창이었다.[79] 뿐만 아니라 무숙이는 의양에게 잘 보이기 위해 여러 차례 연회를 베푸는데, 그 중에서 선유놀음은 압권이다. 이 놀음을 위해 무숙이는 서울 강변의 사공들을 끌어모아 배를 만들고 전국 각지의 예인들을 모두 불러 모은다. 특히 주목되는 것은 무숙이가 당대의 내로라하는 판소리 명창들을 불러들여 판소리를 듣는 광경이다.[80] 이를 통해 볼 때, 위의 〈한양가〉에는 등장하지 않지만 시정의 유흥공간에서 풍류가 행해졌을 때에는 판소리 광대들도 당연히 참여했던 것으로 보인다.

---

[79] "청루고당 높은 집에 어식비식 올라가니 좌반에 앉은 왈자 상좌에 당하 천총 내금위장 소년 출신 선전관 비별랑에 도총경력 앉아 있고, 그 지자 바라보니 각 영문 교전관에 세도하는 중방이며, 각사 서리 북경 역관 좌우포청 이행군관 대전별감 불긋불긋 당당홍의 색색이라. 또 한편 바라보니 나장이 정원사령 무예별감 섞여 있고 각전 시정 남촌 한량 노래 명창 황사진이 가사 명창 백운학이 이야기 일수 오물음이 거짓말 일수 허재순이 거문고에 어진창이 일금 일수 장계랑이 퉁소 일수 새게 수며 장고 일수 김창옥이 젓대 일수 박보안이 피리 일…(落字)…오랑이 해금 일수 홍일등이 선소리에 송흥록이 모흥갑이가 다 가 있구나." 김종철 교주, 〈게우사〉, 『한국학보』65, 1991, 겨울, 일지사, 214-215쪽. 현대어 표기는 필자.

[80] "선유놀음 하거든 구경을 하소. 미친 광인 무숙이가 선유 기계 차릴 적에……(중략)…… 명창 광대 각기 소장 나는 북 들여 놓고 일등 고수 삼사인을 팔 가르쳐 나갈 제, 우춘대 화초타령 서덕염의 풍월성과, 최석황의 네소세 권오성의 원담소리, 하언담의 옥당소리 손등명이 짓거리며, 방덕희 우레 목통 김한득의 너울가지, 김성옥의 진양조며 고수관의 아니리며, 조관국의 한거성과 조포옥의 고등세목, 권삼득의 중모리며 황해청의 자웅성과, 임만엽의 새소리며 모흥갑의 아귀성, 김제철이 기화요초 신만엽의 목재조며, 주덕기 가진 소리 송광록 중항성과, 송계학이 옥구성을 차례로 시연할 제, 송흥록의 거동보소. 소년 행락 몹쓸 고생 백수는 난발하고 해소는 극심한데 기질은 참약하여 기운은 없을망정 노장 곡귀성에다 단장성 높은 소리 청천백일이 진동한다 명창 소리 모두 듣고," 김종철 교주, 위의 책, 229-231쪽. 현대어 표기는 필자.

　　　　　　　　　　　제3장 판소리 예술 형성의 사조적 기반

이와 같이 18~19세기에 이르면 도시의 시정 공간에 음악을 중심으로 한 유흥과 풍류가 질탕하게 벌어졌고 이러한 분위기 속에서 판소리를 비롯한 민속 연희들이 활발히 향유되고 유통되었음을 알 수 있다.

한편 조선 후기에 이르러 음악과 유흥적 풍류문화가 도시의 시정을 중심으로 활발히 전개되었다는 것은 이 시대에 활동했던 예인들과 그들의 활동 양상을 통해서도 확인할 수 있다. 특히 명성을 떨쳤던 예인들은 예인전(藝人傳)으로 기록되기도 했는데, 유득공(柳得恭, 1748~1807)의 〈유우춘전(柳遇春傳)〉, 이옥(李鈺, 1760~1812)의 〈송실솔전(宋蟋蟀傳)〉 등이 그 대표적인 작품이다. 유우춘은 천첩(賤妾)소생인데, 당대에 해금의 명수로 이름을 떨친 인물이다. 종친(宗親)이나 공경대부(公卿大夫)의 집으로 불려가 연주를 한 것은 물론 일반 시정인들에게도 초청되어 연주를 하였다.

가령 춘풍이 태탕하고 복사꽃 버들개지가 난만한 날 시종별감(侍從別監)들과 오입쟁이 한량들이 무계(武溪)의 물가에서 노닐 적에, 침기(針妓), 의녀(醫女)들이 높이 쪽진 머리에 기름을 자르르 바르고 날씬한 말에 홍담요를 깔고 앉아 줄을 지어 나타납니다. 놀음놀이와 풍악이 벌어지는 한편에 익살꾼이 섞여 앉아서 신소리를 늘어놓지요. 처음에 요취곡(鐃吹曲)[81]을 타다가 가락이 바뀌어 영산회상(靈山會上)이 울립니다. 이때에 손을 재게 놀려 한 새로운 곡조를 켜면 엉켰다가 다시 사르르 녹고, 목이 메었다가 다시 트이지요. 쑥대머리 밤송이 수염에 갓이 쭈그러지고 옷이 찢어진 꼬락서니들이 머리를 끄덕끄덕, 눈깔이 까막까막하다가 부채로 땅을 치며 '좋다, 좋아!' 하며, 그 곡이 가장 호탕한 양 여기고 오히려 하잘 것 없는 것임을 깨닫지 못합니다.[82]

---

81 군악 계통의 곡조.

82 "至若春風浩蕩 桃柳向闌 中涓羽林 狹斜少年 出游乎武溪之濱 針妓醫娘 高髻油罩 跨細馬薦紅氈 絡繹而至 演戲度曲 滑稽之客 雜坐詼調 始奏鐃吹之曲 變爲靈山之會 於是焉 煩手新聲 凝而復

위의 내용은 유우춘이 직접 술회한 것으로서, 내용을 보면 시종별감(侍從別監)과 한량이 개최한 누정의 연회에서 각종의 놀음이 벌어지는 가운데, 재담꾼의 익살, 군악 계통의 음악, 영산회상곡(靈山會上曲) 등이 해금의 연주에 얹혀 불리어지고 있는 바, 그 광경이 매우 떠들썩하고 흥겨워 보인다. 그리고 작품에는 "철(鐵)의 거문고", "안(安)의 젓대", "동(東)의 장구", "복(卜)의 피리"와 같은 말이 보이는데, 이들 역시 유우춘과 같은 전문 예능인이었던 것으로 보인다.

송실솔은 서울의 가객이었다. 노래를 잘하지만 특히 실솔곡(蟋蟀曲)을 잘 부르기 때문에 '실솔'이란 별호를 얻은 인물이다. 송실솔은 소리를 워낙 잘하여 거문고, 비파, 퉁소 등 어떠한 악기연주와도 호응할 수 있었다. 당시에 왕족 중에 악기연주에 능통한 서평군(西平君)의 애호를 받으면서 서울 도시를 주름잡았다. 송실솔이 취승곡(醉僧曲)을 부르면 서평군이 거문고로 장단을 맞췄고, 낙시조(樂時調), 황계사(黃鷄詞)를 노래하면 서평군은 또 거문고로 거기에 화답하곤 했다. 작품에는 이세춘, 조욱자, 지봉서, 박세첨 등의 소리꾼 이름이 등장하는데, 송실솔은 이러한 음악인과 동호집단을 만들어 시정공간을 누볐던 것이다.[83]

조선 후기 시정공간에는 음악인 그룹을 만들어 활동한 부류도 존재했다. 대표적인 것이 이세춘 그룹인데, 이세춘은 금객(琴客) 김철석(金哲石), 가기(歌妓) 추월(秋月), 매월(梅月), 계섬(桂蟾) 등과 그룹을 만들어 일세를 풍미한 바 있다.[84] 특히 이러한 음악인 집단은 상층 양반들 중 음악애호가들의 관심과

釋 咽而復通 蓬頭突鬢 壞冠破衣之倫搖頭瞬目 以扇擊地曰 善哉善哉 此爲豪暢 猶不省其微微爾". 이우성·임형택 역편, 〈유우춘〉, 『이조한문단편집』(중), 일조각, 1978, 번역문 217쪽, 원문 415쪽.

83 〈송실솔전〉의 구체적인 내용은 이우성·임형택 역편, 위의 책, 219-222쪽 참조.

84 이세춘 그룹이 활동한 사례는 이우성·임형택 역편, 『이조한문단편집』(중)(일조각, 1978), 200-208쪽에 실려 있는 이야기에서 찾아볼 수 있다.

후원을 받으면서 활동했는데, 특히 심용(沈鏞)이란 양반은 재물이 많고 풍류를 좋아했다. 그래서 당세의 가희, 금객, 시인들을 거느리고 풍류를 즐겼는데, 심용이 후원한 대표적인 음악인이 이세춘 그룹이다. 이들은 심용이 죽자 "우리들은 평생 심공의 풍류 가운데 사람들이었고 심공은 우리의 지기(知己)이며 지음(知音)이었다. 이제 노래 소리 그치고 거문고 줄은 끊어졌도다. 우리들은 장차 어디로 갈 것인가."[85]라고 애도한 바 있는데, 이를 통해 볼 때 상층 양반과 음악인 그룹 간의 관계가 어떠했는지를 짐작할 수 있다. 이세춘 그룹의 일원이었던 기생 추월의 회고를 보면, 이들은 양반의 초청을 받아 소리를 하면서 청중의 수준에 따라 어떤 때는 잡가를 부르기도 하고 어떤 때는 우계면(羽界面)을 부르기도 하며, 또 어떠한 경우에는 잡사(雜詞)로 소리만 크게 지르는 등 청중들의 수준에 따라 소리를 다르게 할 정도로 직업적 수완을 발휘하기도 했다. 이 그룹이 한번은 세검정 연회에 참여한 바 있는데, '명사(名士)와 재자(才子)들이 담을 쌓았다'는 표현으로 보아 대단한 명성을 떨쳤음을 알 수 있고, 또 당대의 음악풍류적 분위기가 매우 흥성했음을 짐작할 수 있다.[86]

이상으로 18~19세기 조선 후기의 음악문화를 도시 시정공간에서의 음악문화와, 이 당시 음악문화의 주요 특징인 유흥적 풍류문화를 중심으로 살펴보았다. 조선 후기가 되면 상업의 발달로 부를 쌓은 부류들이 등장하는데, 이들은 양반, 중인, 천민들과 자유롭게 교유하면서 시정공간의 음악과 풍류문화를 생산하고 소비하는 계층으로 부상하게 된다. 그리고 시정에서 음악문화가 활성화되면서 양반들이 향유했던 음악이 대중화되고 향촌의 음악과 연희가 도시로 진출하게 된다. 그 중에서 특히 지역 예술로 존재했던 판소리는 그 내용이 가지고 있는 역사적 의의와 소리가 갖추고 있는 감응력이 여타 예술을 압도하

---

85 "吾輩平生爲沈公 風流中人 知己也 知音也 歌歇琴殘 吾將何之". 이우성·임형택 역편, 위의 책, 번역문 204쪽, 원문 411쪽.

86 이상 이세춘 그룹의 활약상은 이우성·임형택 역편, 위의 책, 200-208쪽을 참조할 수 있다.

면서 왕족, 양반을 위시한 전 계층의 애호를 받았다. 그러나 판소리의 예술적 우월성도 도시의 시정문화 속에서 사회의 각 계층과 다양한 접변을 이루면서 형성된 것이기 때문에, 조선 후기에 형성된 음악문화와 유흥적 풍류문화의 의의가 무엇보다도 크다고 하겠다.

제 **4** 장

판소리 문화접변의
초기적 양상

이상에서 판소리예술이 형성되는 데 있어 기반이 되었다고 판단되는 시대사조를 살펴보았다. 본장에서는 판소리의 예술적 문화접변의 초기적 양상을 연행 현장에서의 접변과 판소리 사설에서의 접변으로 나누어 살펴보기로 한다.

제1절 연행 현장에서의 접변

　판소리는 소리판이라고 하는 연행 현장에서 행해지는 예술이기 때문에, 연행 현장에서의 상황이 판소리 접변의 이해에 매우 중요한 사항이다. 특히 판소리가 독립적인 연행 장르로 자리 잡기 이전에는 여러 민속 예능들과 같이 존립했다고 생각되는데, 그러한 상황에서의 판소리의 존재양상을 검토하기 위해서는 연행 현장을 주목하는 것이 무엇보다도 중요하다.

　한편 판소리는 판소리 광대의 연행을 통해 실현되기 때문에, 판소리의 접변 양상을 살피기 위해서는 판소리 광대가 활동한 연행 공간이나 현장을 우선적으로 주목할 필요가 있다. 판소리는 처음에는 지방의 시장판에서 연행되었고, 판소리 광대도 그런 곳에서 주로 활동했다. 그러다가 상층 양반이나 중인층의 여러 행사에 참여하게 되고, 나아가서는 왕족이나 어전(御前)에서 소리를 하기에 이르렀다. 이러한 과정에서 판소리 광대는 초기에는 판소리뿐만 아니라 다른 예능들도 겸했던 것으로 보이고, 판소리 자체도 다른 예능들과 동시에 연행된 것으로 보인다. 그러다가 판소리가 위상이 높아짐에 따라 단독 공연이 이루어지는 단계에까지 이르게 된다.

　본절에서는 판소리 광대가 연행 현장에서 어떻게 존재했는가를 구체적으로 살펴봄으로써 판소리와 다른 장르 및 예능, 그리고 향유자 간의 다양한 접변 양상을 살펴보기로 한다.

1. 판소리와 인접 장르의 접변

상층 양반 출신이 과거에 급제하면 먼저 유가(遊街)를 한다. 이점은 유득공(柳得恭, 1749~1807)의 "진사에 급제하여 방(榜)이 나면 유가(遊街)를 하는데, 세악수(細樂手), 광대(廣大), 재인(才人)을 대동한다."[87]는 말에서 확인할 수 있다. 이러한 유가는 고려시대부터 행해졌는데 조선시대에 들어오면 보다 폭넓게 행해졌고 또 이유가 풍속에 대한 관심도 매우 많았던 것으로 보인다.

하루 전날 양사(兩司)가 관청에 나와서 글을 이미 올렸는데 비답(批答)이 오래도록 내리지 않았다. 누군가 말하기를 임금께서 바야흐로 후원에 납시어 새 급제자들의 창우(倡優) 놀이를 보고 계셔서 그렇다고 하였다. 장령(掌令)김호(金灝)가 듣고 상소하여 간하였다.

"신이 정묘년(1687)가을에 외람되게도 이 직책에 있어 알성과에 어가(御駕)를 좇아갔습니다. 급제자를 발표하고 환궁할 때 창우의 무리들이 앞을 다투어 어가 앞으로 나와, 신과 삼사(三司)의 관원들이 연(輦)을 막고 진언을 드렸는데, 전하께서도 기억하시는지요. 어제 신이 일찍 사헌부에 나왔는데 날이 저물도록 비답이 내려오지 않았습니다. 신이 황감하여 물러났다가 들으니 전하께서 후원에 납시어 반궁로(泮宮路)를 내려보시며 새 급제자들이 모여 잡희(雜戲)를 성대하게 펼치는 것을 날이 저물도록 구경하시느라 돌아오시는 것조차 잊을 정도였다고 합니다. 이것은 정묘년에 어가 앞에서 벌어진 일에 비할 것이 아니니, 완물상지(玩物喪志)에 가깝지 않겠습니까. 또 신이 듣자 온대 전하께서는 동쪽 담장 안에 누각을 세워 큰 길을 내려다 볼 수 있도

---

87 "進士及第放榜 遊街帶細樂手廣大才人". 柳得恭, 『경도잡지(京都雜誌)』「유가조(遊街條)」. 이석호 역, 『조선세시기』, 동문선, 1991, 201쪽.

　　　　　　　　　　　　　　　제4장 판소리 문화접변의 초기적 양상

록 하여 곧 완공한다는데, 도성 아래 사람들이 망령되이 생각하기를 전하께
서 이 누각을 만든 것은 대개 놀고 즐기기 위한 것이라고 합니다. 오늘 창우
들의 놀이를 친히 보신 것은 도성 사람들의 이러한 생각과 똑 같으니 어떻게
그 많은 아랫사람들의 의혹을 풀 수 있겠습니까.[88]

위의 내용은 숙종 때의 기록이다. "새 급제자들의 창우놀이", "새 급제자들
이 모여 잡희를 성대하게 펼치는 것", "창우들의 놀이"등의 문장으로 보아, 유
가의 상황을 기술한 것임이 분명하다. 그런데 주목되는 것은 숙종이 유가 때
벌어진 창우놀이를 구경하느라 비답(批答)을 내리는 것을 잊기도 하고, 창우
놀이를 구경하기 위해 누각을 세우기도 했다는 점이다. 이처럼 창우 집단의
민속 연희는 상하층을 막론하고 큰 인기가 있었던 것이다.

서울에서 과거가 열리면 지방의 광대들은 다투어 서울로 향했다. 유가와
문희연(聞喜宴)에 참여하기 위해서다. 이점은 송만재(宋晚載)의 〈관우희(觀優
戲)〉에서 확인할 수 있다.

劇技湖南産最多	재주는 호남 출신 가장 많으니,
自云吾輩亦觀科	말하기를 우리도 과거 간다네.
前科司馬後龍虎	먼저는 진사시험 뒤는 무관야,
大比到頭休錯過	과거가 다가오니 거르지 마세.

---

88 "前一日 兩司詣臺 章已上 批旨久不下 或言 上方御後苑 臨觀新及第倡樂之戲故如此 掌令金灝
聞之 上疏諫曰 臣於丁卯秋 忝叨本職 隨駕謁聖 及其唱第還宮也 倡優之屬 競進於前 臣與三司之
官 遮輦進言 殿下亦嘗記之否乎 昨日臣早詣臺 批旨不下 及於日暮 臣竊惶惑 退而聞之 殿下出御
後苑 壓臨泙宮之路 新恩聚集 廣張雜戲 耽玩竟日殆至忘返云 此非如丁卯輦前之比 不幾於玩物喪
志乎 且臣聞殿下曾創一閣於東垣之內 俯瞰大道 不日成之 都人妄度 皆以爲殿下之設此 蓋爲遊賞
也 今日臨觀 適與相符 何以釋群下之疑乎".『숙종실록』20년 11월 辛未條.

金榜少年選絶技	급제한 집 잔치에 재주 뽑히려,
呈才競似聞齋僧	광대들은 재 들은 중처럼 법석.
分曹逐隊登場地	제각기 무리 지어 마당에 가서,
別別調爭試一能	따로 따로 음조 골라 재주를 시험.[89]

위의 작품은 〈관우희〉의 제44수와 제45수이다. 제44수에는 서울에 과거가 있다는 소문이 들리면 광대들이 자신들도 과거를 보러 간다고 하면서 서울로 향했다는 내용이고, 제45수는 광대들이 과거 급제자의 잔치 즉 문희연에 참여하기 위해 모여서 각자의 재주를 시험하는 내용이다. 이처럼 광대들은 상층 양반의 행사에 적극적으로 참여하여 자신들의 기예를 뽐내고 그것을 기반으로 삶을 꾸려나갔던 것이다. 그런데 유가에는 판소리 광대만 참여하는 것이 아니라 땅재주, 줄타기, 재담, 잡희(雜戲) 등 여러 가지 기예를 가지고 있는 무리들이 동시에 참여했다고 볼 수 있다. 유가와 문희연의 상황을 형상화한 송만재의 〈관우희〉를 보더라도 판소리 광대뿐만 아니라 줄타기, 땅재주, 검무(劍舞) 등의 예인도 참여하고 있다.[90]

한편, 민간 예인들은 처한 상황에 따라 한 사람이 여러 가지의 예능을 펼친 것으로 보인다. 판소리 광대만 하더라도 판소리만 부른 것이 아니라 재담이나 잡희 등을 겸하거나, 아니면 판소리 외의 다른 가창가사를 부르기도 하였다. 먼저 판소리 광대가 다른 예능을 겸한 사례를 보기로 한다.

(1) 박남은 창(唱)을 잘하여 국중에 으뜸으로 손꼽히는 사람이었다. 사람

---

89 원문은 李惠求, 「宋晚載의 觀優戲」, 『판소리연구』 1(판소리학회, 1989)를 참고하고, 번역문은 尹光鳳, 『改訂 韓國演戲詩 硏究』(박이정, 1997)의 해당 부분을 이용했다.

90 〈관우희〉 제26수-제35수까지는 줄타기를 형상화한 것이고, 제36수-42수까지는 땅재주를 형상화한 것이며, 제43수는 검무를 형상화한 것이다.

을 능히 웃기고 울리고 했던 것이다. 그때 마침 과거 철을 당하여 한천점(寒泉店)에 당도했다. 주막은 한천(寒泉)[91]이 사는 앞마을이었다. 과유(科儒) 4,5인이 함께 들어서 한천의 경학(經學)에 대하여 서로 칭송을 하고 있었다.

"선생을 뵈오면 저절로 존경하는 마음이 없을 수 없지."

이때 박남이 말참견을 하여,

"제가 한천 어른을 찾아가 뵙고 만약 희롱으로 골려드리지 못하면 소인이 서방님들께 벌을 받기로 하고, 만약 희롱으로 골려드리고 오면 서방님들이 소인에게 술을 잘 받아주시기로 내기를 하십시다." 하고 한천의 집에 가서 그런 장난을 했던 것이다. 사람들은 듣고 모두 포복을 하였다.[92]

(2) 연평군은 유생 때부터 상소문을 쓰기를 좋아했다. 그 첩 중에 노래를 하는 이가 있었는데, 그 노래할 때마다 반드시 '오날이야, 오날이야.' 하고 노래를 불렀다.

공이 "너의 '오날이야'라는 노래 그만 둘 때도 되었는데……"라고 하자, 그 첩이 "나으리의 '誠惶誠恐'은 어떻구요?"라고 했다는 것이다.

청음(淸陰)은 평생토록 말수가 적었고, 잘 웃지를 않았다. 창우들의 잡희에 다른 사람들은 모두 포복절도를 해도 청음공은 여전히 이를 드러내 보이지 않았다. 어떤 집에 과거 급제자가 있어 문희연을 베풀었는데, 그때 우인(優人) 박남(朴男)이란 자가 헌희(獻戲)로 세상에 이름을 날렸다. 그 집에서 박남에게 말하기를,

---

91 한천은 18세기의 도학자 도암(陶庵) 이재(李縡)를 말한다.

92 "朴男者 以善唱 冠擅國內 能使人笑之悲之 嘗當科時 到寒泉店 此店李公所居前村 赴科士子四五人 亦同入 盛稱李公經學曰 人之見者 自不得不敬矣 朴男曰 吾當往見 若不得能作戲事 吾當受罪如試 行次 亦具酒饌矣 卽往寒泉家 果作此舉 聞者絶倒". 이우성·임형택 역편, 『이조한문단편집』(하), 일조각, 1978, 번역문 179쪽, 원문 389쪽.

"오늘 청음 상공께서 반드시 이 잔치에 오실 것이다. 네가 아주 우스운 일을 꾸며내어 청음공을 한 번이라도 웃게 할 수 있다면 마땅히 후한 상을 주겠다."라고 했다.

청음이 잔치에 참석하자 박남은 잡희를 펼쳤는데, 청음은 전혀 돌아다보지도 않았다. 그러자 박남은 종이 한 장을 상소문처럼 말아서는 두 손으로 받들고는 천천히 걸어 나가서는,

"생원 이귀가 바친 상소이옵니다."하고는 이어 꿇어앉아서는 종이를 펼치고 읽기를,

"생원 臣 李는 誠惶誠恐 頓首頓首……"라고 했다.

만좌가 모두 포복절도를 했고, 청음 또한 부지불식간에 실소(失笑)하고 말았다는 것이다.[93]

위의 (1), (2)는 박남(朴男)이란 사람과 관련된 이야기다. 박남은 전라도 김제 출신의 재인(才人)으로서, 인조 4년(1626)에 거행된 중국 사신맞이 산대희(山臺戲)에 참가한 인물로 알려져 있다.[94] (1)을 보면, 박남은 국중의 이름난 명창이고, 소리로 사람을 능히 울리고 웃겼던 인물로 그려져 있다. 그리고 박남은 경학자인 한천공을 '희롱'과 '장난'으로 골린 바 있고, 그것을 본 사람들은 포복절도를 했다고 한다. (2)에서는 박남을 창우(倡優)라고 했고 헌희(獻戲)로 이름을 떨쳤다고 했다. 여기서 박남은 천하의 도덕군자 김상헌을 웃게 만들었

---

93 "延平自儒生喜陳疏 其妾有歌者 每歌必唱今日今日之曲 公曰 爾今日之曲尙可已矣 妾曰 何如主公之誠惶誠恐 淸陰平生寡言笑 雖倡優雜戲人皆絶倒者 公一不啓齒 有一新恩 家設聞喜宴 時優人朴男者 以獻戲名世 其家謂男曰 今日淸陰相公當赴宴 汝能作極可笑之事 得其一笑 當厚賞之 淸陰旣赴宴 男陳雜戲 淸陰一不顧見 男乃卷一紙如上疏 兩手擎之 徐步而進曰 生員李貴呈疏 仍跪而展紙讀曰 生員臣李誠惶誠恐 頓首頓首 滿座皆絶倒 淸陰亦不覺失笑云". 李頤命, 「漫錄」, 『疎齋集』권6,〈雜著〉. 김종철, 『판소리사연구』, 역사비평사, 1996, 28쪽에서 재인용.

94 사진실, 『한국연극사 연구』, 태학사, 311쪽.

는데, 그 방법은 소리가 아니라 잡희(雜戲) 곧 연희적인 행동이었다.

요약하면, 박남은 명창이자 잡희에도 능했던 창우(倡優)이자 재인(才人)이 었는데, 처한 상황에 따라 소리도 하고 잡희도 했던 것으로 보인다. (1)에서 한 천공을 희롱과 장난으로 골렸다고 했는데, 희롱과 장난은 아마도 (2)에서 보이는 것과 같은 연희적인 행동 곧 잡희이거나 아니면 재미있는 재담(才談)이었다고 생각된다. 판소리 광대가 다른 예능을 겸했다는 보다 명확한 증거는 다음의 우춘대(禹春大) 관련 기록이다.

우리나라 창우(倡優)는 천류(賤流) 가운데서도 매우 심한 부류이다. 그러나 그들의 골계(滑稽) 가운데는 유식하여 귀하게 여길 만한 것도 있다. 조금 옛날 우춘대(禹春大)란 자가 노래를 잘 불러 서울에서 독보적인 위치에 있었는데, 왕공대인(王公大人) 가운데 우롱을 당하지 않은 자가 없었다. 한 재상(宰相)은 상중(喪中)에 우롱을 당해 매우 노해 그를 엄히 다스리고자 하였다. 잡아 집으로 끌고 오니 들창문을 열고 노비 후종(後種)을 부르는데 그 소리가 무척 엄하였다. 그러나 우춘대는 전혀 놀라는 기색이 없이 계면조로,
"상녀(喪女)는 망국(亡國)의 한(恨)을 알지 못하고 강 건너에서 후정화(後庭花)를 부르네."라는 구절을 바꾸어 노래로 불렀으니,
"상주(喪主)는 망극한 한(恨)을 알지 못하고, 창 밖 후정아(後庭兒)를 부르네."
라 했던 것이다. 재상이 듣고서는 기특하게 여겨 술을 내려주며,
"너는 진실로 재주있는 자이니, 벌로 다스리는 것은 옳지 않다."
하고는 방송하였다.[95]

---

95 "我國倡優 賤流之甚者也 而其俳諧之中 有識可貴 近古名唱禹春大者 獨步於長安 王公大人無不見弄 一宰相喪中受其侮弄 甚怒 欲治之 捉來 入戶外 推窓呼其奴後種者 而聲甚猛厲 春大不慌不恻 而以界面調依 商女不知亡國恨 隔江猶唱後庭花之句 變而唱之曰 喪主不知罔極恨 隔窓猶唱後庭兒 主人聞而奇之 回怒爲笑 賜之酒 謂之曰汝眞人才也 治之不祥 遂送之". 趙彦林,『이사재기문록(二四齋記聞錄)』. 정출헌,「판소리 담당층의 변화에 따른 19세기 판소리사와 중고제의 소멸」,

위의 내용은 조언림(趙彦林,1784~1856)이 기록한 것이다. 우춘대는 생몰년 대를 알 수 없어 그 활동 시기는 정확히 알 수 없으나, 대략 18세기 중후반에 활동한 사람으로 추정된다.[96] 위의 내용에서 우춘대는 서울에서 활동하면서 소리로서 독보적인 위치에 오른 인물이다. 그런데 자세히 보면 우춘대가 소리만 한 것 같지는 않다. 우춘대와 재상 간에 있었던 일을 보면, 우춘대가 비록 계면조로 소리를 했다고는 되어 있으나, 재상이 우춘대를 가상히 여겨 용서해 준 것은 천민임에도 불구하고 굴하지 않고 임기응변의 재주를 보인 우춘대의 그 당당한 재주 때문이다. 그리고 우춘대는 평소에도 왕공대인(王公大人)들을 우롱한 적이 있다고 했다. 뿐만 아니라 위 내용의 서두에서 조언림은 우춘대와 같은 인물을 창우(倡優)라고 지칭하고 그들이 '골계'를 잘하는데, 골계 중에는 혹 유식하고 귀하게 여길 만한 것이 있다고 서술하고 있다. 이와 같이, 우춘대는 소리도 잘했을 뿐만 아니라 남을 우롱하거나 웃게 하는 골계도 잘했다고 생각된다. 위의 박남의 경우와 마찬가지로, 우춘대 역시 상황에 따라 소리뿐만 아니라 다른 예능도 두루 했다고 생각된다. 그리고 이것은 박남이든 우춘대이든 초기의 판소리 광대들은 판소리만 독립적으로 한 것이 아니라, 다른 잡희(雜戱)를 겸했음을 말해 준다.[97]

다음으로 소리꾼들이 판소리와 다른 소리들을 겸한 사례를 보기로 한다.

정조 때의 무인이었던 구담(具紞)이란 사람은 자칭 구명창(具名唱)이라고 할 정도로 소리를 잘했던 사람이다. 그래서 변시진이란 고수를 대동하여 다니

『민족문화연구』 31집, 고려대 민족문화연구원, 1998, 274-275쪽에서 재인용.

96 성기련은 다음의 논문에서 여러 가지 자료를 활용하여 우춘대의 활동시기를 18세기 중후반으로 추정한 바 있다. 성기련, 「18세기 판소리 음악문화 연구」, 『한국음악연구』 34, 한국국악학회, 2003, 170쪽.

97 19세기 말-20세기 초의 상황이긴 하나, 〈새타령〉으로 유명한 판소리 광대 이날치가 한때 줄타기 명인이었다는 점, 역시 판소리 명창인 장판개가 땅재주의 명인이었다는 점, 전통춤의 대가인 한성준이 줄타기와 땅재주의 명인이었다는 점 등도 위의 사실을 간접적으로 증명해주는 경우라 하겠다. 이날치, 장판개, 한성준의 이와 같은 정보는 노동은, 『한국근대음악사 Ⅰ』, 한길사, 1995, 175쪽 참조.

며 판소리 단가를 부르곤 했다.[98] 그런데 구담의 주업은 도적을 잡는 일이었다. 한번은 임금의 특명을 받아 이경래(李景來)란 대적(大賊)을 잡으러 갔다. 이경래는 힘이 장사인 무뢰배인데, 구담은 그의 장기인 소리로 이경래를 유인하여 포박하였다. 이 장면을 보면 다음과 같다.

구명창은 첫 소리에 권주가인 장진주(將進酒)를 불렀다. 이경래는 무릎을 치며 감탄성을 발했다. 구명창은 임완석이 파는 술을 받아서 노래를 부르면서 한편으로 술잔을 들어 이경래에게 권하였다. 이경래는 노래에 마음이 팔려 한잔 한잔 또 한잔으로 그만 대취하여 눈이 벌써 거슴츠레하게 되었다.[99]

구담은 이렇게 하여 이경래를 잡았는데, 이때 구담이 부른 노래는 사설시조인 〈장진주(將進酒)〉였다. 구담은 유흥과는 거리가 먼 일촉즉발의 상황이지만, 술로 이경래를 혼미하게 하기 위해 이 노래를 부른 것이다. 이를 통해 볼 때, 소리꾼들은 판소리만을 고수한 것은 아님을 알 수 있다. 사례를 좀 더 보기로 한다.

桃紅扇打汗衫飛　　　도홍선은 한삼을 툭 쳐서 날리고

---

98 "구담 스스로 서울 광대 구명창(具名唱)이라 하였으며, 변시진으로 고수를 삼아, 가는 곳마다 영산회상곡을 불렀다.(自稱以京中倡優具名唱 使卞時鎭擊鼓 到處唱靈山調)". 이우성·임형택 역편, 위의 책, 번역문 64-65쪽, 원문 348쪽. 여기서는 '영산회상곡'이라 했지만, 구담이 도둑을 잡는 무인인 것으로 보아, 불교음악으로서의 영산회상곡이 아니라 판소리 단가를 뜻하는 '영산'이었다고 생각된다. '영산'을 '회상', '영산회상', '영산회상곡' 등으로 지칭하는 사례는 흔히 보이는데, 대표적으로 송만재의 〈관우희〉 제8수를 보면, "영산회상 끝나자 장구채 놓으니, 얼씨구나, 판소리 기울여 듣자(會相收時鼓鼓搋, 側耳將聽本事歌)"라는 구절이 나오고 그 말미에 "右靈山"이란 기록이 있다. 제1수에서 제8수까지의 내용으로 보아 "右靈山"의 '영산'은 판소리 광대가 목을 풀기 위해 하는 '단가'임을 알 수 있다.

99 "統初發聲 卽唱勸酒歌將進酒 景來嘖嘖稱善 紈買林童之酒 一邊唱一邊勸 景來喜其聲 一杯一杯復一杯 卽醺然而醉 眼已朦朧". 이우성·임형택 역편, 위의 책, 번역문 66쪽, 원문 349쪽.

羽調靈山當世稀	우조 영산이 당세에 드무네.
臨別春眠更一曲	작별할 때 춘면곡 다시 한 가락
落花時節渡江歸	꽃 떨어지는 시절에 강을 건너 돌아가네.[100]

위의 작품은 신광수(申光洙, 1712~1775)가 지은 〈제원창선(題遠昌扇)〉이란 시이다. 이 작품은 신광수가 1750년 진사에 급제하여 유가(遊街)할 때 거느렸던 광대 원창(遠昌)에게 준 시이다. 위 작품에 등장하는 광대는 붉은 복숭아가 그려진 부채로 적삼을 쳐 가면서 소리를 하는 것으로 봐서 판소리 광대임이 분명하다. 그러나 광대는 〈춘향가〉 등의 판소리를 하는 것이 아니라, 그 전에 목을 풀기 위해 소리를 하고 있다. 그 점은 '영산'이란 말에서 알 수 있는데, '영산(靈山)'은 곧 목풀기 소리로서의 단가(短歌)를 말한다. 위 광대는 영산을 우조(羽調)로 하고 있는데, '당세에 드무네'라는 평가로 봐서 상당한 실력을 갖춘 소리꾼임을 알 수 있겠다. 위의 작품에서 또 하나 주목되는 것은 위 광대가 단가로서 '영산'뿐만 아니라 '춘면곡'도 부르고 있다는 사실이다. 〈춘면곡〉은 조선 후기 당대 12가사의 하나로서 널리 애창되었던 곡인데, 판소리 광대가 판소리 단가와 함께 춘면곡을 불렀다는 점은 신광수가 이 시를 지었던 18세기 중반기에는 판소리 광대들이 판소리 단가, 판소리, 12가사 등을 구분하지 않고 불렀다는 점을 말해준다.

송만재의 〈관우희〉 제6수를 보면, "관동팔경 주서 섬김 좋고 졸시고, 경치 따른 가락마다 한 폭의 그림. 목청도 치렁치렁 만물 뇌이니, 널리 알기야 샌님네에 뒤지지 않아(關東八景好俳鋪 逐境聲聲一畵圖 牙舌津津籠萬物 傳通端不讓酸儒)"와 같이 표현되어 있는데, 이 부분에서 판소리 광대는 〈관동별곡〉을 부르고 있다. 이와 같이, 판소리 광대는 상황에 따라 〈관동별곡〉과 같은 가사

---

100 申石艸 譯, 『石北詩集 紫霞詩集』, 明文堂, 2003, 166쪽.

(歌辭)도 불렀던 것이다.

유가가 행해지면 유가에 참여한 예인들은 행렬을 인도하면서 흥겨운 광경을 연출한다. 이때 광대들은 금의화동(錦衣花童), 즉 비단옷을 입고 가화(假花)와 부채로 차림을 해서 익살을 부렸다고 하는데[101], 다음의 내용을 보면 이때의 금의화동은 판소리 광대였음을 알 수 있다.

연산(連山)의 김덕선(金德善)이 수원(水原)의 북문(北門)지어 나라의 공신(功臣)되어 수성옥이 와류(臥柳)감투 꽉 눌러쓰고 어주삼배(御酒三盃) 마신 후에 앞에서는 모흥갑(牟興甲)이 뒤에는 권삼득(權三得)이 송흥록(宋興祿)에 신만엽(申萬葉)에 쌍화동(雙花童)을 세우고 어전풍악(御前風樂)을 꽝꽝 치면서 장안 대로상으로 가진 신래(新來)만 청한다.[102]

위의 내용은 서도지방의 놀량사거리 중 〈경발림〉의 일부이다. 인용한 내용에는 과거에 막 급제한 신래(新來)들이 어주삼배를 먹고 어전풍악을 울리면서 장안대로 상에서 유가(遊街)를 하는데, 모흥갑, 권삼득, 송흥록, 신만엽 등의 판소리 광대들이 화동(花童)의 차림으로 앞뒤에서 유가를 인도하고 있음을 볼 수 있다. 앞에서도 살펴본 것처럼 유가 때에는 판소리 광대뿐만 아니라 여러 예인들이 참여하는데, 위의 인용 내용을 보면 판소리 광대가 유가를 주도하고 있다. 전체적으로 여러 예인들이 합동 공연을 하면서도 위 사례는 그중 판소리 광대의 위상이 한층 높았음을 말해주고 있다. 유가나 문희연에서의 판소리 광대의 위상은 시간이 지남에 따라 점점 더 높아갔음을 알 수 있는데, 이점은 후기 8명창의 한 사람으로 꼽히는 정정렬(丁貞烈, 1876~1938)의 다음과 같은

---

101 柳得恭,『경도잡지(京都雜誌)』「유가조(遊街條)」. 이석호 역, 위의 책, 201-202쪽.
102 하응백 편저,『창악집성』, 휴먼앤북스, 2011, 437쪽.

회고에서 단적으로 확인할 수 있다.

> 노래하는 이들이 歲月이 가장 좋은 때는 甲午以前입니다. 甲午年의 봄 科
> 擧까지 科擧가 繼續했고 그 후에는 科擧가 없어졌으니 우리는 그때가 第一 좋
> 았습니다. 科擧에 及第를 하면 앞에다 錦衣花童을 세우고 긴 行列을 지어 遊
> 街하는 法이었었는데 唱夫들이 錦衣花童 노릇을 하였답니다. 집에 돌아가서
> 는 도문잔치를 베풀고 며칠씩 잔치를 繼續하였음으로 으레 잔치가 계속하는
> 날까지 노래를 불렀습니다. 그리고 唱夫가 먼저 사당門을 열고 사당 잔치부
> 터 始作하였는데 그 까닭에 唱夫의 待接도 相當하였고 잔치가 끝난 뒤에는 謝
> 禮도 썩 厚하였습니다.[103]

위의 내용에서 정정렬은 과거가 열리던 때가 소리꾼들에게는 제일 좋은 시
절이라고 말하고 있다. 과거 급제자의 방이 나면 유가(遊街)가 열리고 문희연
(聞喜宴)이 이어진다. 그리고 문희연이 본격화하기 전에 급제자의 조상에게
고하는 사당고사(祠堂告祀)를 행한다. 이를 홍패고사(紅牌告祀)라고 한다. 위
의 내용을 보면 유가의 행렬을 인도하는 금의화동, 홍패고사, 그리고 며칠간
이어지는 잔치의 주체가 바로 판소리 광대였음을 알 수 있다. 이처럼 지위가
높아진 만큼 대접과 사례도 상당했다고 회고하고 있다.

2. 판소리광대와 가객 예인들의 접변

판소리 광대들이 활동한 연행 공간으로 유가(遊街)나 문희연(聞喜宴)과 같

---

103 『매일신보』, 1937, 5, 5, 손태도, 「조선 후기 서울에서의 광대문화 변동과 판소리」, 『고전문학연
구』 35집, 고전문학회, 2009, 124-125쪽에서 인용. 현대어 표기는 필자.

은 상층 양반들의 연희판만 있었던 것은 아니다. 조선 후기에는 서울의 시정문화(市井文化)가 유흥적이고 풍류적인 분위기로 넘쳐났는데, 이러한 환경을 주도한 부류는 안민영이나 박효관과 같은 중인가객(中人歌客), 별감(別監)이나 군관(軍官)등의 경아전(京衙前) 중인층들, 그리고 돈많은 한량들이었다. 이들은 갖가지 놀음을 열었는데, 여기에는 항상 판소리 광대들이 참여했다.

먼저 판소리 광대들이 중인가객들과 어울린 경우를 보자. 이와 관련하여 주목되는 인물은 단연 안민영(安玟英,?~?)이다. 안민영은 서얼(庶孼) 출신의 중인가객으로, 1876년(고종13) 스승 박효관(朴孝寬)과 함께 조선 역대시가집『가곡원류(歌曲源流)』를 편찬하여 근세 시조문학을 총결산하는 데 공헌한 인물이다.『가곡원류(歌曲源流)』에 그의 시조〈영매가(咏梅歌)〉외 26수가 실려 있다. 그 밖의 저서로『금옥총부(金玉叢部)』,『주옹만필(周翁漫筆)』등이 있는데, 이 중『금옥총부(金玉叢部)』는 판소리 관련 자료로서 매우 중요한 저작이다.

나는 …(중략)… 창원 경패의 집에 돌아와서는 여러 날을 머무르며 전날의 미진한 정을 풀었다. 그리고는 함께 칠원(漆原) 삼십리의 송흥록(宋興祿)집에 이르니, 맹렬(孟烈)이가 역시 집에 있다가 나를 보고 기뻐하였다.[104]

나는 임인년(헌종8년,1842) 가을 우진원(禹鎭元)과 더불어 호남의 순창에 내려갔다가, 주덕기(朱德基)와 손을 잡고 운봉의 송흥록(宋興祿)을 방문하였다. 그때 신만엽(申萬燁), 김계철(金啓哲), 송계학(宋啓學) 등 일대의 명창들이 마침 그 집에 있다가, 나를 보고 반갑게 맞아 주었다. 서로 함께 머무르며 수십 일을 질탕하게 보낸 후에 다 남원으로 향했다.[105]

---

104 "余……到昌原瓊貝家 多日留延 以敍前日未盡之情 而同到漆原三十里宋興祿家 則孟烈亦在家 見我欣然". 안민영 원저, 김신중 역주,『역주 금옥총부』, 박이정, 2003, 151-152쪽.
105 "余於壬寅秋 與禹鎭元 下往湖南淳昌 携朱德基訪雲峰宋興錄 伊時申萬燁金啓哲宋啓學 一隊

내가 주덕기(朱德基)를 데리고 이천에 머무를 때, 여염집의 젊은 아낙과 상중지약(桑中之約)이 있어 밤이 새도록 몹시 기다렸다.[106]

위에서 안민영은 이천, 칠원, 순창, 운봉, 남원을 경유해 다니면서 당대의 판소리 명창들인 송흥록, 주덕기, 신만엽, 김계철, 송계학 등을 만나 유흥을 즐기면서 세월을 보내고 있다. 안민영과 여러 명창들이 만났을 때 서로 환대를 한 것으로 보아, 이들의 교유가 오래되고 긴밀했음을 짐작할 수 있다. 또한 안민영이 주덕기를 데리고 있었다는 표현으로 봐서, 중인 신분인 안민영과 판소리 명창들 간의 관계가 친밀하면서도 상하 주종관계로 맺어져 있었음을 알 수 있다.

내가 고향집에 있을 때 이천의 오위장 이기풍이 퉁소 〈신방곡〉의 명창 김군식으로 하여금 한 가아(歌娥)를 거느리게 하여 보내주었다. 그 이름을 물은 즉 금향선이라 했다.…(중략)…그 가아에게 시조를 청하니 그 가아가 용모를 가다듬고 단정히 앉아 '창오산붕상수절지구'를 불렀는데, 그 소리가 애원 처절하여 가던 구름이 멈추고 들보 위의 먼지가 나는 것을 깨닫지 못하였고, 그 자리의 모든 사람들이 눈물을 흘리지 않음이 없었다. 시조 3장을 창한 후, 이어서 우조와 계면조 한 편을 창하고, 또 잡가를 창하였는데, 모송(牟宋) 등의 명창 조격(調格)이 묘경에 이르지 않음이 없어 참으로 가히 절세의 명인이라 이를 만했다.[107]

名唱適在其家 見我欣迎矣 相與留連迭宕數十日後 轉向南原". 김신중 역주, 위의 책, 164쪽.

106 "余率朱德基 留利川時 與閭家少婦 有桑中之約 而達宵苦待". 김신중 역주, 위의 책, 203쪽.

107 "余在鄕廬時 利川李五衛將基豊 使洞簫神方曲名唱金君植 領送一歌娥矣 問其名則曰 錦香仙也……第使厥我請時調 厥娥斂容端坐 唱蒼梧山崩湘水絶之句 其聲哀怨悽切 不覺遏雲飛塵 滿座無不落淚矣 唱時調三章後 續唱羽界面一編 又唱雜歌 牟宋等名唱調格 莫不透妙 眞可謂絶世名人也". 김신중 역주, 위의 책, 178-179쪽.

위의 내용은 안민영이 금향선이란 가아(歌娥)로부터 시조, 우계면, 잡가 등을 듣고 그것을 모흥갑과 송흥록의 소리와 비교하는 내용이다. 즉 안민영은 금향선의 절창(絶唱)을 판소리에 비유하고 있는데, 이는 안민영 당대 판소리의 위상을 말해 주는 것이라고 볼 수 있다. 다시 말해서 이미 이 당시에는 소리라고 하면 '판소리'가 중심이고, 시조창(時調唱)이나 잡가를(雜歌) 잘 할 경우에 그것을 판소리에 비유하였음을 알 수 있다. 또한 판소리가 소리의 중심 역할을 하는 시기였기에, 다른 소리를 하는 사람들도 그 창법과 분위기를 판소리에 맞춰 갔을 수도 있다고 생각된다. 어쨌든 위의 내용은 판소리가 주도하면서 판소리와 기타 음악의 접변이 어떻게 이루어졌는지를 알려주는 자료라고 하겠다.

八十一歲 雲崖先生 뉘라 늙다 일렀던고. 童顔이 未改하고 白髮이 還黑이라. 斗酒을 能飮하고 長歌을 雄唱하니 神仙의 바탕이요 豪傑의 氣像이라. 丹崖의 서린 잎을 해마다 사랑하여 長安 名琴 名歌들과 名姬 賢伶이며 遺逸風騷人을 다 모와 거느리고 羽界面 한바탕을 엇걸어 불러낼 제, 歌聲은 嘹亮하여 들보 티끌 날려내고, 琴韻은 冷冷하여 鶴의 춤을 일으킨다. 盡日을 逸宕하고 酪酊이 醉한 後에 蒼壁의 붉은 잎과 玉階의 누른 꽃을 다 각기 꺾어 들고 手舞足蹈 하올 적에 西陵의 해가 지고 東嶺의 달이 나니 蟋蟀은 在堂하고 萬戶의 燈明이라. 다시금 盞을 씻고 一盃一盃 하온 후에 선소리 第一 名唱 나는 북 들여 놓고 牟宋을 比樣하여 한바탕 赤壁歌를 멋지게 듣고 나니 三十三天 罷漏 소리 새벽을 報하거늘 携衣相扶하고 다 各기 헤어지니 聖代에 豪華樂事가 이밖에 또 있는가.[108]

---

108 김신중 역주, 위의 책, 200-201쪽. 현대어 표기는 필자에 의함.

위의 작품은 안민영이 자신의 스승인 박효관의 호걸스러운 기상을 칭송하는 장시조이다. 위의 내용에서 박효관은 장안의 명금(名琴), 명가(名歌), 명희(名姬), 현령(賢伶)[109], 선소리꾼 즉 판소리 명창들과 함께 질탕한 유흥을 벌이고 있다. 이 시조의 원주(原註)를 보면, 경진년(고종17, 1880) 가을 9월에 운애 선생 박효관이 명금(名琴) 김윤석, 명가(名歌) 신응선, 양금(洋琴)의 대가 신수창, 퉁소의 대가 임백문, 해주 기생 옥소선과 전주 기생 농월이, 당세 제일의 명창인 박유전(朴有田), 손만길(孫萬吉), 전상국(全尙國) 등을 대동하여 모임을 가졌다는 기록이 있다. 이와 같이 안민영 박효관 등의 중인 가객들은 다양한 연희를 베풀었는데, 그 가운데는 악기연주자, 기생, 판소리 광대들이 참여하였다. 특히 판소리 광대들은 가객과 주종관계의 교유를 맺으면서 이곳저곳을 다니며 소리를 함으로써 판소리의 가치를 전파하였고 이것으로 말미암아 판소리는 그 저변을 서서히 확대할 수 있었다고 생각된다.

다음으로 판소리 광대가 경아전(京衙前) 중인들과 시정(市井) 한량들의 연희판에 참여한 양상을 보기로 한다. 이와 관련된 자료로 주목할 만한 것은 〈게우사〉이다. 〈게우사〉는 판소리 〈왈자타령(무숙이타령)〉의 사설 정착본으로 밝혀졌는데[110], 이 작품을 보면 경아전 중인들이 판소리 명창들을 비롯한 당대의 여러 예인들을 초빙하여 질탕한 연회를 베푸는 장면이 나온다.

---

109 현령은 세악수(細樂手)를 말한다.

110 〈게우사〉는 '계우사(誡友辭)'의 의미인데, 주인공이 무숙과 의랑이다. 무숙은 왈자이고 의랑은 기생이다. 송만재의 〈관우희〉를 보면, "장안의 한량으로 왈자패들은, 붉은 옷 초립 쓴 우림 패거리. 동원에서 술 마시며 놀이판이니, 뉘라서 의랑 잡아 한몫을 뵈노.(遊俠長安號曰者 茜衣草笠羽林兒 當歌對酒東園裏 誰把宜娘視獲驪)"라는 내용이 있는데, 여기서 의랑은 〈게우사〉의 의랑과 동일 인물이다. 따라서 〈게우사〉는 〈왈자타령〉의 사설본임이 확인된다. 여기 〈왈자타령〉을 정노식의 『조선창극사』에는 〈무숙이타령〉이라고 하였다. 따라서 〈왈자타령〉은 곧 〈무숙이타령〉이다. 〈게우사〉가 〈왈자타령〉의 사설 정착본임은 김종철, 「〈무숙이타령〉과 19세기 서울 시정」, 『판소리의 정서와 미학』(역사비평사, 1996)에서 처음으로 밝혔다. 한편, 〈게우사〉는 필사시기인 1890년을 상회하는 어느 시기에 성립된 것으로 보인다.

청루고당 높은 집에 어식비식 올라가니 좌반에 앉은 왈자 상좌에 당하 천총 내금위장 소년 출신 선전관 비별랑에 도총 경역 앉아 있고, 그 지차 바라보니 각 영문 교전관에 세도하는 중방이며, 각사 서리 북경 역관 좌우포청 이행군관 대전별감 불긋불긋 당당홍의 색색이라. 또 한편 바라보니 나장이 정원사령 무예별감 섞여 있고 각전 시정 남촌 한량 노래 명창 황사진이 가사 명창 백운학이 이야기 일수 오물음이 거짓말 일수 허재순이 거문고에 어진창이 일금 일수 장계랑이 퉁소 일수 새계수며 장고 일수 김창옥이 젓대 일수 박보안이 피리 일⋯(落字)⋯오랑이 해금 일수 홍일등이 선소리에 송흥록이 모흥갑이가 다 가 있구나.[111]

위의 내용은 〈게우사〉의 주인공인 왈자[112] 무숙이가 연희를 베풀고 있는 청루고당에 올라가 거기에 참여한 사람들을 서술하고 있는 부분이다. 여기에는 천총, 내금위장, 선전관, 교전관, 서리, 역관, 대전별감 등 온갖 부류의 경아전 중인층들이 등장하고 있는데, 이들이 왈자들과 함께 기방(妓房)을 장악하고 조선 후기 도시의 유흥적 분위기와 음악문화를 주도했다.[113] 위의 내용에는 노래 명창, 가사 명창, 악기연주자, 재담꾼과 함께 선소리 즉 판소리 명창으로 송흥록과 모흥갑의 이름이 보인다. 이 중에서 노래 명창, 가사 명창은 정확히 무엇을 지칭하는지 확실치는 않으나, 노래 명창은 시조를 중심으로 가창(歌唱)을 주로 하는 부류를 말하고, 가사 명창은 잡가를 중심으로 가창하는 부류를 말하는 듯하다. 이처럼 판소리 광대들은 중인층과 한량들의 연희판에도 참여하여

---

111 김종철 교주, 〈게우사〉, 『한국학보』 65, 1991 겨울, 일지사, 214-215쪽. 현대어 표기는 필자.

112 '왈자'를 송만재의 〈관우희〉에서는 '장안의 한량으로 붉은 옷에 초립을 쓴 우림아(遊俠長安號曰者 茜衣草笠羽林兒)'라고 표현하고 있는데, 우림아는 우림위(羽林衛) 소속 무사만이 아니라 무예별감과 대전별감 등도 거기에 포함된다. 김종철, 「〈무숙이타령〉과 19세기 서울 시정」, 『판소리의 정서와 미학』, 역사비평사, 1996, 158쪽.

113 강명관, 『조선시대 문학예술의 생성 공간』, 소명출판, 1999, 172쪽.

자신들의 기량을 펼침으로써 점진적으로 그 저변을 넓혀갔다고 생각된다.

선유놀음 하거든 구경을 하소. 미친 광인 무숙이가 선유 기계 차릴 적에 한강 사공 뚝섬 사공 하인 시켜 급히 불러 유선 둘을 묶어내되, 광은 잔뜩 삼십 발이요 장은 오십발씩 묶어내되, 물 한 점 들지 않게 민파 같이 잘 묶어라. 매 일명 천 양씩 내어주니 양섬 사공 돈을 타서 주야 재촉 배를 묶고 삼남의 제일 광대 전인보행 급히 불러 수모수모 칠팔 인을 호사시켜 등대하고, 좌우 편 도감포수 급히 불러 산대놀음기계 새 화복 새탈 선유 때 대령하라. 이천 양씩 내어주고 정읍 동막 창평 하동 목골 함열 성불 일등거사 명창 사당 골라 빼어 이삼십 명 급주 놓아 불러오고…(중략)…명창 광대 각기 소장 나는 북 들여 놓고 일등 고수 삼사인을 팔 가르쳐 나갈 제, 우춘대 화초타령 서덕염 의 풍월성과, 최석황의 네소세 권오성의 원담소리, 하언담의 옥당소리 손등 명이 짓거리며, 방덕희 우레목통 김한득의 너울가지, 김성옥의 진양조며 고 수관의 아니리며, 조관국의 한거성과 조포옥의 고등세목, 권삼득의 중모리 며 황해청의 자웅성과, 임만엽의 새소리며 모흥갑의 아귀성, 김제철이 기화 요초 신만엽의 목재조며, 주덕기 가진 소리 송광록 중항성과, 송계학이 옥구 성을 차례로 시연할 제, 송흥록의 거동보소. 소년 행락 몹쓸 고생 백수는 난 발하고 해소는 극성한데 기질은 참약하여 기운은 없을망정 노장 곡귀성에다 단장성 높은 소리 청천백일이 진동한다 명창 소리 모두 듣고[114]

위의 내용은 왈자 무숙이가 기생인 의양이를 수중에 넣기 위해 수천금을 써가면서 거창한 선유놀이를 즐기는 장면이다. 인용문에서 무숙이는 삼남의 제일 광대들을 모두 초빙하고 배 가운데 산대(山臺)를 설치하는 등 엄청난 규

---

114 김종철 교주, 위의 책, 229-231쪽. 현대어 표기는 필자.

      제4장 판소리 문화접변의 초기적 양상

모의 선유놀이를 하고 있다. 그리고 이 자리에는 십 수명의 판소리 광대들이 등장하고 있다. 그러나 위에 등장하는 광대들의 면면들이 사실인지의 여부는 확실치 않다.[115] 왜냐하면 무숙이가 아무리 거창하게 놀이를 벌인다고 해도 그 많은 명창들을 다 불러들이기는 어렵지 않나 생각된다. 그렇다고 하더라도 위에 등장하는 송흥록, 주덕기, 김계철, 신만엽, 모흥갑, 고수관 등이 모두 실제 존재했던 판소리 명창들인 점으로 봐서, 그외에 거명된 광대들도 19세기 당대에 실존했던 사람들임은 분명해 보인다.

한편, 위의 내용에서 중요한 부분은 선유놀이에 참여한 예인들이 모두 사례금을 받고 있다는 점이다. 이점은 판소리 광대뿐만 아니라 이 당시의 예인들이 직업적 의식을 가지고 연예 활동을 했다는 점을 말해주는 것이다. 즉, 조선 후기에 들어서면 판소리뿐만 아니라 여러 영역의 예능들이 전문화되어 직업적으로 연행했음을 알 수 있다.

이상으로 판소리 광대가 중간층과 한량들의 놀음에 참여하여 활동한 구체적인 사례를 살펴보았다. 조선 후기 당대 판소리와 중간층의 만남은 대체로 유흥 공간이나 연희의 장소에서 이루어졌고, 그 자리에는 판소리뿐만 아니라 다른 예능들도 동참하는 경우가 일반적이다. 이와 같은 상황에서 판소리는 다른 예능들과 때로는 경쟁하고 때로는 조응하면서 자신의 정체성을 세련화했을 것이고, 이러한 과정을 통해 판소리는 당대를 대표하는 예술 장르로 발돋움할 수 있었다고 판단된다.

이와 같이 판소리 광대는 초기에는 다른 민간 예인들과 함께 유가나 문희연과 같은 연희판에서 합동 공연을 했다. 그리고 상황에 따라 소리가 아닌 다른 예능, 즉 재담이나 잡희를 펼치기도 했고, 또 판소리 외에 단가, 가사, 사설

---

115 김종철은 여기에 등장하는 광대들의 면면들을 실제 사실로 보고 있다. 김종철, 『판소리의 정서와 미학』, 역사비평사, 1996, 190쪽.

시조 등을 겸하기도 했다. 뿐만 아니라 판소리 광대는 당대 유흥문화를 주도했던 중인층과 시정 한량들의 연희판에도 참여하여 활동함으로써 판소리의 위상을 점차적으로 확대해나갔다. 그러다가 19세기 후반기에 이르면 판소리 광대는 일상의 연희판에서 최고의 지위로 부상하여 연희를 주도했다고 생각된다. 그리고 이러한 위상은 상층양반 관리나 왕족과의 만남으로 이어져, 판소리가 상층인과 본격적으로 접촉 접변하게 되는 토대로 작용했다고 본다.

판소리가 조선 후기 연희판을 주도하게 되면서 판소리 광대들도 다양한 환경에서 활동하게 되었다. 판소리는 전라도 세습무에서 유래했다고 전해지는 바, 따라서 초기에는 굿의 현장에서 불리어졌다. 그러다가 시정의 공연장에서 연행되면서 대중화의 길을 걷게 된다. 판소리 광대도 굿판을 떠나 처음에는 시정의 대중들을 상대로 소리를 하였고 이를 계기로 일정한 보수를 얻게 되자 양반들의 잔치나 문희연, 지방 관장의 도임 행차 등에 참여함으로써 직업적 소리꾼으로 활동하게 되었다. 그리고 시간이 지남에 따라 판소리 광대들은 서울로 활동무대를 옮겨 과거 급제자의 유가(遊街), 왕족의 사가(私家), 그리고 어전(御前)에서 소리를 하는 지위에까지 이르렀다. 이와 같이 판소리는 세습무 집단의 연행물로 형성된 후 일반 대중, 상층 양반, 왕족 등의 향유층과 관계를 맺으면서 전승되어 왔는데, 그 과정에서 판소리 자체의 예술성을 점진적으로 제고할 수 있었다. 아래의 표는 정노식(鄭魯湜)의 『조선창극사』와 박황(朴晃)의 『판소리小史』에 거론된 판소리 광대들을 대상으로, 판소리 광대들이 활동한 공간과 교유대상 인물을 각 광대별로 정리한 것이다.

〈 표 1 〉 판소리광대의 활동공간과 교유대상인물

판소리 광대	활동 공간과 교유 대상 인물
송흥록(宋興祿)	대구 감영(監營),진주 병영(兵營), 진주 촉석루(矗石樓),권세가 및 부호가
염계달(廉季達)	헌종(憲宗)의 어전(御前)
모흥갑(牟興甲)	평양 연광정(練光亭)
주덕기(朱德基)	전주 다가정(多佳亭)
고수관(高壽寬)	대구감사 부임시
송광록(宋光祿)	권세가 및 부호가
박유전(朴裕全)	흥선대원군
최낭청(崔郎廳)	철종(哲宗)의 어전
송수철(宋壽喆)	철종의 어전
박만순(朴萬順)	흥선대원군
정춘풍(鄭春風)	흥선대원군
장자백(張子伯)	옥구 지방의 어느 회갑연
김찬업(金贊業)	흥선대원군
김창환(金昌煥)	고종(高宗)의 어전
송만갑(宋萬甲)	고종의 어전
박기홍(朴基洪)	고종의 어전, 흥선대원군
장판개(張判介)	고종의 어전

『조선창극사』와『판소리小史』에는 약 80명을 상회하는 판소리 광대들의 행적이 실려 있다. 판소리 광대는 출신 성분이 미천하기 때문에, 인명이나 행적을 알기가 어렵다. 그것은 광대 자신은 글쓰기를 하지 못하는 문맹인이고, 식자층들도 미천한 광대들의 사정을 기록으로 남기는 것을 달가워하지 않았기 때문이다. 그럼에도 불구하고 기록으로 전하는 사람만 80명을 넘는다는 것은 실제로 활약한 사람들은 이보다도 훨씬 더 많았음을 말해준다. 그렇기 때문에 그들의 활동 양상도 매우 다양했으리라고 짐작된다. 그 중에서도 위의

표에 거론된 인물들은 모두 한 시대를 풍미한 명창들이다. 그런데 이들이 권세가나 지방 관장, 심지어 대원군이나 임금의 부름을 받거나 총애를 받으면서 활동을 할 수 있었던 것은 판소리예술 세계가 그들의 기호나 취향 및 심미의식에 부합되었기 때문이다. 그리고 역으로 판소리가 전 계층의 애호를 받는 예술로 정착될 수 있었던 것은 판소리의 역사적 전개 과정에서 판소리가 상층 지식인과 부단히 접촉·교류·접변을 이루었기 때문에 가능했다고 본다.

요컨대 판소리는 다른 민속예능과의 접변, 다른 소리와의 접변, 다양한 계층과의 접변을 통해 자신의 예술적 존재가치를 점차적으로 구축해 나갔다.

제2절 판소리 사설에서의 접변

현재 전하는 판소리 작품은 내용 구성이나 연행 방식의 측면에서 독특한 구성을 취하고 있다. 내용 구성을 보면, 전체적으로 한 편의 완결된 이야기이되, 서사적인 부분만 있는 것이 아니고 시조나 한시 등의 서정 양식도 삽입돼 있다. 또한 작품의 주지(主旨)와 동떨어진 재담이나 다른 소설 작품도 삽입되어 있고, 회화적 요소도 무수히 분포되어 있다. 이처럼 내용이 대단히 혼종적이다. 그리고 이러한 내용이 창과 아니리와 너름새의 방식으로 전달되니 그 독특함이 두드러질 수밖에 없다. 그런데 판소리 작품이 처음부터 이러한 모습을 갖춘 것은 아니라고 생각된다. 판소리의 초기 모습은 각 작품의 근원설화와 같이 비교적 짧은 형태의 이야기를 기존에 존재했던 여러 가창 방식을 활용하거나 변용하여 전달하는 형태였을 것으로 생각된다. 그러다가 시간이 지나면서 판소리가 유통되던 당대의 다양한 예술 양식들과 향유층의 수용의식이 판소리에 관여하거나 판소리와 접변을 이루면서 점차적으로 오늘날의 모습을 갖추게 되었다고 판단된다.

따라서 본절에서는 〈춘향가〉를 대상으로 하여, 현전 〈춘향가〉의 작품 구성이 어떠한 과정을 거쳐 만들어졌는지를 현전하는 다양한 〈춘향가〉 이본을 통해 살펴보고자 한다. 특히 작품의 구성요소 중 서정 양식, 산문 양식, 회화 등에 주목하여 이들과 판소리 작품의 관계 양상을 살펴보기로 한다.

1. 판소리와 타 문예양식의 접변

가. 서정양식과의 접변

판소리와 다른 가곡·가사의 접변은 판소리가 당대에 유통되었던 다양한 가곡·가사들을 삽입하면서 이루어졌는데, 특히 〈춘향가〉에서 가곡·가사의 삽입 양상이 두드러지게 나타난다. 기존 연구에 따르면, 〈춘향가〉 작품에 삽입된 가곡·가사에는 시조 12작품, 십이가사(十二歌詞) 8작품, 잡가 13작품, 민요 20작품, 무가 18작품, 가사(歌辭) 1작품 등이 있다.[116] 이를 좀 더 구체적으로 살펴보기로 한다.

〈춘향가〉에 삽입된 시조는 여러 장면에서 발견된다. 이몽룡이 방자에게 이몽룡의 정체를 묻는 장면, 이몽룡과 춘향의 사랑가 대목, 춘향의 권주가 대목, 춘향의 옥중자탄 장면, 신관사또의 연회에서 기생이 소리하는 장면, 농부가 장면 등에 주로 삽입되어 있다. 이 중에서 신관사또의 연회 때 권주가를 부르는 장면에 삽입된 시조를 보면 다음과 같다.

춘향가 중 권주가

〈아니리〉

어사또 운봉옆으로 바싹 앉으며, "운봉영감, 여러관장네 입이나 이런 과객의 입이나 입은 마찬가질테니 나도 거 약주 한잔 주오" 운봉이 받었든 술잔을 주며, "자, 이 술 자시오" 어사또 술을 받아놓고 부채를 거꾸로 들더니 운봉 갈비대를 쿡 찌르며, "운봉영감" 운봉이 깜짝놀래 "허 이 양반

---

116 전경욱, 『춘향전의 사설 형성 원리』, 고려대 민족문화연구소, 1990, 40쪽.

왜 이러시오" "저기 저상에 갈비한 대 좀 먹게 해주오." "아 이 양반아 갈
비를 달라면 익은 쇠갈비를 달라헐 일이지 사람의 갈비를 그렇게 찌른단
말이요" "네, 여봐라. 저상의 갈비 내려다 이 양반께 올려라!" "그망두오
얻어먹는 사람이 남의 수고까지 빌릴 것 있나?" 벌떡 일어나더니 이 상 저
상 다니며 진미만 잔뜩 갖다놓고, "허, 이래놓고보니 내 상도 볼 품이 나
는구나." 부채꼭지로 운봉옆구리를 또 쿡 찌르며 "여보 운봉" 운봉이 질
색허여 "아니 이 양반 미쳤소?" "내가 미친게 아니라 기생보니 술을 그대
로 먹을 수가 있소? 저기 본관 곁에 앉은 기생 불러 날 권주가 한마디 시켜
주오." "글세 권주가는 좋으나 그 부재좀 놓고 말씀하시오 옆구리 창나겠
소" "네 여봐라. 저 기생 이리와 이 양반께 권주가 한자리 불러드려라." 기
생이 일어나며 관장의 말이라 거역할 수도 없고 아니꼬운 태도로, "참 별
꼴을 다 보겠네, 간밤꿈에 박작을 쓰고 벼락을 맞어 보이더니 별놈의 꼬락
서니를 다 보겠어." "이 애. 네 꿈 열락없이 잘꾸었다. 박작을 쓰고 벼락을
맞어? 하하하. 흉몽대길이로다 무슨 좋은 수가 있겠다. 어서 권주가나 불
러봐라

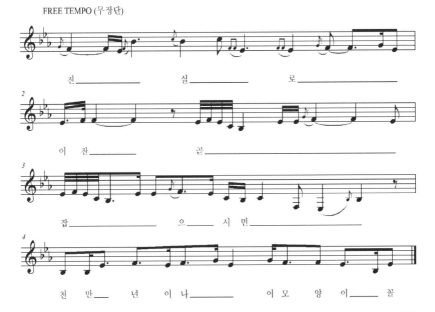

〈아니리〉

어사또님이 기가맥혀 "너 어디서 권주가 배웠는지 참 잘한다. 명기로다!
권주가를 들어보니 새로난 권주가로구나. 이 술 너와 둘이 동배주허자."
기생에게 술을 권하거니 기생은 안받을랴거니 밀치락 닥치락허다 술이
자리에 쏟아졌구나. "허! 점잖은 좌석에 좋은 자리를 버렸도다" 도포소매
술을 적셔 좌우로 냅다 뿌려노니 좌중이 발동허여 "이런, 운봉은 별 것을
다 청하여 좌석이 이리 요란혀요."

십이가사[117]는 〈춘향가〉에만 삽입되어 나타나는데, 황계사, 권주가, 죽지사,
상사별곡, 춘면곡, 어부사, 백구사, 처사가 등의 작품이 주를 이룬다. 이 중에
서도 황계사와 춘면곡은 한 작품 안에서도 여러번 활용되며, 〈춘향가〉의 거의
모든 작품에 삽입되어 있다. 잡가라고 하면 통상 12잡가를 말하는데, 유산가,
적벽가, 제비가, 평양가, 선유가(船遊歌), 출인가(出引歌), 방물가(房物歌), 월
령가(달거리), 소춘향가, 집장가, 십장가, 형장가 등이 그들이다. 이들 잡가도
판소리 작품 중 특히 〈춘향가〉에 많이 수용되어 있다. 그런데 제목만 봐도 알
수 있듯이, 12잡가 중에는 다수의 작품이 〈춘향가〉에서 형성된 것임을 알 수
있다. 그러니까 〈춘향가〉에서 형성된 잡가가 〈춘향가〉는 물론 여타 판소리 작
품에 두루 수용되었던 것이다. 그러나 〈남원고사〉에서 왈자들이 부르는 〈신선
가〉, 〈춘향가〉의 여러 이본에 보이는 〈새타령〉[118]과 〈매화타령〉 등도 12잡가는
아니지만 잡가에 속하는데, 이런 기존의 잡가가 〈춘향가〉에 삽입된 것을 볼
수 있다.

---

117 십이가사는 수양산가, 양양가, 처사가, 권주가, 매화가, 백구사, 어부사, 죽지사, 황계사, 상사별
곡, 춘면곡, 길군악 등의 12작품을 말한다.

118 〈새타령〉은 경판30장본 춘향전과 경상대75장본 춘향전에도 삽입되어 있다. 이하 〈춘향가〉 각
이본별 사설, 가요, 산문, 한시 등의 분포 양상과 그들 각각이 어느 이본에 있는가 하는 정보는 차충
환, 「국문필사본 〈춘향전〉의 계열과 성격」, 『판소리연구』18집(판소리학회, 2005), 221-279쪽에 정
리된 표를 참고한 것이다.

〈춘향가〉에 삽입된 민요로는 농부가가 대표적이다. 농부가는 이몽룡이 어사가 되어 남원으로 내려올 때 만나는 농부들이 주로 부른다. 이때 삽입된 농부가는 1편으로 끝날 수도 있고 서로 다른 내용의 농부가가 여러 편 이어질 수도 있다.[119] 또한 남성들이 아니라 여성이 부르는 농부가도 있다.[120] 남원고을의 방자가 춘향의 편지를 서울의 이몽룡에게 전하기 위해 길을 떠나면서 '어이가 리너 타령'을 부르는데, 이것도 민요이면서 거의 모든 작품에 등장한다. "노세 노세 젊어서 노세……"로 시작하는 〈창부타령〉은 본래 무당들이 부르다가 경기민요로 정착된 것이다. 따라서 이것도 민요의 삽입 양상으로 볼 수 있다. 아래의 악보는 〈춘향가〉에서 농부가 삽입 장면이다.

농부가

아니리) 그 때여 이도령이 어사또 제수후여 춘향을 상봉헐 향으로 남원으로 내려오는디 때는 마침 농방기라 남원고을 농부들이 모를 심으며 농부가를 부르난디

---

119 동국대69장본 춘향전에는 이 장면에서 농부가가 3편이나 제시되어 있다.
120 경상대75장본 춘향전에는 이 장면에서 남성 농부가에 이어 여성이 농부가를 부르고 있다.

여 여 허 여 허_____ 루_____
상 사____ 디____ 여
여보시오농부 님네 이 내 말 을 들 어 보 소
어_____ 화 농__ 부 들_____ 내 말 을 듣 소
남 문_____ 전 달__ 밝 은_____ 디
순 임_____ 금 의__ 놀 음__ 이 요_____
학 창 의 푸 른_____ 솔 이 산 신 님 의 놀 음 이 요_____
오 뉴 월 이 당 도__ 히 면 우 리 농 부 시 절 이 로 다

〈춘향가〉에 삽입된 무가로는 성조가(成造歌)가 대표적이다. 〈춘향가〉에는 춘향집 사설, 춘향방 세간 사설, 주효기명(酒肴器皿)사설 등이 장황하게 서술되어 있는데, 이 부분에서 성조가의 삽입을 확인할 수 있다. 그리고 성조가는

〈춘향가〉뿐만 아니라 흥보집사설, 옹고집사설 등에도 나타난다. 〈춘향가〉에 등장하는 노정기(路程記)도 무가의 영향을 받았다. 노정기는 본래 무가에서 무속신(巫俗神)의 이동을 나타내는 장면에 흔히 쓰이는 가곡·가사이다. 〈춘향가〉에서 이몽룡은 춘향집을 가기 전에 춘향이가 보고 싶어서 '보고지고타령'을 노래하는데, 이 노래는 관북지방의 무가인 〈문굿〉에서 유래한 것이다. 가사 작품은 〈남원고사〉의 춘향 자탄 대목에 송강 정철의 〈사미인곡〉이 전편 삽입되어 있다. 다음은 〈심청가〉에 활용된 무가이다.

원앙생

소리) 중하나 올라간다 중하나 올라간다 다른 중은 내려온다 이중은 올라간다 이중이 어디 중인고 몽은사 화주승이라 절을 중장 허랴허고 시주집 내려왔다 날이 우연히 저물어져 흔들흔들 흔들거리고 올라갈제 저중의 맵시보소 굴갓쓰고 장삼입고 백발염주 목에 걸고 단주팔에 걸고 용두새 긴 육환장 채고리 많이 달아 처절철툭툭집고 흔들흔들 흔들거리고 올라갈제 중이라 허는게 속가에 가도 염불 절에 들어도 염불 염불을 많이 허면 극락세계 간다드라 나무아미타불 원산은 암암하고 세월이 돗아 오난디 백저포장삼은 바람결에 펄렁펄렁 염불을 허는구나 아아어허 상례소서 불공덕 화양삼천 허실런만

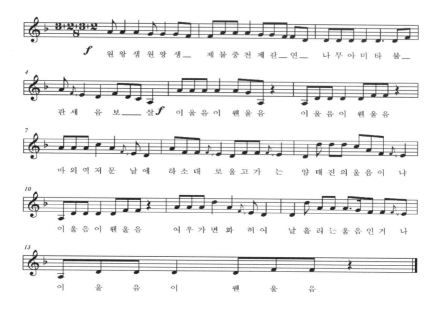

죽장을 들어메고 어리끼웃 저리끼웃 끼웃거리고 올라갈제 한 곳을 바라
보니 어떠한 사람이 개천물에 풍덩빠져 거의 죽게 되었거늘
(자진모리) 저중이 급한마음 저중이 급한 마음 굴갓장삼 훨훨벗어 되는대
로 내던지고 보선 행전단임 끄르고 고두누비 바지가래 딸떨거려 자감이
딱 붙처 무논의 백로격으로 징검징검 징검거려 들어가 심봉사 꼬두대 상
투 앳두룸이 차 건져 놓고 보니 전에 보던 심봉사라

한편 판소리 작품에는 자체 내에서 창작된 가곡·가사도 상당수 등장한다.
특히 〈춘향가〉에는 20여종의 사랑가가 등장하는데, 이것은 〈춘향가〉에서 창
작된 것이다. 또한 10여종의 이별가도 〈춘향가〉에서 창작된 것이다. 그 외에
'금옥사설', '기산영수', '갈가부다타령' 등도 〈춘향가〉 안에서 생성된 노래들
이다. 조상현 창본 〈춘향가〉를 보면, 춘향을 잡으러 갔던 군노사령들이 춘향
이에게 돈을 받고 '돈타령'을 부르는데, 이 돈타령은 〈흥부가〉에서 생긴 것이

다.[121]

그러나 〈춘향가〉에 사용된 가곡·가사의 양상은 이보다 훨씬 다채롭게 나타난다. 현전 〈춘향가〉는 많은 이본을 가지고 있는데, 그 중에는 국문필사본이 가장 많다.[122] 그리고 국문필사본 중에는 위에서 언급된 가곡·가사 이외에 기존에 존재했던 계우사(誡友詞), 선유별곡(船遊別曲), 낙빈가(樂貧歌), 승가(僧歌), 장진주사, 양양가, 성주풀이, 매화타령[123], 상부소리[124], 방아타령, 목동가[125], 수심가[126], 나무타령[127], 망건노래, 베틀노래[128], 버들노래(양류가), 육갑타령, 경육갑타령[129], 길군악[130] 등도 보이고, 기존 가곡·가사인지 창작 가곡·가사인지 그 정체를 알 수 없는 영웅타령[131], 영산홍소리, 백설양춘곡 소리[132] 등도 삽입되어 있다. 또한 장르상으로 보더라도, 계우사, 선유별곡, 낙빈가, 승가, 목동가는 가사(歌辭)이고, 장진주사는 사설시조이며, 양양가와 길악은 십이가사의 하나이고, 성주풀이는 무가이다. 그리고 육갑타령과 경육갑타령도 무가이거나 무가에 연원을 둔 민요로 생각된다. 그 외에 대부분은 민요이다. 이와 같이 장르상으로도 매우 다양하게 분포되어 있다. 이 중에서 망건노래와 베틀

---

121 이상은 전경욱, 위의 책, 39-65쪽의 내용을 참고하여 정리한 것이다.

122 김진영 외 편,『춘향전전집』총17권에 실려 있는 국문필사본은 70여종을 상회한다.

123 이상은 도남문고본 춘향전에 보인다. 매화타령은 계명대소장 52장본 춘향전에도 보인다.

124 김동욱소장 70장본 〈춘향전〉에 보인다.

125 방아타령, 목동가는 사재동소장 47장본 춘향전에 나오는데, 방아타령은 〈심청가〉에도 삽입되어 있다.

126 동국대소장 69장본 춘향전에 보인다.

127 경판 30장본 춘향전에 보인다.

128 망건노래와 베틀노래는 경상대소장 75장본 춘향전에 보인다.

129 버들노래, 육갑타령, 경육갑타령은 계명대소장 52장본 춘향전에 보인다.

130 계명대소장 52장본 춘향전에 보인다.

131 계명대소장 52장본 춘향전에 보인다.

132 영산홍 소리, 백설양춘곡 소리는 동국대소장 69장본 춘향전에 보인다.

노래를 들어보면 다음과 같다.

　민간 물정을 구경하는데 망건 방에서 망건을 뜨면서 망건노래를 하는데 매우 유리하더라 【중머리】「망건을 뜨세 망건을 뜨세 징계 본전 세망건 뜨세 이 망건 쓸 이는 감사도 아니면 어사 도리가 분명하다 어허 이 날이 차기도 차다 오뉴월 서리친다더니 이 바람이 이리 불면 변사또 잔치가 깨어질다」 어사도 들으시고 그 노래 매우 유리하도다 하고 또 한 곳에 다다르니 어떠한 집 부인이 배를 짜면서 배틀노래를 하는데 【중머리】「배를 짜세 배를 짜세 새 배틀에 배를 짜세 용두머리 원앙소리 어이 저리도 청애하고 웃 잉애 아래 잉애 는 천경지위가 분명하고 세살죽침 쌍바디는 맵시 좋고 빛도 좋다 오고가는 북손 길은 만수중에 꾀꼬리다 찌그덩텅 찌그덩텅 이 배를 짜서 무엇을 하려 나냐 이 배를 짜서 내어 엄동설한이 들거덜랑 우리 시어른 상하의복에 어한 하고 그 다음 남거덜랑 우리 서방님 중추막불이나 하여주세 찌그덩텅 찌그 덩텅」어사또 들으시고 어 그 집은 길삼집이로고[133]

　위의 내용은 이몽룡이 어사가 되어 남원으로 내려오면서 목격하는 장면 중의 하나이다. 작품에는 이 부분을 서술하기 전에 "망건노뤼 뵈틀노뤼"라는 제목을 붙이고 있다.

　이상과 같이 판소리 작품은 다양한 가곡·가사를 수용하고 있는데, 이점은 판소리 작품이 현재와 같은 완결된 형태를 갖추게 되는 과정에서 기존의 가곡·가사를 적극적으로 활용했기 때문이다. 판소리 작품의 존재방식은 이야기와 창을 기본으로 한다. 이야기는 설화를 원류로 하고 창은 무가를 비롯한 여러 선행 장르를 원류로 한다. 그러나 초기의 판소리 형태는 이야기와 창의 측

---

133 경상대소장 75장본 〈춘향전〉, 김진영 외, 『춘향전 전집』13권, 2004, 74-75쪽. 현대어 표기는 필자.

면이 지금과는 달리 단순했을 것으로 생각된다. 그러다가 시간이 지나면서 여러 장르들과 접변을 이루면서 오늘날의 모습을 갖추게 되었다고 판단된다. 그리고 그 접변의 과정에서 주요하게 작용한 것으로서 기존 가곡·가사를 꼽을 수 있다.

한편 판소리 작품에 삽입된 가곡·가사를 주목할 때, 두드러진 특징 중 하나는 가곡·가사의 배치 양상이다. 판소리 작품은 어느 것이나 인물들의 이야기를 내용으로 한다. 그렇기 때문에 이야기의 전개에 따라 인물들의 정서에 기복이 있기 마련이고 향유자들은 인물들의 정서에 자신들의 감정을 투사하면서 이야기를 따라간다. 〈춘향가〉만 보더라도, 만남과 환희의 정서, 이별과 비탄의 정서, 수난과 분노의 정서, 재회와 희열의 정서를 담은 이야기가 순차적으로 전개된다. 그리고 판소리 광대는 각 단계의 정서에 부합되는 소리를 하면서 황계사, 춘면곡, 사랑가, 권주가, 이별가, 상사별곡, 집장가, 호남가, 농부가 등을 배치하여 각 단계의 고양된 정서를 향유자들에게 전달한다. 그러나 판소리 작품은 이러한 질서만을 따르는 것은 아니다. 오히려 가곡·가사 그 자체를 보여주고 들려주기 위해 활용하는 경우를 볼 수 있다. 그것은 내용의 중간 중간에 각 단계의 정서와 부합되는 가곡·가사를 배치하는 것이 아니라 특정 부분에 가곡·가사를 집중적으로 배치하는 방식으로 구체화된다. 현전 〈춘향가〉를 보면, 이러한 형태로 구성된 작품이 매우 많다. 주요 작품을 대상으로 가곡·가사 집중처와 거기에 배치된 가곡·가사를 표로 정리하면 다음과 같다.

〈 표 2 〉 판소리 작품별 가곡·가사

작품	가곡·가사 집중처	삽입 가곡·가사
남원고사	춘향이 하옥된 후 왈자들이 등장하여 소리를 하는 대목	상두소리, 춘면곡, 처사가, 어부사, 자탄가, 수심가
도남문고본 춘향전	이몽룡과 춘향의 첫날밤 대목	바리가, 호남가, 귀거래사, 계우가, 선유별곡, 낙빈가, 승가 춘면곡, 어부사, 양양가, 상사별곡, 장진주사, 매화타령, 성주풀이, 사랑가
경상대소장 75장본 춘향전	이어사가 남원으로 내려오는 대목	농부가, 등장타령, 망건노래, 베틀노래, 장승타령, 사향곡
	신관이 생일연을 벌이는 대목	놀부타령, 토끼타령, 새타령, 적벽가, 영산달거리, 시절가, 단가, 권주가
계명대소장 52장본 춘향전	이몽룡이 춘향집을 찾아가는 대목	시조, 권주가, 황계사, 매화타령, 길군악, 영웅타령, 천자뒤풀이, 언문타령
사재동소장 47장본 춘향전	신관이 생일연을 벌이는 대목	목동가, 토끼타령, 놀부타령, 권주가
경판 30장본 춘향전	이어사가 남원으로 내려오는 대목	새타령, 나무타령, 농부가, 아이의 소리, 시조
	신관이 생일연을 벌이는 대목	권주가, 상사별곡, 시조, 춘면곡, 어부사, 백구사
홍윤표소장 154장본 춘향전	이몽룡과 춘향의 첫날밤 대목	춘면곡, 처사가, 매화곡, 권주가

위의 표와 같이, 작품의 어느 한 곳에 가곡·가사가 집중되면 판소리를 듣는 사람이든 작품을 읽는 사람이든 해당 부분에 와서 서사의 진행은 더 이상 경험하지 못한다. 그래서 춘향이와 이몽룡이 그 전에 무엇을 했는지, 그리고 이

후에는 무슨 내용이 올 것인지를 망각하게 된다. 그 대신에 노래만 듣고 읽을 뿐이다. 그 외에도 〈춘향가〉에는 내용의 도처에 가곡·가사가 삽입되어 있어, 작품 한 편을 다 듣거나 읽고 나면 이야기와 노래에 대한 다양한 정보와 정서를 습득하게 된다. 판소리가 이러한 구성방식을 취한 이유는, 하나는 판소리 당대의 가곡·가사에 대한 감상을 충족시키기 위해서였고, 다른 하나는 판소리의 소리적 성격을 강화하기 위해서였다고 생각된다. 이와 같이, 판소리는 당대의 가곡·가사를 단순히 활용하는 수준에서 그친 것이 아니라 적극적인 접변을 통해 그것들을 자신의 장르 속에 포용함으로써 장르적 혼합성을 추구했고, 이것을 통해 판소리는 이야기적 특성과 연희적 성격에 가요적 요소가 가미된 종합예술이 될 수 있었던 것이다.

한편, 판소리 〈춘향가〉에는 한문학 양식 중 한시도 두루 수용되어 있다. 경판17장본, 완판84장본, 신재효본 남창춘향가를 대상으로 한시의 수용양상을 검토한 기존 연구에 의하면, 경판17장본에는 19여 구의 한시가, 완판84장본에는 40여 구의 한시가, 남창춘향가에는 30구의 한시가 삽입되거나 인용되어 있다고 한다. 그리고 삽입 인용된 한시는 당시(唐詩)가 절대다수를 차지한다고 한다.[134] 그러나 이는 〈춘향가〉에 삽입된 한시 중 극히 일부에 해당한다. 〈춘향가〉 중 비교적 장편에 해당하는 작품에는 바리가(짝타령), 비점가, 음양가, 인자타령, 연자타령 등 숱한 노래들이 등장하는데, 이들은 거의 모두 한시구로 이루어져 있다이 중에서 특히 〈바리가(짝타령)〉는 여러 작품에 소개되어 있는데[135], 그 분량이 대단히 길다. 〈바리가〉는 예를 들어 "황성에 허조벽산월이요, 고목에 진입창오운이라 하던 한퇴지로 한 짝하고, 채석강 명월야에 기경상천

---

134 전송열, 「춘향전에 삽입된 한시의 양상과 그 기능적 의미」, 설성경 편, 『춘향전 연구의 과제와 방향』, 국학자료원, 2003, 889-919쪽 참조.
135 이명선소장본(李古本), 경판35장본, 남원고사, 박순호소장 55장본, 고려대소장 64장본, 사재동소장 87장본, 홍윤표소장 154장본 등 많은 이본에 등장하고 있다.

하던 이청련으로 짝을 짓고, 곡강춘주 전의하던 두공부로 웃짐쳐서, 취과낙양 굴만거하던 두목지로 말 몰려라 둥덩덩낙"[136]과 같은 구성이 한 단락을 이루는데, 이와 같은 단락이 무려 32단락으로 구성되어 있다. 이 중에서 '황성에 허조벽산월이요, 고목에 진입창오운이라'는 구절은 '荒城虛照碧山月 古木盡入蒼梧雲'이라는 이백(李白)의 시이고[137], '채석강 명월야에 기경상천'은 매성유(梅聖兪)의 작품 〈채석월증곽공보(采石月贈郭功甫)〉의 한 구절이다. 그리고 나머지도 각각 두보(杜甫)와 두목지(杜牧之)의 작품에 들어 있는 구절이다. 이와 같이 내용의 거의 전부가 한시로 채워져 있다. 이러한 현상은 비점가, 음양가 등도 마찬가지다.

　어떤 이본 중에는 이몽룡이 처음부터 학식이 있는 사람으로 소개되고 있기 때문에, 이몽룡이 광한루 경치를 완상하면서도 시를 읊고[138] 춘향이 추천하는 모습을 보고도 시를 읊는다.[139] 또한 이재수본 춘향전에는 이몽룡이 어사가 되어 내려오면서 남원 근처의 불당(佛堂)에서 제영(題詠)을 하는 모습도 나타난다. 도남 문고본 춘향전을 보면 이몽룡과 춘향이가 첫날밤을 보내면서 숱한 노래를 번갈아 하는데, 그 중에는 〈귀거래사〉도 삽입되어 있다. 이것도 한시 수용의 한 형태이다. 판소리 작품에 한시가 수용된 것은 여러 가지 의미가 있다고 생각된다. 한시는 가곡·가사와 같이 작품의 정서적 효과를 높이는데 일정한 기여를 한다고 본다. 특히 인물이 자신의 심경을 말로 표현하기 어려울 때 그에 적합한 한시구는 매우 효과적인 전달력을 가진다고 생각된다.

---

136 성현경 풀고 옮김, 『옛그림과 함께 읽는 李古本 춘향전』, 열림원, 2001, 207-208쪽.
137 이 구절은 이백의 한시 〈양원음(梁園吟)〉의 한 구절인데, 본문에서는 한퇴지의 시구로 적혀 있다. 이는 착오다.
138 계명대소장 52장본 춘향전에 보인다.
139 김종철소장 56장본 춘향전에 보인다.

나. 산문양식과의 접변

판소리 작품이 타 장르와 맺고 있는 접변은 판소리 속에 삽입된 산문을 통해서도 확인할 수 있다. 먼저 〈남원고사〉를 주목해 보기로 한다. 〈남원고사〉는 서두를 고전소설 〈구운몽〉을 활용하는 것으로 시작한다.

> 천하명산 오악지중에 형산이 높고 높다 당시절에 젊은 중이 경문이 능통하므로 용궁에 봉명하고 석교상 늦은 봄바람에 팔선녀 희롱한 죄로 환생인간하여 출장입상타가 태사당 돌아들 제 요조절대들이 좌우에 벌였으니 난양공주 영양공주 진채봉 가춘운계섬월 적경홍 심요연 백릉파와 실컷 노니다가 산종일성에 자던 꿈 깨거다 아마도 세상 명리와 비우희락이 이러한가 하노매라[140]

위의 내용은 성진과 팔선녀가 석교 상에서 만난 후 현실에 환생하여 유희를 즐긴 것이 산중에서의 꿈이었다는 〈구운몽〉의 내용을 요약적으로 제시하면서 "아마도 세상명리와 비우희락이 이러한가 하노매라"와 같이 끝냄으로써 시조나 가사처럼 율문의 성격을 가미하였다. 그리고 서두를 이렇게 설정한 것은 〈구운몽〉의 세상명리(世上名利)와 비우희락(悲憂喜樂)이 일장춘몽과 같이 덧없는 일인 것처럼, 이어서 펼쳐질 이몽룡과 춘향의 이야기도 그럴 수 있다는 암시를 주기 위해서라고 생각된다.

〈남원고사〉는 이 외에 춘향이 하옥된 이후 왈자들이 등장하여 소동을 부리는 대목에도 산문이 삽입되어 있다. 남원의 왈자들은 춘향이 태형을 맞고 옥에 갇혔다는 소식을 듣고 몰려들어 저들끼리 춘향에게 청심환을 가져다준다,

---

140 김진영 외, 위의 전집 5권, 3쪽. 현대어 표기는 필자.

전복, 홍합을 가져다준다 하면서 일대 소동을 벌인 뒤, 옥문 곁으로 가 어떤 왈자들은 춘면곡, 처사가, 어부사를 노래하고, 어떤 왈자들은 적벽가, 수호지, 서유기 등의 언문책을 읽는다.[141] 그런데 옥문 곁에서 이런 책을 읽는다는 것은 전혀 어울리지 않는 짓이다. 따라서 이 장면에서 언문책을 삽입한 것은 청자나 독자들에게 흥미를 주기 위해서라고 볼 수 있다. 계명대소장 52장본 춘향전에도 산문 장르가 삽입되어 있다. 이 작품에서 이몽룡은 춘향집을 찾아가기 전에 이런 저런 책을 읽는 가운데 〈구운몽〉에서 성진이 석교상에서 팔선녀를 희롱하는 내용과 양소유가 계섬월을 만나 서로 희롱하는 내용을 읽고 있다. 또한 이몽룡은 춘향집을 찾아가다가 향화정이란 정자에서 뭇 왈자들을 만나는데, 이 왈자들은 이몽룡을 붙잡아두고 여러 가지 유희를 벌인다. 이 대목에서 연치(年齒)를 따져 나이와 상좌를 다투는 내용의 통성사설(通姓辭說), 연치사설(年齒辭說), 상좌사설(上座辭說) 등이 길게 제시되어 있다. 이들은 모두 〈두껍전〉류의 우화소설을 바탕으로 한 것이다.

판소리의 산문 수용과 관련되는 것으로서 다른 판소리 작품과의 접변도 확인된다. 경상대소장 75장본 춘향전을 보면, 이몽룡이 어사가 되어 남원으로 내려오던 중에 여러 장면을 목격하게 되는데, 그중에서 남원고을 사람들이 장승타령과 사향곡을 부르는 장면을 목격하게 된다. 그런데 여기에 등장하는 장승타령과 사향곡은 판소리 〈적벽가〉의 주 내용이다. 뿐만 아니라 경상대소장본의 신관사또 생일연 장면을 보면, 여러 판소리꾼이 등장하여 놀부타령, 토끼타령, 새타령, 화용도 조자룡 대목을 소리하는 장면이 길게 이어지고 있다. 사재동소장 47장본 춘향가에도 신관의 생일연에서 여러 왈자들이 등장하여 놀부타령, 토끼타령 등을 부르는 장면을 볼 수 있다.

이와 같이 판소리 〈춘향가〉는 가곡·가사뿐만 아니라 고전문학사에서 익히

---

141 〈적벽가〉 등의 내용이 장황하게 제시되어 있다.

　제4장 판소리 문화접변의 초기적 양상

알려진 소설이나 산문을 수용하여 흥미를 제공하고 있다. 이러한 현상은 판소리가 기본적으로 열린 장르이고, 그 열린 장르 체계 속에서 인접 장르와의 접변을 지향했기 때문에 가능한 것이다.

판소리의 접변과 관련하여 다음으로 주목되는 것은 재담(才談)이다. 재담은 흥미있고 재미있는 이야기를 말하는데, 이 재담도 과거의 주요한 예능에 속하고 재담을 잘하는 재담꾼들은 각종의 행사에서 큰 인기를 끌었다. 그리고 재담꾼들은 판소리 광대나 땅재주, 줄타기 등의 예인들과 함께 공연했다. 그렇기 때문에 재담과 판소리가 서로 영향을 주고받았다는 것은 쉽게 짐작이 된다. 한편, 재담이 흥미와 재미가 있으려면 골계와 해학적인 소재나 사건을 취해야 한다. 그리고 판소리도 골계적인 기반에서 형성된 것이다. 이점에서도 재담과 판소리가 서로 관련이 있다는 것을 알 수 있다. 그러나 판소리는 골계미만 있는 것이 아니라 해학미, 우아미, 숭고미도 아울러 갖추고 있다. 그래서 각 미학적 성격을 창출할 수 있는 요소들을 활용해 왔다. 예컨대 숭고미는 비탄과 고난을 극복함으로써 생기는 것인데, 이를 위해 거기에 맞는 가곡·가사를 수용하는 방법을 사용했다. 골계미도 판소리 자체에서도 창출될 수 있으나 인접 장르와의 접변을 통해 더 잘 표출할 수 있는데, 이를 위해 판소리에서 널리 활용된 것이 재담이다. 재담은 〈춘향가〉에서 널리 활용되고 있다. 그 중에서 경상대소장본 춘향전에는 아예 "방ᄌ 지담", "방ᄌ놈 지담", "계집들 지담" 등의 제목이 붙어 있기도 하다.

한 모롱이 돌아드니 계집들 한 패가 모여 앉아 서로 쫓긴 이야기를 하는데 그도 장관일레라. 아가 아모 댁은 어찌 쫓겨났는가 아가 내 나온 말이야 얼척 업제 한번 손이 많이 와서 불 담아 오라 재촉이 괴상키로 하 총망하여 양 두 돈 주고 메운 접체에 불을 담아 가지고 가니 개대반의 체 복판이 결단이 나네

그럼으로 화를 내어 쫓아내데 그 일이 그리 놀라운가 아모 댁은 어찌 쫓겨났
는가 아가 내 된 일이야 참 기막히제 그 집이 하 가난하여 풋살 얻어볼 수가
없어 제사 드는 날 떡 삶은 물에 속곳을 되쳐 입었더니 글로 더럽다고 쫓아내
데 그것 뭐 해될 것 있는가 아모 댁은 어찌 쫓겨났는가 아가 내쫓긴 일이야
참새가 들어도 웃제 한번 그 집에 안팎으로 손이 많이 와서 하 비좁기로 그
건너 머슴들 자는 방에 자고 왔더니 글로 부정타고 쫓아내데[142]

위의 내용은 이어사가 남원으로 내려오면서 목격한 장면이다. 이어사가 '장
관'이라고 한 것처럼 여인들은 자신들이 소박맞은 이유를 이와 같은 재담으로
늘어놓고 있는데, 대부분이 골계적인 내용이다. 이 외에도 농부들의 재담, 총
각들의 재담, 여인들의 시집살이 재담, 이몽룡과 방자 간의 재담 등 다양한 성
격의 재담이 삽입되어 흥미를 창출하고 있다.

〈춘향가〉에는 한문 산문도 상당수 삽입되어 있다. 이몽룡은 춘향집을 찾아
가기 전에 시간을 보내기 위해 여러 서책을 읽는데, 이 중에는 서경, 맹자, 주
역과 같은 책이 등장하고 그 책에 실려 있는 내용도 아울러 서술되고 있다. 뿐
만 아니라 김광순소장 28장본 춘향전을 보면, 이몽룡이 춘향방의 부벽서(付壁
書)를 구경하는데 그 부벽서에는 논어의 내용, 초패왕의 행적, 적벽대전의 내
용 등이 장황하게 적혀 있다. 그 외에도 동서남북중(東西南北中)의 방위를 설
명하는 표현과 같이[143], 양반식자층이라야 알 수 있는 상층 담론들이 많이 삽

---

142 김진영 외, 위의 전집 13권, 70-71쪽. 현대어 표기는 필자.
143 "설마 소인이 동서분간 못하릿가 동은 갑을 삼팔목이라 각항저방 심미기 인방을 차지하여 지
형이 푸르고 남은 병정이칠 화과정 귀유성장 익진이를 차지하여 지형이 뿔고 서는 경신사 구금이라
구루주앙 필자삼태를 차지하여 지형이 희고 북은 임개일육수라 두우여 허위실벽감을 차지하여 지
형이 검고 중앙은 무기오십토되어 사계월 맡아 토왕신을 차지하여 지형이 누르고 오행이 있을 적에
오색을 모르며 오색을 알진대 오미를 모르며 오미를 알진대 오곡을 모르며 오곡을 먹을진대
오장이 없으며 오장이 이슬진대 오악이 분명하니 오방 중에 있는 몸이 동서분간 못하릿가" 〈박순호
소장 49장본 춘향전〉, 김진영 외, 위의 전집 10권, 73-74쪽. 현대어 표기 필자.

입되어 있다.

　이상과 같이 판소리 작품에 수용된 한문 산문은 작품의 내용 구성을 다양하게 만들어주는 역할을 한다고 본다. 판소리는 창과 아니리와 너름새로 연행하되, 그 토대는 서사적인 내용이다. 따라서 향유자들에게 다양한 세계상을 전달하기 위해서는 내용 구성이 탄탄해야 한다. 한문 산문은 이러한 측면과 관계가 있다고 생각된다.

2. 판소리와 회화양식의 접변

　판소리 작품은 18-19세기경 조선 후기에 유통된 풍속화(風俗畵)또는 민화(民畵)와의 관련성도 뚜렷하게 나타난다. 먼저 지적할 수 있는 것은 작품에 그림이 소개되고 그에 대한 묘사가 자세히 이루어진다는 점이다. 특히 〈춘향가〉에 그림과의 관련성이 가장 많이 나타난다. 〈춘향가〉에 가장 먼저 보이는 그림은 춘향 방의 사면 벽에 붙어있는 여러 장면의 그림인데, 이 그림에 대한 묘사가 나타난 내용을 사벽도(四壁圖) 사설이라고 한다. 이 사벽도 사설은 거의 모든 〈춘향가〉 이본에 다 나타나는데, 그 중에서 〈남원고사〉에는 동쪽 벽에 상산의 네 노인이 바둑을 두는 상산사호도(商山四皓圖)와 성진이 석교상에서 팔선녀를 만나는 구운몽도(九雲夢圖)가, 서쪽 벽에는 도연명과 엄자릉이 고향의 자연 속에서 유유자적하는 그림이, 남쪽 벽에는 유비가 제갈량을 만나기 위해 남양 초당을 찾아가는 삼고초려도(三顧草廬圖)와 술취한 이태백이 배 가운데에서 물에 비친 달을 잡으려는 이백급월도(李白汲月圖)가, 북쪽 벽에는 주나라 강태공이 강가에서 문왕을 만나는 그림과 소부 허유가 기산영수에서 귀를 씻고 소를 먹이는 그림이 각각 붙어 있고, 그에 대한 설명이 자세히 묘사되어 있다. 그 외에 방위 표시가 나타나 있지 않은 그림으로서, 어떤 선비가 〈귀거래사〉를 읊는 그림, 죽림칠현이 어부와 나무꾼과 한가롭게 대화하는 그림, 물고기가 변해서 용이 되는 어변성룡도(魚變成龍圖)등이 걸려 있다.[144]

이 중에서 상산사호나 도연명과 엄자릉, 그리고 강태공, 소부, 허유, 죽림칠현 등의 사적은 옛 고사(故事)에서 흔히 볼 수 있다.그리고 이들에 대한 그림을 고사인물도(故事人物圖)라고 하는데, 중국과 한국 등 동아시아에서 흔히 볼 수 있는 그림이다. 특히 조선 후기가 되면 풍속화와 민화가 폭발적으로 산출되는바, 따라서 화가라면 누구나 고사인물도를 남길 정도로 많이 그렸던 그림이다. 그 외에 삼고초려도, 이백급월도, 구운몽도, 어변성룡도 등도 조선 후기에 널리 유통된 그림이다. 뿐만 아니라 춘향 집 대문에도 그림이 붙어 있다.

대문 간에 다다르니, 울지경덕 진숙보 붙인 그림 바람에 닳고 비에 씻겨, 몸은 떨어지고 목만 남아 눈깔을 부릅뜨고 늦게 왔다 흘깃하고 보는구나. 벽에 붙인 입춘서 하나 없이 떨어지고, 효제충신 예의염치(孝悌忠信 禮義廉恥), 내 손으로 붙인 글자 모조리 떨어지고, 충성 충자 남은 것이 가운데 중자는 어디로 가고 마음 심자만 먼지 폭삭 뒤집어쓰고 희미하게 뵈는구나[145]

위의 내용은 이몽룡이 어사가 되어 춘향 집을 다시 찾아왔을 때의 장면이다. 내용 중에는 울지경덕과 진숙보의 그림이 찢어진 채로 붙어 있고, 효제충신 예의염치 글자도 모조리 떨어졌다는 부분이 있다. 여기서 '효제충신 예의염치 글자' 운운한 것은 문자도(文字圖)를 말한다. 문자도는 글자 한 자를 그림으로 만든 것인데, 조선 후기 민화에서 쉽게 찾아볼 수 있는 것이다. 글자를 그

144 이에 대한 자세한 본문 내용은 이윤석·최기숙 글, 『남원고사』, 서해문집, 2008, 101-103쪽 참조.
145 성현경 풀고 옮김, 위의 책, 146-147쪽.

림으로 그릴 때는 글자의 형태만 있는 것이 아니라 그림의 사면과 중앙 곳곳에 게, 나비, 매화, 용, 새우, 책거리 등 여러 그림이 같이 들어가 있다. 위에서 이어사가 글자가 떨어졌다고 말한 것은 그림 중에서 다른 것은 있고 글자만 없어졌다는 뜻이다. 충성 충자에 가운데 중자가 없다는 말도 '忠'자를 그린 문자도에서 '中'자가 떨어졌다는 뜻이다.

이와 같이 〈춘향가〉에는 그림이 직접 등장하고 있는데, 더 주목되는 것은 그림에 대한 묘사이다. 그림에 대한 묘사를 보면 대단히 세밀하고 구체적이다. 그런데 이와 같은 묘사를 하기 위해서는 그림을 직접 보지 않고는 어렵다고 생각된다. 이처럼 판소리는 당대의 회화와도 밀접한 관련성이 있음을 알수 있다.

판소리와 회화 간의 관련성은 이 외에도 많은 부분에서 찾아볼 수 있다. 먼저 들 수 있는 것은 작품의 특정 장면과 회화의 화면 간에 나타나는 상동성이다. 예를 들어, 월매가 이몽룡과 춘향의 사이에서 은근히 두 사람의 사이를 연결하는 장면은 신윤복의 〈삼추가연(三秋佳緣)〉이란 그림을 연상하게 하고, 춘향이 신관사또에게 태형을 맞는 장면은 김윤보(金允輔)의 태장도(笞杖圖)와 흡사하다. 그 외에도 〈춘향가〉에서 춘향이 목욕하는 장면에 대한 묘사는 신윤복의 〈단오풍정(端午風情)〉과 상통하는 면이 있고, 〈춘향가〉에 묘사된 사랑 장면은 당대의 춘의도(春意圖)와 상통하는 점이 있다. 그리고 춘향 집 안팎 풍경에 대한 묘사는 장식 민화들과 유사하고, 행차·연희 장면에 대한 묘사는 궁정 기록화(記錄畵)와 상통하는 점이 있다. 특히 신관이 부임하는 장면을 묘사한 장면은 조선 후기 당대에 많이 그려진 신영도(新迎圖)와 방불하다.[146] 이와 같이 판소리는 조선 후기 당대의 풍속화나 민화와도 직간접적 관련성이 있음

---

146 판소리와 풍속화의 관련성에 대한 보다 자세한 내용은 김현주, 『판소리와 풍속화 그 닮은 예술세계』, 효형출판, 2000 참조.

을 알 수 있다.

　이상으로 판소리 작품을 대상으로 작품 내에서의 다양한 접변 양상을 검토하였다. 판소리는 시조, 민요, 잡가와 같은 가곡·가사, 구운몽이나 두껍전과 같은 소설, 재담과 같은 연희, 한시와 한문학, 풍속화나 민화 등의 회화 등 판소리 당대의 여러 문화 양식들을 다양하게 활용했다. 이것은 판소리가 기본적으로 모든 양식을 수용할 수 있는 열린 장르였기 때문에 가능한 것이다. 그러나 판소리는 여타 양식을 단순히 활용한 데만 그친 것은 아니다. 활용을 그 자신의 예술미학적 성격을 고양시키기 위한 방편으로 이용했던 것이다.

문화접변의 심화와
전형화 과정

이상에서 판소리 문화접변의 초기적 양상을 연행 현장과 판소리 사설을 중심으로 살펴보았다. 본장에서는 판소리의 예술적 문화접변의 심화 양상과 전형화 과정을 살펴보기로 한다. 판소리 향유층, 특히 양반 향유층들은 판소리에 대한 자신들의 관심을 감상으로 나타내기도 하고 새롭게 변용하거나 개작하기도 하였는데, 이러한 과정은 판소리와 향유층 간의 접변의 심화를 뜻한다. 그리고 이러한 접변을 통해 판소리는 점차적으로 예술적으로 수준이 높아지고 그 고유의 전형을 획득해 나갈 수 있었다고 본다. 또한 판소리에 대한 관심은 판소리에 대한 비평과 이론으로 전개되었고, 창법을 개발하고 판소리 유파를 정립하는 단계에까지 나아갔다. 이러한 전개 과정을 거쳐 판소리의 미의식도 변모되어갔다. 본장에서는 이러한 일련의 접변 심화 양상과 전형화 과정을 살펴보기로 한다.

제1절 창작을 통한 접변과 전형화의 양상

군중이 운집한 열린 공간에서 이야기를 창과 아니리와 너름새로 연행하는 판소리는 조선 후기 전대(前代)에는 존재하지 않았던 독특한 양식이었다. 즉, 판소리 광대는 비록 천민이지만 그들이 연행하는 판소리는 내용도 흥미롭고 내용을 전달하는 방식도 매우 이색적이었다. 그래서 처음에는 하층 세계에서 하층민들이 주로 향유하는 대상이었다가 점진적으로 상층 양반들도 관심을 기울인 조선 후기의 대표적인 예술로 부상하게 될 수 있었다. 특히 이몽룡과 춘향의 이야기, 심청의 이야기 등은 내용 자체가 우선적으로 흥미가 있고 감동이 있었다. 그런데다가 그런 이야기를 다양하고 독특한 목구성으로 토해내니, 사회의 전 계층이 몰입하지 않을 수가 없었다.

이처럼 판소리가 애호를 받으면서 일부 양반 향유층 중에는 자신이 접한 판소리에 대한 감상을 기록으로 남기게 되었다. 사실, 판소리는 하층민들이 하층 세계에서 향유했던 민간 예술이었기 때문에, 처음에는 양반들은 쉽게 접근하지 않았다. 그래서 판소리가 인기가 있어 나중에 양반들이 소리판에 참석했을 때에도 '좌상객(座上客)'이라 하여 판소리 광대를 전면에서 보지 않고 광대의 옆에서 상 위에 올라앉아 소리를 들었다. 이런 상황에서 판소리 현장을 기록으로 남기는 것은 쉽지 않다. 더구나 양반들은 어떤 대상에 대하여 감흥이 있을 경우에 주로 한시를 읊는데, 천민 예술인 판소리를 한시로 기록한다는 것은 더욱이나 어려운 일이었다. 뒤에서 살펴보겠지만, 실제로 유진한(柳振漢)은 〈춘향가〉를 한시로 읊었다고 하여 당시 선비들의 비방을 받기도 했다. 그럼에도 불구하고 양반 지식인 향유자들이 판소리를 기록으로 남겼다는 것은 판소리의 지위와 위상이 그만큼 높았음을 증거한다. 그리고 이러한 양반 향유층들의 판소리에 대한 관심은 판소리의 위상을 더욱더 높이고 판소리의 저변을 확대하는 결정적인 역할을 했다고 생각된다. 더구나 소리판의 주변에서 감상한 것을 시로 읊는 것에 그치지 않고 기존의 판소리를 개작하거나 그것을 바탕으로 새롭게 창작하여 기록한 기록물에 이르면, 판소리에 대한 감상과 향유가 전혀 제약 없이 전면적으로 이루어졌음을 알 수 있다.

요컨대 판소리는 이와 같이 양반 향유층들이 관심을 가지고 향유하면서, 그리고 그들과의 다양한 접변을 통해 그 지위와 위상을 높이고 저변을 전면적으로 확대해 나갔다. 그리고 이러한 과정을 거쳐 판소리는 그 예술적 정체성과 전형을 서서히 정립해 나갔다고 생각된다. 따라서 본절에서는 양반 향유층들이 남긴 판소리 관련 기록물을 통해, 양반 향유층들이 판소리에 관여한 양상을 판소리 전형화의 과정으로 판단하고, 이에 대하여 구체적으로 살펴보고자 한다.

1. 판소리 현장의 문예적 외현

판소리가 전 계층의 호응을 받으면서 나타난 현상 중 주목되는 것은, 판소리 향유자들이 판소리의 현장에서 방관적 구경꾼에 머물렀던 초기적 양상과 달리, 판소리의 현장과 판소리 작품을 향유자 각자의 시각에서 다채롭게 수용하고 그것을 문예적 형식으로 재구조화했다는 점이다. 조선 후기 당대 상층 향유자들은 대체로 한문 글쓰기를 주로 하였다. 그래서 판소리의 현장이나 작품을 재구조화할 때에도 한시, 한문 산문, 한문소설의 형식을 주로 이용하였다. 그러나 국문 글쓰기가 가능하고 판소리의 구어적 성격에 주목한 신재효나 이해조와 같은 향유자들은 국문 글쓰기를 통해 자신들의 판소리 감상과 식견을 표출하기도 하였다.

본항에서는 판소리 향유자들 중에서 특히 판소리 현장을 주목하고 그것을 각자의 문예적 형식으로 외현한 사례를 고찰하였다. 판소리 향유자들이 단순히 판소리나 민속연희의 현장을 구경만 하지 않고 그것을 기록으로 남겼다는 것은, 판소리에 대한 관심이 높았음을 의미한다. 그리고 이러한 기록화는 판소리의 세계상과 위상을 전계층에게 확산시켜, 판소리의 예술적 지위를 끌어올리는 데 큰 기여를 했다고 본다.

판소리의 여러 측면 중, 특히 판소리 현장을 문예적 형식으로 외현한 것으로서 먼저 주목되는 것은 유진한(柳振漢, 1711~1791)의 〈가사춘향가이백구(歌詞春香歌二百句)〉이다. 유진한의 둘째 아들인 유금(柳⬛)에 의하면, 유진한은 계유년(癸酉年, 1753)에 호남을 유람한 적이 있는데, 그 이듬해 봄에 이 시를 지었다고 한다. 그러니 위 작품의 창작 시기는 1754년(영조 30)이 되겠다.[147] 이 한문시를 유진한의 호를 따서 〈만화본 춘향가〉라 한다. 따라서 현재까지 알려진 〈춘향가〉 이본 중에서 가장 앞선 이본에 해당한다. 이 작품은 7언(言)을 한 행(行)으로 한 총 200구(句) 400행, 2800자에 달하는 장편 한시로서, 18세기 중엽 호남지방에서 유통되던 〈춘향가〉의 모습을 살펴볼 수 있다는 점

---

147 "선고께서 계유년에 남쪽 호남으로 유람을 하며 그 산천문물을 둘러 보셨다. 이듬해 봄에 집으로 돌아와 춘향가 한 편을 지으셨다가 당시 선비에게 헐뜯음을 받았다.(先考 癸酉南遊湖南 歷觀其山川文物 其翌年春還家 作春香歌一篇 而亦被時儒之譏)", 柳琹, 『가정문견록(家庭聞見錄)』. 조희웅, 『고전소설연구보정』하, 박이정, 2006, 1041쪽.

에서 주목할 만한 가치를 지니는 작품이다.[148]

그러면 유진한이 접한 당대 춘향가의 모습은 어떠했는지를 살펴보기 위해, 먼저 〈만화본 춘향가〉의 내용과 구성 양상을 살펴보기로 한다. 〈만화본 춘향가〉의 내용 전개를 순차적으로 정리하면 다음과 같다.

- 이도령과 춘향의 만남, 이별, 재회의 서술.
- 남원부사 자제인 이도령이 광한루 오작교에서 춘향에게 첫 눈에 반함.
- 춘향이 봄놀이를 나와 그네를 뜀.
- 청조(靑鳥, 여기서는 방자를 말함)의 중개로 이도령과 춘향이 만남.
- 이도령이 춘향의 집을 찾아가 불망기(不忘記)를 써주고 사랑을 나눔.
- 이도령이 한양으로 떠나면서 이도령과 춘향이 이별함.
- 이도령이 장원급제하고 교서관, 홍문관 벼슬을 거쳐 호남어사로 제수됨.
- 이어사가 남원으로 내려가면서 농부들과 대화.
- 농부들이 춘향이 옥에 갇힌 일을 말하면서 이도령을 비난함.
- 이어사가 춘향집에 당도.
- 이어사와 춘향이 옥문 곁에서 만남.
- 춘향이 그간의 자초지종(신관사또의 수청요청, 태장, 투옥, 봉사의 해몽 등)을 말함.
- 신관의 생일잔치와 어사에 대한 푸대접.
- 이어사의 시 짓기와 암행어사 출도.
- 이어사가 옥중의 춘향이를 부른 뒤, 기생들에게 이빨로 형틀을 물어뜯으라고 함.

---

148 이 자료에 대한 그동안의 대표적인 연구성과는 다음과 같다. 김동욱, 「만화본 〈춘향전〉 연구」, 『판소리연구』2, 판소리학회, 1991; 김석배, 「〈만화본 춘향가〉 연구」, 『문학과언어』12, 문학과언어학회, 1991; 류준경, 「〈만화본 춘향가〉 연구」, 『관악어문연구』27, 서울대 국어국문학과, 2002.

- 이어사가 맨발로 춘향이를 맞음.

- 이어사가 춘향이를 기적(妓籍)에서 뺌.

- 춘향이 이어사와 수레를 타고 한양으로 올라가 왕으로부터 정열부인에
  봉해짐.

- 춘향이가 명문거족의 딸을 동서로 맞이함.

- 춘향의 효성, 문재(文才), 덕행, 부부간의 애정 등에 대한 서술.

　이상과 같이 〈만화본 춘향가〉는 광한루에서의 만남, 불망기(不忘記)화소(話素), 신관사또로부터의 수난, 봉사 해몽, 이어사와 농부의 대화 및 농부의 이도령 비난, 옥중에서의 만남, "千人有淚燭燃蠟 萬姓無膏樽泛蟻(떨어지는 촛농은 일천 백성 눈물이요, 술동이에 뜬 찌꺼기 만백성의 기름이라)"와 같은 시구, 기생들이 이빨로 형틀을 물어뜯는 화소 등 현전하는 〈춘향가〉의 주요 내용들을 거의 모두 포괄하고 있다. 이런 점에서 볼 때, 〈춘향가〉의 주요 내용은 18세기 중반 당시 이미 상당한 수준으로 정립되었음을 알 수 있다.

　판소리 및 민속연희의 현장을 문학적 형식으로 표출한 것으로 역시 주목되는 작품은 송만재(宋晚載, 1764~1843)의 〈관우희(觀優戱)〉이다. 〈관우희〉는 일찍이 장사훈이 발굴하고 이혜구가 학계에 소개함으로써 강호제현에게 알려지게 되었는데[149], 원제목은 「관우희병서여산송만재저(觀優戱並書礪山宋晚載著)」이고, 체재는 서문(序文),50수의 한시, 발문(跋文)의 순서로 구성되어

---

149 이혜구, 「宋萬載의 觀優戱」를 말하는데, 이 논문은 『판소리연구』 1, 판소리학회, 1989에 다시 게재된 바 있다. 본고에서는 판소리연구에 게재된 논문을 활용하였다. 위 논문에서 이혜구는 〈관우희〉를 발굴 소개하게 된 과정, 각 구절과 시구에 대한 자세한 설명, 활자화된 원문 제시 등 〈관우희〉에 대한 많은 정보를 최초로 제공한 바 있다. 따라서 본고에서는 앞으로 〈관우희〉의 원문 인용은 상기 이혜구의 논문에 의하
고, 번역문은 〈관우희〉에 대한 또 하나의 주요 연구성과인 尹光鳳, 『改訂 韓國演戱詩 研究』, 박이정, 1997에 있는 것을 이용하기로 한다.

있다. 〈관우희〉의 발문에 의하면, 송만재는 자신의 아들이 진사에 급제했으나 집이 가난하여 잔치는 열지 못하고 대신에 길거리에서 볼 수 있었던 여러 연희와 소리를 모방하여 이 작품을 지었다고 말하고 있다.[150] 그런데 윤광봉에 의하면 송만재의 이 말에 등장하는 아들은 송만재의 장자(長子)인 지정(持鼎)을 말하고 송지정이 진사과에 급제한 때는 1843년이기 때문에, 이때가 바로 〈관우희〉가 창작된 때라고 한다.[151]

〈관우희〉에서 판소리와 관련하여 보다 중요한 부분은 50수의 시이다. 각 작품의 내용을 정리하면 다음과 같다.

〈 표 3 〉 〈 관우희 〉의 작품별 내용

작품	내용
제1수	전체 내용의 서문에 해당. 판이 열리면 소리와 꼭두각시 재주꾼들의 놀이가 열리는데, 이를 적어보겠다는 작가의 말이 서술됨.
제2수	횃불 밝힌 소리판, 당상 당하의 청중들 광경을 묘사함.
제3수	판소리 광대가 목을 풀기 위해 영산(靈山), 즉 단가인 〈진국명산(鎭國名山)〉을 부름.
제4수	〈진국명산〉의 내용 묘사.
제5수	〈진국명산〉을 부르는 광대의 솜씨 칭송.
제6-7수	광대가 〈관동별곡〉을 부르는 장면 묘사.

150 "나라의 풍속에 등과하면 반드시 광대를 불러 노래도 부르고 재주 등도 부리게 한다. 집의 아이가 이번 봄에 진사에 합격하였으나, 집이 몹시 가난하여 능히 한바탕 광대 놀음을 벌이지 못했다. 그러나 모든 길거리들에서의 북과 피리 등의 음악소리를 들으매 그 즐거움이 적지 않아, 그 노래들과 모양들을 모방하여 애오라지 시를 몇 편 지어 같이 글하는 친구들의 창화에 붙인다.(國俗登科 必畜倡 一聲一技 家兒今春 聞喜顧甚貧 不能具一場之戲 而聞九街鼓笛之風 於此興復不淺 倣其聲態 聊倡數韵 屬同社友和之)". 이혜구, 위의 논문, 285쪽.

151 윤광봉, 위의 책, 117쪽 참조.

제8수	단가가 끝나고 "本事歌"를 들어보자는 작가의 서술이 제시됨. 제8수 말미에 "右靈山"이라 적혀 있음.
제9-20수	차례대로 〈춘향가〉, 〈적벽가〉, 〈흥보가〉, 〈강릉매화타령〉, 〈변강쇠타령〉, 〈왈자타령〉, 〈심청가〉, 〈배비장타령〉, 〈옹고집타령〉, 〈가짜신선타령〉, 〈수궁가〉, 〈장끼타령〉에 대한 묘사가 이루어짐. 제20수 말미에 "右打令"이라고 적혀 있음.
제21수	오랫동안 불러도 목이 쉬지 않는 광대에 대한 칭송.
제22수	광대가 잠시 쉴 때의 형용 묘사.
제23수	광대의 아니리, 창, 소리의 즉흥성에 대한 묘사.
제24수	광대가 부채를 흔들며 소리하는 모습과 시골 여인이 담장 너머에서 구경하는 모습 묘사.
제25수	광대의 인정곡절을 표출하는 연기와 여인이 몰입하는 광경 묘사.
제26-35수	줄타기 광경 묘사. 제35수 말미에 "右組戱"라고 적혀 있음.
제36-42수	땅재주 광경 묘사. 제42수 말미에 "右場技"라고 적혀 있음.
제43수	검무(劍舞)중 황창무(黃昌舞)의 광경 묘사.
제44-48수	광대가 과거 급제자의 문희연(聞喜宴)에 참여하여 연행하는 모습 묘사.
제49수	판소리 광대 우춘대가 일세를 풍미할 때 소리 한 곡에 '천 필의 비단'을 받았다는 내용, 우춘대가 한창 떨칠 때 권삼득과 모흥갑은 젊은 이였다는 내용이 서술됨.
제50수	재주꾼들이 근자에 희소해지고, 재주도 틀리거나 치졸해졌다는 작가의 언급이 서술됨.

위와 같이 전개된 작품의 내용을 일별해 보면, 전체의 서문 역할을 하는 제1수, 제26수에서 제43수에 이르는 줄타기, 땅재주, 검무, 그리고 마지막 제50수를 제외하고 보면, 나머지는 모두 판소리와 직접적인 관련이 있는 것임을

알 수 있다.

제2수에서 작가는 소리판, 소리꾼과 고수, 당상(堂上) 당하(堂下)의 청중들에 대한 광경을 묘사한 뒤[152], 제3수에서 제7수까지 단가(短歌)를 부르는 모습을 묘사하고 있다. 작가는 제3수에서 "調喉弄起靈山相(목청을 가다듬어 뽑는 영산곡)", 제5수에서 "初聲引出最深長(첫소리 뽑아내니 정말 그윽해)"와 같이 표현하고 있는데, 이를 통해 볼 때 판소리를 본격적으로 부르기 전에 목청을 가다듬기 위해 '영산곡'을 불렀다는 점을 알 수 있고, 제8수 말미의 "右靈山"이란 기록으로 보아 목을 풀기 위해 부르는 단가(短歌)를 작가 당대에는 '영산'이라고 했음을 알 수 있다. 그리고 제8수에는 "會相收時息鼓撾(영산회상 끝나자 장구채 놓으니), 側耳將聽本事歌(얼씨구나, 판소리 기울여 듣자)"라고 표현되어 있고, 판소리가 다 끝난 제20수 말미에는 "右打令"이라고 적혀 있다. 이를 통해 볼 때 작가 당대에는 판소리가 '本事歌', '打令' 등으로 지칭되었음을 확인할 수 있다.

제9수에서 제 20수에 걸쳐 전개된 판소리 12작품에 대한 표현은 작가인 송만재 당대에 존재했던 판소리 작품이 구체적으로 무엇이었는지, 그리고 그 내용은 어떠했는지, 또한 그들 판소리 작품을 작가가 어떻게 수용했는지를 알려주는 중요한 자료가 되므로, 여기에서는 12작품 전체를 제시하기로 한다.

---

152 "凉榭高燒蠟炬紅 優人對立鼓人東 不宜堂上宜堂下 歡樂無妨與衆同(정자에서 높다랗게 횃불 밝히고, 소리꾼은 고수 동편에 마주 서 있다. 당상보다 당하가 좋고 말고, 그래야만 대중과 함께 즐기지)."

〈표 4〉〈관우희〉소재 판소리 12작품

판소리 작품	〈관우희〉의 작품	
춘향가	錦瑟繁華憶會眞 廣寒樓到繡衣人 情郎不負名娃節 鎖裏幽香暗返春	금슬의 다사함은 회진기랄까 광한루에 수의사또 당도하였다. 도령님 그전 다짐 어기지 않아 옥에 갇힌 춘향이를 살려 내었네.
적벽가	秋雨華容走阿瞞 髥公一馬把刀看 軍前搖尾眞狐媚 可笑奸雄骨欲寒	궂은 비에 화용도로 도망친 조조 관운장은 칼을 쥐고 말에서 볼 뿐 군졸 앞서 비는 꼴 정녕 여우라. 우습구나, 간웅들 모골이 오싹.
흥부가	燕子喞喞報怨恩 分明賢季與愚昆 瓠中色色形形怪 鉅一番時鬧一番	제비가 박씨를 보답하는데 어진 이웃 못난 형 분명하구나 박 속에는 형형색색 보배와 괴물 톱으로 탈 때마다 매양 와르르.
강릉매화타령	一別梅花尙淚痕 歸來蘇小只孤墳 癡情轉墮迷人圈 錯認黃昏返倩魂	매화와 이별한 뒤 눈물이 흥건 와보니 임은 가고 외론 무덤 뿐 반한 정 어설켜 인정이 흐려 황혼에 반혼인가 착각을 하네.
변강쇠타령	官道松堠斫作薪 頑皮嘌眼夢中嗔 紅顔無奈靑山哭 瓜圃癡黏有幾人	큰 길 가의 장승 패서 뗄감 삼으니 모진 상판 부라린 눈 꿈에도 호통 고운 얼굴 속절없어 산에서 우니 벼슬에 어리미침 몇이란 말가.
왈자타령	遊俠長安號曰者 茜衣草笠}羽林兒 當歌對酒東園裏 誰把宜娘視獲驪	장안의 한량으로 왈자패들은 붉은 옷 초립 쓴 우림 패거리 동원에서 술 마시며 놀이판이니 뉘라서 의랑 잡아 한몫을 뵈노.
심청가	娥孝爺貧愿捨身 去隨商舶妻波神 花房天護椒房貴 宴罷明眸始認親	효녀가 가난으로 몸을 팔아서 상선 따라가서는 물귀신 아내 하느님의 가호로 왕비가 되어 잔치 끝에 아버님 눈 뜨시게 해.
배비장타령	慾浪沈淪不顧身 肯辭剃髥復挑齦 中筵負妓裹褌將 自是空侗可笑人	애랑에 홀딱 반해 체통도 잊고 상투 자르고 이빨 빼길 마지를 않아 술자리서 기생 업은 배비장이니 일로부터 멍청이라 웃음을 샀다.

옹고집타령	雍生員鬪一芻偶 孟浪談傳孟浪村 丹籙若非金佛力 疑眞疑假竟誰分	옹생원이 하찮은 꼭두와 싸워 맹랑한 이야기 맹랑촌에 자자 붉은 부적 부처님 영험 아니면 진짜인지 가짜인지 뉘 분간하리.
가짜신선타령	光風癡骨願成仙 路入金剛問老禪 千歲海桃千日酒 見欺何物假喬佺	훤한 사람 못난 주제 신선되려고 금강산에 들어가서 노승을 찾아 천년도와 천일주에 매이이다니 뭐라고 속였는고 왕교와 옥전.
수궁가	東海波臣玄介使 一心爲主訪靈丹 生憎缺口偏饒舌 愚弄龍王出納肝	동해의 자라가 사신이 되어 용왕 위한 단심으로 약 찾아 나서 얄궂게도 토끼의 요설에 속아 간을 두고 왔다고 용왕을 우롱.
장끼타령	靑鞦繡臆鷺雄雌 藚歆蓬科赤豆疑 一啄中機粉迸落 寒山枯樹雪殘時	푸른 종지 붉은 가슴 장끼 까투리 목밭에 팥이라니 의아하면서도 한번 쪼다 덫에 걸려 요절났으니 싸늘한 마른가지 눈이 녹는데.

이상과 같이 송만재가 〈관우희〉를 지을 당시에 실제로 연행되었던 판소리 작품은 12종이었음을 알 수 있다.[153] 그리고 작가는 각 작품의 핵심 내용을 정확히 요약하여 시화(詩化)하고 있다.

다음으로, 제44수에서 48수까지의 내용은 판소리 광대와 문희연(聞喜宴)과의 관련 양상을 시화한 것이다. 여기에서는 과거가 열리면 광대들도 서울로 모여든다는 내용[154], 문희연에 뽑히기 위해 광대들이 각자의 재주를 펼친다는

---

153 정노식이 거명한 판소리 12마당은 장끼타령, 변강쇠타령, 무숙이타령, 배비장타령, 심청전, 흥보전, 토별가, 춘향전, 적벽가, 강릉매화전, 숙영낭자전, 옹고집 등이다. 정노식, 『조선창극사』(복각본), 동문선, 1994, 36쪽.

154 "劇技湖南産最多 自云吾輩亦觀科 前科司馬後龍虎 大比到頭休錯過(재주는 호남 출신 가장 많으니, 말하기를 우리도 과거 간다네. 먼저는 진사시험 뒤는 무관야, 과거가 다가오니 거르지 마세)."

내용[155], 광대들이 과거 급제자의 집에서 홍패(紅牌) 고사를 드리는 내용[156], 노래 소리, 피리소리, 북소리, 춤 등이 어우러진 광경[157]에 대한 묘사가 자세히 서술되어 있다.

제49수와 50수에는 송만재 당대의 판소리 광대들에 대한 정보와 광대들의 위상[158], 그리고 판소리를 비롯한 민속 연희가 상당히 쇠퇴했다는 내용[159] 등이 서술되어 있다.

판소리 광대가 문희연에 참여하여 소리를 한 사례는 유만공(柳晚恭, 1793~1869)의 『세시풍요(歲時風謠)』제118수에도 보인다. 『세시풍요(歲時風謠)』서문에 의하면, 유만공은 계묘년(癸卯年, 1843)에 병이 들어 요양을 하면서 『세시풍요』를 엮은 적이 있고, 여기에는 칠언절구 총 200수의 시가 실려 있다. 이 중에서 다음에서 인용하는 시에 판소리와 관련된 내용이 담겨 있다.

纔過春榜華優倡	춘방 나고 곧바로 광대를 가려 뽑아
名唱携來卜夜良	명창을 데려다가 좋은 밤을 택한다네.
歌罷靈山呈演戲	영산 소리 마치고 연희가 벌어지니

---

155 "金榜少年選絶技 呈才競似聞齋僧 分曹逐隊登場地 別別調爭試一能(급제한 집 잔치에 재주 뽑히려, 광대들은 재 들은 중처럼 법석, 제각기 무리 지어 마당에 가서, 따로 따로 음조 골라 재주를 시험)."

156 "放榜迎牌獻德談 靑雲步步可圖南 歷敭翰注至卿相 一蹴槐柯夢境甘(방 붙자 홍패 받고 덕담 드리니, 청운의 걸음마다 나래를 펴네. 한림 주서 거쳐서 정상에 올라, 한마당 단꿈일랑 부끄러운 일.)"

157 "翠羽瑚纓袨韉錦 千金緣飾競華奢 一聲長笛一聲嘯 紫陌春風幾處花 昌容姣態少年情 乍顧能令四座驚 歌榭舞臺當一局 弄中鼓笛若平生(푸른 깃 산호 갓끈 화려한 깁옷, 관대초림 화사함 내기하는 듯. 한 소리 긴 피리에 소리 뽑으니, 서울의 봄바람 곳마다 꽃밭. 아름답고 고운 모습 소년이지만, 돌아보며 소리하니 좌중이 놀라. 노래와 춤 한판의 놀이 벌이니, 사설 속에 북과 피린 한결같구나.)"

158 "長安盛說禹春大 當世誰能善繼聲 一曲樽前千段錦 權三牟甲少年名(장안에 이름 높긴 우춘대이니, 당대에 누가 능히 그 소릴 잇나. 술자리서 한 곡 빼면 천 필의 비단, 권삼득과 모홍갑은 젊은이였지.)"

159 "上世才難近愈微 百家工藝已全非 至于末技倡優拙 慮遠吾東國庶幾(재주꾼은 근자엔 더욱 희미해, 모든 이 온갖 재주 이미 다 틀려. 하찮은 재주조차 치졸해지니, 동국엔 재주꾼 몇이나 되노.)"

157

一場奇絶現春香	기이하고 빼어났구나, 〈춘향가〉 한 마당
〈善歌曰名唱〉	노래 잘하는 이를 명창이라고 한다.[160]

위의 내용에는 과거시험이 끝난 후 문희연에서 명창 광대를 불러 연희를 베풀었다는 점, 명창이 단가, 즉 '영산'을 부른 뒤 〈춘향가〉를 불렀는데, 그것이 기이하고 빼어났다는 점 등이 표현되어 있다. 그리고 주석을 붙여 노래를 잘하는 사람을 '명창'이라고 한다는 말을 덧붙이고 있다. 이를 통해 우리는 문희연에서 불리어진 판소리로 대표적인 것이 〈춘향가〉였으며, 이 시가 지어진 당대에 이미 판소리 명창에 대한 인식이 자리 잡혀 있었음을 알 수 있다.

다음으로 살펴볼 자료는 자하(紫霞) 신위(申緯, 1769~1847)가 1826년에 지은 〈관극절구십이수(觀劇絶句十二首)〉이다. 이 작품은 일련의 민속 연희를 보고 시로 읊은 것인데, 판소리와 직접적인 관련이 있는 작품은 제 3, 4, 5수이다. 이들을 먼저 인용해 보면 다음과 같다.

其三

靈山撾鼓日平西	영산회상 북채 소리 해는 기울고
商側官沈徵羽低	궁상의 잦은 가락, 치우의 낮은 가락
響切九霄餘嫋嫋	하늘에 사무치다 가느단 메아리
一時雲變凍頹黎	구름마저 걷히는 주름진 얼굴들.

其四

| 春香扮得眼波秋 | 춘향이 분장 끝나 눈에는 추파 |

---

160 원문은 유만공 원저, 임기중 역주, 『우리 세시풍속의 노래』(집문당, 1993), 185쪽을 이용했고, 번역문은 정출헌, 앞의 논문, 266쪽을 이용했다.

扇影衣紋不自由　　　부채 든 옷매무새 어색하고녀

何物龍鍾李御史　　　웬일인가 파리한 이어사는

至今占斷劇風流　　　지금토록 풍류놀이 독점하는가.

其五

高素寬宋興祿廉季良牟興甲噪海陬　　　고송염모는 호남의 소문난 광대

狂歡引我脫詩囚　　　　　　　　　하 좋아 나를 홀려 시 읊게 하니

淋漓慷慨金龍運　　　　　　　　　우렁차다 비분강개 김용운 솜씨

演到荊釵一鴈秋　　　　　　　　　형차기 연희로야 당할 자 없지.[161]

　　제3수는 판소리를 본격화하기 전에 목을 풀기 위해 단가를 부르는 광경을 묘사한 것이고, 제4수는 〈춘향가〉를 시화(詩化)한 것이다. 그리고 제5수는 작가가 당대 호남의 이름난 판소리 광대였던 고수관(高壽寬)[162], 송흥록(宋興祿), 염계달(廉季達)[163], 모흥갑(牟興甲) 등이 자신을 판소리의 세계로 끌어들였음을 간접적으로 제시한 내용과 또 한 명의 판소리 광대 김용운(金龍雲)의 소리를 칭송하는 내용으로 되어 있다.

　　신위는 위에서 등장하는 판소리 광대 중 고수관과는 직접적인 교류를 맺으면서 판소리에 심취한 적이 있다.[164] 신위의 위의 시는 그 전체가 판소리를 시

---

161 원문은 孫八洲 編, 『申緯全集』第二集(태학사, 1983), 851-854쪽을 이용하고, 번역문 인용은 尹光鳳 著, 『改訂 韓國演戲詩 硏究』(박이정, 1997), 86쪽을 이용하였다.

162 원문에는 '高素寬'으로 되어 있으나, 신위(申緯)의 다른 글과, 정노식의 『조선창극사』에는 '高壽寬'으로 되어 있고, 현재 학계에서도 일반적으로 '高壽寬'으로 부르고 있다.

163 원문에는 '廉季良'으로 되어 있으나, 정노식의 『조선창극사』에는 '廉季達'로 되어 있고, 현재 학계에서도 일반적으로 '廉季達'로 부르고 있다.

164 다음 글에서 확인된다. "3월 3일에 늙은 광대 고수관이 홍향(홍성)에서 왔기에 술과 소리를 베풀었다. 지난 을유년 봄을 생각해보니 총사 이기원과 함께 고수관을 붙잡아서는 한 달이나 즐겁게 지냈고, 나는 관극시 열 수를 지었다.(三月三日 老伶高壽寬來自洪鄕 故置酒劇 回憶乙酉春 同李

159

화한 것은 아니지만, 고수관을 비롯한 판소리 광대와의 교류가 창작의 큰 동기가 되었음을 알 수 있다.

이유원(李裕元, 1814~1888)도 판소리 현장을 접하고 그것을 한시로 재현한 바 있다. 이유원이 남긴 『임하필기(林河筆記)』를 보면, 이유원도 고수관 등의 판소리 광대들과 교유를 하면서 판소리를 직접 접한 사실이 확인된다. 이유원은 위 책의 「관극시(觀劇詩)」란 항목에서 신위(申緯)의 관극절구시 4수를 소개한 후, 자신도 고수관, 송흥록, 모흥갑, 염계달, 김용운 등의 판소리를 직접 들었다는 말을 남기고 있다.[165] 그리고 이러한 경험을 바탕으로 〈관극팔령팔수(觀劇八令八首)〉를 짓게 된다. 이유원이 지은 8수는 〈춘향가〉, 〈흥부가〉, 〈장끼타령〉, 〈수궁가〉, 〈적벽가〉, 〈배비장타령〉, 〈심청가〉, 〈변강쇠가〉 등이다. 이들의 원문과 번역문을 제시하면 다음과 같다.

廣寒樓

廣寒五月絲楊垂	오월이라 광한루 실버들 늘어졌는데
娘子鞦韆降碧絲	낭자의 그넷줄 오르락 내리락
手折一枝橋上贈	한 가지 손수 꺾어 다리 위로 바치려니
風流御使不勝悲	풍류어사 슬픔을 이기지 못해.[166]

杞園擿使 拉高伶作一月之歡 余有觀劇詩十絶句)”, 孫八洲 編,『申緯全集』第四集, 태학사, 1983, 1871-1872쪽.

165 “나는 고수관, 송흥록, 모흥갑, 김용운 등 네 명의 노래는 다 들었다. 고씨는 팔십에도 노래할 수 있었다. 김씨는 가락이 가사(歌詞)에 가까웠으므로 신위가 칭찬한 듯하다. 염씨의 노래는 가장 뒤에 들었으나 네 사람에게 뒤지지 않았다. 대체로 이 다섯 사람은 모두 한때에 이름이 났는데, 세상에서는 모씨의 노래가 가장 좋다고 한다.(余聽高宋牟金四唱 而高八十能唱 金則調近歌詞 故老霞似稱之 而廉唱最後聽之 不讓四人也 盖此五人者俱有名於一時 而俗以牟唱爲優云)”. 이유원 저, 김동현·안정 역,『국역 임하필기 6』, 민족문화추진회, 2000, 원문 67쪽, 번역문 173쪽.

166 이 〈관극팔령팔수〉는 이유원의 『가오고략(嘉梧藁略)』 「가오악부(嘉梧樂府)」에 실려 있는데, 본고에서는 윤광봉 저, 위의 책, 99-101쪽에 실려 있는 원문과 번역문을 이용하기로 한다.

燕子殼

江南社雨燕飛來　　　사일 날 강남에서 돌아온 제비

殼子如罍萬物胎　　　항아리 같은 박 만물의 태라

一富一貧元有定　　　부자와 가난은 본디부터 정해진 것

難兄難弟莫相猜　　　형이거니 아우거니 시새워 뭣하리.

艾如帳

雪積千山鳥不飛　　　눈 쌓인 온 산에 새도 끊겼는데

華蟲亂落計全非　　　꿩들이 마구 내려 온전치가 않네.

拋他兒女丁寧囑　　　아이에게 버리라 간곡히 부탁했는데

口腹口口觸駭機　　　구복이 구구해서 덫을 다쳤구려.

中山君

龍伯求仙遣主簿　　　용왕이 약 구한다 별주부 보내려고

水精宮闢朝鱗部　　　수정궁에서 물고기들 조회를 한다.

月中搗藥兎神靈　　　달에서 약을 찧는 슬겨운 토끼를

低事凌波窺旱土　　　어찌하여 넘보고서 뭍을 엿봤노.

三絶一

天生天厄老阿瞞　　　타고 나길 모질은 얄미운 조조

夜雨華容衣甲寒　　　화용도에 밤 비 내려 갑옷 차가와

報恩酬恩同一例　　　원수 갚고 은혜 갚음 한가지이니

將軍高義後人歎　　　장군의 높은 절의 후인들 탄식.

阿英娘

耽羅兒女白天下	제주도 아녀자 밝은 세상에
垂柳長亭綠裏馬	버들 드리운 역정에 좋은 말
哭不哭眞笑不眞	울면서도 거짓 울고 웃음도 거짓
麒麟瑄樹儡人假	기린 같은 우정표 꼭두각시도 가짜.

花中兒

商船蜦集賽江神	와락 모인 상선들 수신에 굿하려고
天孝兒娘願賣身	타고난 효녀심청 몸 팔기를 원해
貲貨能令參造化	재화가 되어서 조화에 참여하여
死人活後開盲人	죽은 사람 살아나서 소경 눈 띄었나.

光釗

堪笑路傍一木人	우습기도 하여라 길가의 한 장승
可能呪夏百千神	여름의 온갖 귀신 저주하다니
莫非主嫗緣奇薄	기박한 인연이라 할미가 아니지
辭惑是之不是眞	말은 혹 되어도 진짜는 아니라네.

이상의 8작품과 송만재의 〈관우희〉를 비교해 보면, 〈관우희〉에 있던 〈왈자타령〉, 〈강릉매화타령〉, 〈가짜신선타령〉, 〈옹고집타령〉 등 4종의 작품이 빠져 있음을 알 수 있다. 이는 이유원 당대에 와서 이들 4작품이 판소리로서의 생명력을 잃고 더 이상 연행되지 않았음을 말해주는 것이다.

이상과 같이, 유진한의 〈만화본 춘향가〉는 18세기 초중반에 연행되었던 판소리 〈춘향가〉의 모습을 최초로 기록화했다는 의의를 지닌다. 우리는 이 〈만화본 춘향가〉를 통해, 18세기 초중반 또는 그 이전의 〈춘향가〉의 모습을 짐작할 수 있게 되었다. 송만재의 〈관우희〉는 당대의 판소리 12마당의 전승 상황, 판소리가 연행될 때의 구체적인 현장 모습, 판소리 12마당의 내용 구성 등 판소리 관련 제반 현상을 종합적으로 알려준다는 점에서 큰 의의가 있는 작품이다. 이와 함께 판소리 주요 작품의 내용을 알려준다는 점에서 이유원의 〈관극팔령팔수〉도 동일한 의의를 지닌다고 할 수 있다. 이처럼 상층 양반향유자들이 판소리 현장을 주목하고, 그것을 문예적 형식으로 표출하게 되면 우선 판소리에 관한 정보가 양반들 사이에 용이하게 전파될 수 있다. 그리고 그러한 전파를 통해 판소리는 점진적으로 향유층으로서 양반들까지 포괄하는 예술로 승격될 수 있었다고 생각된다.

2. 판소리 고유미학의 발견과 속미주의적 경향

판소리의 고유미학은 판소리가 민중집단에서 발생하여 연행되었다는 사실에서 찾아진다. 판소리는 하층신분인 광대가 민중들 사이에서 구전·유통된 이야기에 굿의 현장에서 주로 사용되었던 창과 아니리와 너름새란 기법을 활용하여 탄생된 것이다. 따라서 판소리의 세계에는 하층 민중들의 삶 속에서 배태되었던 여러 미적 요소들이 스며들어 있다. 예컨대, 민중들은 고단한 삶 속에서도 풍류와 흥취를 잃지 않았다. 삶이 고단할수록 대동적 일체감을 중시했고, 그 속에서 골계 및 해학적 행위와 언어 구사로써 비관을 낙관으로 전환시키는 데 능숙했다. 그러나 때로는 삶의 고난이 외부의 불의한 핍박과 수난에 의해 야기된다고 판단했을 때에는 거침없는 풍자와 비판을 감행하기도 했다. 대표적으로 〈춘향가〉에서, 이몽룡이 암행어사가 되어 내려오던 도중에 만났던 농부들의 세계에서 이러한 민중들의 모습을 역력히 관찰할 수 있다. 또한 민중들의 삶은 대개 질서와 합리를 추구하지 않고 즉자적(卽自的) 본능대로 살아가는 것이 일반적이다. 그러니 삶이 조야할 수밖에 없다.

이러한 민중들의 삶에서 포착되는 풍류, 흥취, 골계, 해학, 풍자, 비판, 조야함 등이 판소리 미적 세계의 근저이고, 이것이 판소리의 고유미학을 창출했다고 본다. 그런데 판소리에 주목한 상층 향유자들 중에는 판소리의 이러한 고유미학을 가치있게 판단하고, 그것을 문예적으로 재현한 일군의 사례가 있어 주목된다.

먼저 살펴볼 작품은 앞서 거론한 유진한의 〈만화본 춘향가〉이다. 이 작품은 18세기 초중반의 판소리 〈춘향가〉를 비교적 충실히 재현하면서도, 현전 〈춘향가〉와는 다소 다른 점이 있다. 그것은 첫째, 춘향이 이도령과 헤어진 후 신관사또로부터 겪은 수난이나 봉사의 해몽 등 이도령으로서는 알 수 없는 남원에서의 일이 춘향의 회고로 피력되고 있다는 점이다. 이것은 아마도 작가가 신관사또와 춘향 간에 있었던 일은 시적 형상화에 적절하지 않다고 생각했기 때문에 그렇게 한 것으로 판단된다. 둘째, 작품의 첫머리에 이도령과 춘향의 만남, 이별, 재회의 전 과정을 요약적으로 서술하고 있다는 점이다. 셋째, 춘향의 봄놀이 과정을 서술하면서 춘향의 형용을 매우 자세히 묘사하고 있다는 점이다. 넷째, 춘향이 서울로 올라간 뒤의 삶의 내용이 자세하다는 점이다.

여기서 둘째, 셋째, 넷째의 특징은 〈춘향가〉를 바라보는 작가의 시선이 집중된 곳으로서, 〈만화본 춘향가〉의 주요한 성격으로 생각된다. 이에 대하여 좀더 자세히 살펴보고자 한다.

| 廣寒樓前烏鵲橋 | 광한루 앞 다리를 오작교라 하니 |
| 吾是牽牛織女爾 | 나는야 견우이고 직녀는 너로구나. |

人生快事繡衣郞	인생의 멋진 일 수의사또 암행어사
月老佳緣紅紛妓	월하노인 맺어준 가연의 기녀와
龍城客舍東大廳	남원 객사 용성관 동대청에서
是日重逢無限喜	이날 다시 만나니 즐겁기 그지없네.[167]

　위의 작품은 〈만화본 춘향가〉의 1행에서 6행까지의 내용이다. 이도령과 춘향의 만남, 이별, 재회의 사실을 요약하고 있다. 작가가 작품의 첫머리에 이처럼 인물간의 만남을 초점화하고 있는 것은 〈춘향가〉를 바라보는 관점 및 지향점이 바로 여기에 있다는 것을 증명한다. 즉, 〈만화본 춘향가〉의 작가는 당대의 〈춘향가〉를 수용하면서 청춘남녀의 만남과 그 만남에서 분비되는 여러 상황에 유독 큰 관심을 가졌던 것이다. 이 점은 위의 넷째 특징과 직결되는 것이기도 하다. 〈만화본 춘향가〉의 후반부에는 춘향이 서울로 올라가 정열부인에 봉해진 일[168], 동문(同門)에서 동서를 맞이한 일[169], 월매에 대한 효성[170], 노복(奴僕)들에 대한 배려심[171], 뛰어난 문재(文才)[172], 이도령의 춘향에 대한 애심[173] 등 다른 〈춘향가〉 작품에서는 보기 어려운 내용들이 주로 표현되어 있다. 그러나 그 중에서 가장 비중이 높은 내용은 이도령과 춘향의 애정과 관련된 표현이다. 이는 다음의 인용문에서 확인할 수 있다.

167 원문과 번역문은 다음의 자료를 참고했다. 유진한 지음, 김석배 역주, 〈晚華本 春香歌〉, 『판소리연구』3, 판소리학회, 1992.

168 "夫人貞烈好加資", 김석배 역주, 위의 책, 348쪽.

169 "同姓同門作姒娌", 김석배 역주, 위의 책, 348쪽.

170 "孝誠堪稱同虎帷", 김석배 역주, 위의 책, 348쪽.

171 "不使春田勞採芑 盈盈玉粒共案食", 김석배 역주, 위의 책, 348쪽.

172 "能文又是等薛濤", 김석배 역주, 위의 책, 348쪽.

173 "嬌姿爾有笑中香 貴格吾誇眉山痛", 김석배 역주, 위의 책, 349쪽.

星山玉春總無色	성산의 좋은 봄도 무색하기 그지없지
嘗得櫻脣甘似酏	고운 입술 입맞추니 달삭하기 단술 같네.
淸霄東閣樂鐘鼓	맑은 날엔 동각에서 음악을 즐기고
遲日南園採苤苢	해 긴 날은 정원에서 질경이도 캐는구나.
朝雲可愛還相隨	조운이 사랑하여 서로서로 따르듯
孟光甘心共耘耔	맹광이 즐거워서 김매고 북돋우듯
醫娥棉婢愧欲死	약시비와 계집종은 부끄러워 죽을 지경
檀屑冰床輕步躧	얼음 깔린 상 위 걷듯 걸음도 사뿐사뿐.[174]

한편 〈만화본 춘향가〉의 작가는 남녀주인공의 만남과 이별, 재회의 과정을 전체적으로 총괄하여 시화(詩化)하고 있으나, 이도령보다는 춘향이의 인물 형상을 보다 더 강조하고 있다. 이점은 앞서 셋째 특징으로 지적한 부분에서 구체적으로 확인할 수 있다.

是時尋春遊上巳	이때는 봄놀이 철 춘삼월 삼짇날
紅羅繡裳草邊曳	붉은 비단 수치마는 풀잎을 스치우고
白紵輕衫花際披	흰 모시 얇은 적삼 꽃잎을 헤치누나.
淸溪夕陽蹴波燕	맑은 시내 해 저물녘 제비처럼 물결 차고
碧桃陰中香步蛙	벽도화 꽃 그늘에 걸음새도 교태롭다.
姑山處子惹香澤	마고산 선녀가 향택에 끌리는 듯
玉京仙娥鳴佩玘	월궁의 항아선녀 노리개 울리는 듯
蘭膏粉汗洗浴態	향긋한 땀방울 세욕하는 그 자태
萬北寺前春水瀰	만북사 앞 시냇물 넘실넘실거린다.

---

174 김석배 역주, 위의 책, 350쪽.

제5장 문화접변의 심화와 전형화 과정

玻瓈小渚顧影笑	유리같은 맑은 물 속 그림자 보고 방실
雪膚花貌清而頮	흰 살결 고운 얼굴 씻으며 머리 들어
慇懃腰下懼人見	허리 아래 남 볼세라 은근히 저어하는
水面嬌態蓮花似	물가의 온갖 교태 연꽃송이 같아라.
香風一陣綠楊岸	향기로운 바람이 버들 숲에 일렁이니
復上鞦韆誇妙技	그네에 다시 올라 묘한 재주 뽐내누나.
青鸞飛動紫羅繡	푸른 난새 날아들어 붉은 비단 수놓는 듯
百尺長繩紅纚纚	붉고도 긴 그네줄 허공에 흔들흔들
江妃踏波一身輕	강비가 물결 차며 두둥실 떠오르듯
月娥乘雲雙足趺	월궁항아 구름 타고 두발을 구르는 듯
尖尖寶襪似苽子	외씨같이 뾰족한 비단 버선 콧날이
衝落枝邊高處蘂	가지 끝에 부딪쳐 꽃잎을 흩날려
桃花團月掩羅裙	복사꽃 꽃무리가 비단치마 뒤덮으니
萬目春城皆仰視	성안의 모든 이 우러러 볼 수밖에.[175]

위에서 작가는 춘향의 옷차림, 걸음새, 목욕하는 광경, 그네 뛰는 모습 등을 마고선녀, 월궁항아, 강비 등의 인물에 비유하면서 매우 자세히 묘사하고 있는데, 이것은 춘향에 대한 각별한 의미부여를 고려하지 않으면 불가능한 것이다.

〈만화본 춘향가〉의 작가는 이상과 같이 남녀주인공의 만남과 애정, 그리고 춘향의 인물 형상을 초점화하면서도, 작품 전체에 대해서는 그것을 '奇談(기담)'과 '好事(호사)'로 이해·감상하였음을 알 수 있다. 이점은 다음의 인용문에서 확인할 수 있다.

---

175 김석배 역주, 위의 책, 328-329쪽.

奇談秖可詠於歌	기이한 이야기는 시로 읊을 만하여
異蹟堪將繡之梓	이상한 행적을 수틀에 수를 놓듯
騷翁爲作打鈴辭	시인이 타령사로 지어낸 바이니
好事相傳後千祀	좋은 일 서로 전해 후천년에 이어지리.[176]

　위의 내용은 〈만화본 춘향가〉의 마지막 4행이다. 여기서 우리는 작가의 〈춘향가〉에 대한 수용의식을 명확히 확인할 수 있다. 즉, 작가는 자신이 접한 〈춘향가〉의 서사를 '기담'과 '호사'로 이해하고 그것이 대대로 전해지기를 바라는 마음에서 시화(詩化)한 것이다. 그리고 이처럼 〈춘향가〉를 '기담'과 '호사'로 이해했기 때문에, 신분의식이나 정절윤리가 아니라 남녀 인물의 애정과 그에 관한 풍정 및 풍류의식을 유별나게 강조했다고 생각된다. 〈춘향가〉 남녀 인물의 풍류적 애정 형상에 대한 강조는 신위가 남긴 〈관극절구십이수〉에서도 보인다. 동 작품의 제4수는 〈춘향가〉의 성격을 다음과 같이 읊어내고 있는데, 감상의 핵심은 바로 풍류이다.

春香扮得眼波秋	춘향이 분장 끝나 눈에는 추파
扇影衣紋不自由	부채 든 옷매무새 어색하고녀
何物龍鍾李御史	웬일인가 파리한 이어사는
至今占斷劇風流	지금토록 풍류놀이 독점하는가.[177]

　다음으로 주목할 만한 작품은 윤달선(尹達善, 1822~?)의 〈광한루악부(廣寒

---

176 김석배 역주, 위의 책, 350쪽.
177 원문은 孫八洲 編, 『申緯全集』 第二集, 태학사, 1983, 853쪽, 번역은 尹光鳳 著, 『改訂 韓國演戱詩 硏究』, 박이정, 1997, 86쪽.

　　　　　　　　　　　　　제5장 문화접변의 심화와 전형화 과정

樓樂府)〉이다. 〈광한루악부〉는 윤달선이 1852년에 지은[178] 칠언절구 108수의 연작시로 이루어진 작품이다. 구체적으로 그 구성을 보면, '요령이첩(要令二疊)', '전화일첩(轉話一疊)', '이생창오십오첩(李生唱五十五疊)', '향낭창삼십오첩(香娘唱三十五疊)', '관동창삼첩(官童唱三疊)', '월모창사첩(月姥唱四疊)', '농부창오첩(農夫唱五疊)', '단랑창일첩(壇郞唱一疊)', '총론일첩(總論一疊)', '결국일첩(結局一疊)'등 총 108疊으로 되어 있다. 이 중에서 요령이첩(要令二疊)은 전체의 서문에 해당하는 부분이고, 전화일첩(轉話一疊)은 내용의 전환을 가리키는 부분이며, '총론일첩(總論一疊)', '결국일첩(結局一疊)'은 말 그대로 결론에 해당하는 부분이다. 그리고 나머지는 주요 인물들의 창으로 구성되어 있다. 이러한 체재로 볼 때, 〈광한루악부〉는 한시로서는 연작시에 해당하되, 마치 창극(唱劇)을 전제로 창작된 것처럼 보인다. 그리고 총17疊에 걸쳐 시 작품 말미에 "弄", "別", "別意", "別曲", "思", "夢" 등의 평어(評語)가 붙어 있는 것도 특징으로 지적할 수 있겠다.

〈광한루악부〉에는 윤달선과 함께 겸산(兼山)이란 인물, 옥전산인(玉田山人)이란 인물의 서문이 세 편 붙어 있는데, 거기에는 윤달선의 창작 동기, 당대 호사가들의 〈춘향가〉 수용의식 등이 펼쳐져 있어 주목을 요한다. 먼저 윤달선의 서문을 보기로 한다.

자하 신시랑이 관극시 수십수를 지었는데, 그 풍류와 운향은 근세의 절창이다. 그러나 그 시가 매우 소략한 점이 참으로 아쉬운 점이라 할 것이다. 임자년 초가을에 더위를 먹은데다 학질에 걸려 승가사의 북쪽 선원에서 요양하였다. 마침 날씨는 청량하고 잠도 오지 않을 때에 정신을 가다듬어 향랑가 1편을 바탕으로 소곡 108첩을 짓고는 이름 하기를 〈광한루악부〉라 하였다.

---

178 현전하는 이본을 보면, 임자년(壬子年, 1852)에 지은 것으로 기록되어 있다.

나는 감히 자하의 관극시와 더불어 시단에서 다툴 수는 없지만, 그 취미에 있어서는 한가지일 것이다. 더욱이 슬픔과 기쁨, 만남과 헤어짐의 정과 여항풍요의 사설은 만의 하나라도 제대로 그려내기 어려워, 진시로 붓을 놀리기가 어렵기 짝이 없었다. 하지만 상자에 갈무리해 두었다가 꽃그늘 아래 술동이를 안고서 애오라지 스스로 즐길 만하지 않을까.[179]

위의 내용을 보면 윤달선은 자하(紫霞)신위(申緯)의 관극절구시의 영향을 받아 〈광한루악부〉를 지었음을 알 수 있다. 구체적으로 보면 자하의 시가 풍류(風流)와 운향(韻響)의 면에서 절창이긴 하지만, 지나치게 소략하다는 것이다. 위에서 살펴본 것처럼, 신위는 '관극절구시 12수'를 지은 바 있는데, 판소리 작품을 형상화한 경우는 〈춘향가〉 밖에 없고, 더구나 그것도 칠언절구에 불과하다. 윤달선의 입장에서는 〈춘향가〉의 세계를 칠언절구에 담기는 어렵다고 판단하고 108첩의 연작시로 지은 것이다. 다음으로 윤달선은 〈춘향가〉가 지니고 있는 슬픔과 기쁨, 만남과 헤어짐의 세계가 충분히 즐길 만하여 시로 지었다고 한다. 말하자면 윤달선은 판소리 〈춘향가〉를 풍류와 흥취의 대상으로 수용하였던 것이다.

겸산(兼山)의 서문에서도 윤달선이 〈광한루악부〉을 지은 동기가 서술되어 있다. 즉, 겸산은 판소리 〈춘향가〉는 말을 다하지 못하고, 말은 뜻을 다하지 못해, 비록 신묘한 경지를 보여주긴 하지만 종종 빠지고 미비한 부분이 있어서, 윤달선이 춘향가를 전부 모아 속된 말을 변하게 하여 가(歌)와 시(詩)로 만들었다는 것이다. 이어 〈광한루악부〉에는 재자가인(才子佳人)의 슬픔과 기쁨,

---

179 "紫霞申侍郎作觀劇數十首 其風流韻響 旣近世絶唱 然詩甚些略 良可惜也 壬子初秋 飮暑患店 調病於僧伽寺之北禪院 當淸涼無寐之時 收拾神思 依香娘歌一篇 作小曲百八疊 名之曰 廣寒樓樂府 余不敢與霞詩 拜驅騷壇 然其趣味則一般也 至於悲歡離合之情 閭巷風謠之辭 不能描寫其萬一 眞戛戛乎其難於措手矣 然藏之巾笥 花下樽前聊以自懷云矣". 尹達善, 「廣寒樓樂府 小序」, 구자균 교주, 『春香傳』, 교문사, 1984, 569쪽.

만남과 헤어짐의 정, 노래판 광대들의 연희, 권선징악적인 내용들이 모두 담겨 있고, 그 천태만상을 묘사한 것이 모두 음절(音節)에 맞아, 판소리가 형용할 수 없는 것도 능히 형용하고 있다고 보았다. 그렇기 때문에 〈광한루악부〉야말로 풍요(風謠)인 판소리가 갖추지 못한 것을 다 갖추고 있다는 것이다.

여기서 겸산 역시 〈춘향가〉를 청춘남녀의 풍류로 이해하고 있다는 점에서 윤달선의 시각과 크게 다르지 않다. 그런데 특징적인 것은 〈춘향가〉를 '풍요'로 이해하고 있다는 점이다. 즉, 〈춘향가〉를 민간 대중에서 널리 유통되던 민간가요로 인식한 것이다. 이점은 겸산과 같은 상층 지식인들도 판소리 〈춘향가〉의 본질을 이미 충분히 인식하고 있었다는 점을 말해준다.

옥전산인의 서문은 판소리와 〈춘향가〉에 대한 당대 상층 지식인들의 식견을 보다 자세히 알려준다는 점에서 특히 주목된다. 옥전산인은 먼저 당대 창우(倡優)들의 연희가 한 사람은 서고 한 사람은 앉아서 하는데, 선 사람은 소리를 하고 앉은 사람은 소리에 맞춰 북을 치는 방식으로 행해진다는 점, 그리고 그러한 잡가(雜歌)가 12종이 있는데, '향낭가' 즉 〈춘향가〉는 그 중의 하나라는 점을 말하고 있다. 여기서 우리는 당시의 판소리 광대가 '倡優'로 불려졌다는 점, 판소리 작품이 '雜歌'로 불리어지기도 했다는 점을 알 수 있다. 그리고 윤달선이 〈광한루악부〉를 창작한 1852년경에는 12종의 판소리가 연행되고 있었다는 점도 알 수 있다.[180]

이어 옥전산인은 〈춘향가〉를 세 가지의 '奇事'로 설명하고 있는데, 그것은 이낭군이 춘향이를 만난 것, 춘향이 온갖 풍상을 겪으면서도 절개를 지킨 것, 이낭군과 춘향이 다시 만난 것을 말한다. 그리고 이러한 내용을 담고 있는 〈춘향가〉가 비록 패관이어(稗官俚語)에서 나온 것이지만 국풍(國風)처럼 음란하

---

180 여기서 옥전산인이 거론한 12종의 판소리는 아마도 앞서 살펴본바 송만재의 〈관우희〉에 등장하는 12작품과 동일한 것이 아닌가 한다.

지 않는데도, 성률(聲律) 사이에서 음영되지 못하고 단지 판소리 판에서만 머물고 있다고 한다. 이 때문에 윤달선이 〈광한루악부〉를 지었다고 말하고 있다. 또한 옥전산인은 〈춘향가〉의 주요 성격을 세 가지로 말하고 있는데, 그것은 '喜', '悲', '快'를 말한다. 여기서 '희'는 이도령과 춘향의 만남과 사랑을 말하고, '비'는 이도령과 춘향의 이별을 말하며, '쾌'는 두 사람의 재회를 말하는 것이 분명하다. 이렇게 볼 때 옥전산인 역시 겸산과 마찬가지로 〈춘향가〉의 작품 세계를 '風流奇事'로 이해했음을 알 수 있다. 이를 토대로 보면 당대의 다른 상층 지식인들도 대개 〈춘향가〉의 풍류기사로서의 성격을 충분히 인지한 가운데 향유했음을 짐작할 수 있다.[181]

그러면 시가 구체적으로 어떻게 전개되고 있는지 몇몇의 사례를 보기로 한다.

鵲橋東畔廣寒樓	오작교 동반의 저긴 광한루
翠竹深林映素秋	푸른 대 우거진 숲 한 가을 어려
牛女佳緣誰更續	견우직녀 가연을 그 누가 잇노
簷下孤月滿空洲	맑은 강 외로운 달 물가에 가득[182]

위의 내용은 '요령이첩(要令二疊)' 중 두 번째 작품으로서, 〈춘향가〉의 배경을 읊고 있다.

| 消盡丈夫一村腸 | 장부의 애간장을 말린 나마에 |
| 官僮隔水喚香娘 | 방자에게 물 건너 춘향을 불러 |

---

181 〈광한루악부〉에 나타난 판소리 수용태도에 대해서는 김종철, 『판소리사연구』(역사비평사, 1996), 222-229쪽을 더 참조할 수 있다.

182 〈광한루악부〉의 시 원문은 구자균 교주, 『春香傳』(교문사, 1984), 561-56쪽에 있는 것을 이용하고, 번역문은 윤광봉, 위의 책, 89-96쪽에 있는 것을 이용한다. 이하 동일.

却被遊郞遙覰見	한량에게 멀리서 엿보게 하고
海棠深處忽迷藏	해당화 핀 곳으로 가게 하누나.

위의 내용은 '이생창(李生唱)' 부분이다. 이생이 방자를 시켜 춘향을 불러오게 한 뒤 자신은 멀리서 방자와 춘향의 광경을 엿보는 내용을 읊고 있다.

沈沈月色夜三更	달빛도 침침한 한밤중인데
誰時慇懃訪我聲	누군가 은근히 날 찾는 소리
病枕乍推矯首聽	베개 살짝 밀치고 귀 기울이니
李郞來自漢陽城	이도령이 한양에서 오시었구료.

위의 내용은 '향낭창(香娘唱)' 부분이다. 향낭이 옥중에서 이생을 만나는 내용을 이렇게 구성했다.

(1)

娼家貞節鮮終始	기생의 정절이 한결같으랴
能始能終有是娘	처음이나 끝이 같긴 춘향뿐이라.
寄語湖南歌舞伴	전라도 가무에도 말을 붙이어
留看樂府兩三章	두서너장 악부 지어 두고 본다네.

(2)

淨丑場中十二腔	놀이판 가운데서 열두마당은
人間快活更無雙	세간의 쾌활함이 견줄 바 없어
流來高宋廉牟唱	고송염모 불러온 노래 이래로
共和春風花鼓撞	봄바람이 조화되어 북도 둥당당.

(1)은 '총론(總論)' 부분이고, (2)는 '결국(結局)' 부분이다. '총론'에는 춘향의 절개를 높이 칭송하면서 그것을 악부로 짓게 된 계기가 표현되어 있다. 그리고 '결국'에는 판소리 12마당은 다른 것과 비교할 수 없는 저마다의 '人間快活'을 다루고 있다는 것과, 그러한 판소리를 고수관, 송흥록, 염계달, 모흥갑 등이 불러온 이후 지속적으로 전승되고 있다는 작가의 술회가 표현되어 있다.

남녀인물의 재자가인적 면모와 그들의 진정한 사랑을 포착하여 개작한 작품으로 〈광한루기(廣寒樓記)〉도 주목된다 .이 작품은 19세기 중반에[183] 당대에 유통되었던 〈춘향가〉를 개작한 한문소설이다. 본 작품은 작품의 구성 체재가 독특한데, 먼저 이를 정리해 보기로 한다. 작품의 앞부분부터 순차적으로 정리하면 다음과 같다.

雲林樵客 書

廣寒樓記 叙二

廣寒樓記 讀法

水山廣寒樓記 牛絹十皮 長亘直心 著 雲林樵客 編輯 小广主人 評批

詩

引

廣寒樓記 第一回 尋春

廣寒樓記 第二回 探香

廣寒樓記 第三回 凝情

廣寒樓記 第四回 惜別

廣寒樓記 第五回 拒令

---

183 〈광한루기〉는 현재 여러 이본이 전하고 있는데, 작품의 서문에 적혀 있는 '을사년(乙巳年)'을 근거로 1845년경에 창작된 것으로 본다.

제5장 문화접변의 심화와 전형화 과정

廣寒樓記 第六回 守節

廣寒樓記 第七回 奉命

廣寒樓記 第八回 踐約

　이상과 같은 체재로 되어 있는바, 보충 설명을 하자면 다음과 같다. 운림초객의 서문에 이어 두 번째 서문은 소엄주인(小广主人)이 한 것으로 되어 있다. 그리고 이어서 광한루기 독법이 제시되어 있는데, 그것은 "술 마시며 읽으면 기운을 돕고, 거문고를 타면서 읽으면 운치를 돕고, 달을 마주하고 읽으면 정신을 돕고, 꽃을 구경하면서 읽으면 격조를 도울 수 있다."[184]라는 서문을 시작으로, '음주를 통해 기운을 돕는다', '거문고를 타면서 운치를 돕는다', '달을 마주하면서 정신을 돕는다', '꽃을 보면서 격조를 돕는다' 등의 제목을 달고 그 각각에 대하여 부연 설명을 붙인 형태이다. 이어 작품 제목을 "水山廣寒樓記"라 하고 작가와 편집 및 평비자(評批者)의 이름을 적고 있다. 위에서 보는 것처럼, 〈광한루기〉의 저자를 '半絹十皮 長亘直心'라고 적고 있는데, 정하영은 파자 풀이를 하여 '趙恒'이란 사람이 저자라고 하였다. 그러니까 〈광한루기〉는 '水山'이란 호를 지닌 조항이란 사람이 지은 것인데, 조항이란 인물이 누구인지는 알 수 없다고 하였다.[185]

　한편 소엄주인이 '評批'를 하였다는 기록을 통해 볼 때, 본 〈광한루기〉는 평비를 가한 작품임을 알 수 있다. 소설에 평비를 가한 작품으로는 중국 김성탄(金聖嘆)의 평비본 소설이 유명한데, 〈광한루기〉는 이의 영향을 받은 작품이다. 뒤에서 살펴보겠지만, 구체적으로는 김성탄의 평비본 소설 중 〈서상기(西廂記)〉의 체재를 빌려 창작한 것이다. 다음으로 작가의 것으로 보이는 '詩'와

---

184 성현경·조융희·허용호, 『광한루기 역주 연구』, 박이정, 1997, 16쪽. 이하 〈광한루기〉의 내용 인용은 이 책을 바탕으로 한다.

185 정하영, 「〈광한루기〉 연구」, 『이화어문연구』 12, 이화여대 국어국문학과, 1992.

'引'이 적혀 있다.[186]

작품의 본문은 총 8회로 구성되어 있는데, 각 회마다 전체 제목이 붙어 있고, 전체 제목 밑에 소제목이 하나씩 붙어 있다. 예를 들어, 제1회의 제목인 "尋春" 아래에 "오작교 위 선랑은 봄바람에 취하고 버드나무 언덕에선 가인이 그네 뛰네.(烏鵲橋仙郞醉春風 楊柳堤佳人送秋千)"라는 소제목이 붙어 있는 방식이다. 또한 각 회의 처음과 끝에 평비가 장황하게 붙어 있고, 본문 중에도 협주(夾註)[187]가 다채롭게 삽입되어 있다.

다음으로 〈광한루기〉의 작가의식을 살펴보기로 한다.

나의 벗 수산선생이 문장법에 대하여 거론한 적이 있다.

"문장은 그림과 같네.…(중략)…근세의 소설들 가운데 이러한 묘법을 간직한 것은 오직 〈광한루기〉뿐이라네."

내가 듣고 기뻐하면서 진정으로 한 번 보기를 원했지만 그 책을 얻어 보지 못했다. 하루는 수산이 술병을 차고 백운산에 있는 나를 방문해서는 소매 속에서 책 한 권을 꺼내 놓고 말했다.

"이것이 〈광한루기〉일세."

내가 바쁘게 손을 놀려 책을 펼쳐 보니 바로 창우(倡優)들의 판에서 자자한 〈춘향전〉일 따름이었다. 나는 안타까워하며 말했다.

"이런 이야기를 어떻게 눈에 댈 수 있겠는가?"

---

186 첫 번째 서문을 쓴 운림초객은 서문에서 "나의 벗 수산 선생……", "수산 선생의 광한루기 만큼은 금강산의 진면목을 그린 것이다." 등과 같이, '수산'을 다른 사람처럼 부르는데, '引'을 보면 "나는 집이 운림에 있어 초객을 자호로 삼았다."는 구절이 있다. 이를 보면 운림초객이 곧 작가가 된다. 이를 토대로 종합해 보면, 〈광한루기〉에 등장하는 소엄주인, 운림초객, 수산은 모두 동일 인물이 아닌가 한다.

187 협주는 작품 중간 중간에 붙어 있는 평비를 말한다. 예를 들어, 방자의 말을 제시한 후 방자의 말이 끝나는 부분에 본문보다 작은 글씨로 "誰謂一房子辭令乃如是(누가 이런 것을 일개 방자가 하는 말이라고 하겠는가.)"와 같이 비평을 가하는 것을 말한다.

수산이 말했다.

"그렇지 않네. 춘향의 옥같은 용모와 얼음 같은 마음, 송죽 같은 절개는 천고의 가인이요, 열녀라고 할 만하네. 만일 시내암(施耐庵)과 김성탄(金聖嘆)같은 사람들이 우리나라에서 태어났다면, 반드시 문학의 장을 펼쳐 우리들의 감상거리를 만들되, 〈서상기〉와 같은 전기(傳奇)에 그치지는 않았을 걸세. 그러니 어찌 창우 무리들이 촌 구석의 무지렁이들 틈에서 음란한 소리와 어지러운 곡조를 전담하도록 내버려 두었겠는가? 그리고 내 소매 속에 있는 책은 속본(俗本)이 아닐세. 그런데도 자네는 보지도 않고 폄하부터 하니, 이 또한 이름만 중히 여기고 내용은 무시하는 죄를 면하지 못할 걸세."

나는 이때 '그래, 그래.' 했지만, 마음속으로는 수긍하지 않았다. 10여 년 뒤에 영호남 지역에 일이 있어……1천 여리의 강산을 죽 유람하고 돌아오니 자연히 문장에 대한 작은 깨달음이 있었다. 그래서 수산의 말을 상기하고는 간직하고 있던 〈광한루기〉를 꺼내어 읽어 보았더니, 과연 창우들이 상스러운 말로 전하는 것이 아닌, 정말이지 절세의 특별한 사건이며 기묘한 문장이었다.[188]

위의 내용은 운림초객의 서문 중 일부이다. 먼저 〈광한루기〉가 속본(俗本)인 〈춘향가〉를 바탕으로 한 것임을 알 수 있다. 그러나 속본은 상스러운 말과 어지러운 곡조로 되어 있으나, 〈광한루기〉는 그렇지 않고 절세의 기이한 문장이라는 것이다. 그럼에도 속본의 춘향은 천고의 가인이자 열녀이기에, 만약에 김성탄이 춘향의 이야기를 알았다면 〈서상기〉를 능가하는 문장을 지었을 것이라고 한다. 즉, 〈춘향가〉의 이야기 자체는 대단히 흥미롭다는 것이다. 그래서 촌구석에 내버려둘 수 없어 〈광한루기〉를 지었다는 것이다. 운림초객은 처

---

188 성현경 외, 위의 책, 11-12쪽.

음에는 수산의 〈광한루기〉를 인정하지 않았다. 왜냐하면 익히 알고 있었던 속본 〈춘향가〉에 불과했기 때문이다. 그러나 문장의 의미를 알고 나서 비로소 〈광한루기〉를 인정하게 된다.

요컨대, 위의 내용을 통해 우리는 수산이 속본 〈춘향가〉를 바탕으로 〈광한루기〉를 지었으며, 그 이유는 춘향의 인물됨이 빼어남에도 그녀의 이야기가 속된 촌구석에서만 유통되고 있는 점을 안타깝게 여겨 한 편의 뛰어난 문장으로 개작한 것임을 알 수 있다.

나는 〈서상기〉를 읽고 천하 후세에 이와 같은 재자(才子)가 다시 없고, 이와 같은 가인(佳人)이 다시 없고, 이와 같은 기이한 문장이 다시 없다고 생각했다. 근래에 또한 〈광한루기〉를 읽고, 천하 후세에 없을 기이한 문장을 오늘날 얻었다는 것과 그 책에 실린 인물과 관련된 사건도 모두 천하 후세에 없을 재자가인에 관한 것이라는 점에 대하여, 은근히 기뻐했다. 비로소 두세 사람과 자주 평정(評訂)을 가하여 아직 전파되지 않은 이 책을 널리 퍼뜨리고자 하였는데, 이에 대하여 비난하며 말했다.

"당신은 일개 〈광한루기〉를 가지고 이미 성공을 거둔 〈서상기〉와 앞을 다투고자 하는데, 가당치 않소."

내가 웃으면서 대답했다.

"어찌 그렇다고 할 수 있겠습니까?…(중략)…〈서상기〉에서 앵앵의 역할은 쉽고, 〈광한루기〉에서 춘향의 역할은 어렵습니다. 〈서상기〉의 장군서가 소인이라면, 〈광한루기〉의 이화경은 대장부입니다. 대체로 정(情)에 끌려 담을 넘어 서로 따른다는 점에서는 공통적이지만, 앵앵이 '가서 만난다면', 춘향은 '앉아서 기다립니다'. 애간장이 끊어지고 눈물이 말라 버리도록 슬프게 이별하는 점은 공통적이지만, 앵앵은 소식이 끊어지지 않았는데도 절개를 잃고, 춘향은 핍박과 고통 속에서 죽을 지경에 이르러서도 절개를 지키는데, 이점이 다릅니다. 서로 예물을 주면서 마음을 두고 약속하는 점은 같지만, 장군서는 그 약속을 저버리고, 이화경은 약속을 실천하는데, 이 또한 다른 점입니다. 그러므로 〈서상기〉의 언어는 슬프고도 빠르며, 〈광한루기〉의 언어는 즐거우면서도 느립니다. 이점 또한 풍속을 살피는 자라면 가려낼 수 있는 것입니다. 그러므로 대장의 기(旗)와 북이 〈광한루기〉에게로 돌아가고, 〈서상기〉는 어쩔 수 없이 항복의 깃발을 세우게 된다는 것을 어찌 모를 수 있겠습니까?"[189]

위의 내용은 소엄주인의 서문 중 일부이다. 〈광한루기〉가 〈서상기〉를 의식하여 지은 것임이 명확히 나타나 있다. 〈광한루기〉의 체재가 독특한 것도 〈서상기〉, 특히 김성탄의 평비본 〈서상기〉의 영향 때문이다. 그러나 소엄주인은 〈광한루기〉가 〈서상기〉를 능가하는 작품이라고 주장한다. 작품의 주인공인 재자가인의 성격이 〈서상기〉의 주인공보다 우월하고, 또 재자가인의 형상화 방식도 〈광한루기〉가 앞선다는 것이다.

이와 같이 〈광한루기〉는 수산이란 작가가 당대에 유통되면서 큰 인기를 누렸던 속본 〈춘향가〉를 바탕으로, 〈서상기〉의 방식을 활용하되 〈서상기〉를 능가하는 문장을 지으려는 목적 하에 산출된 것이다. 현재 〈광한루기〉 이본이 여러 편 전하는 것으로 보아, 〈광한루기〉는 창작 당대에 널리 읽혔던 것으로 생각된다.

가인(佳人)을 물에 어린 달과 거울에 비친 꽃처럼 묘사하고, 재자(才子)를 바람 스치는 기둥과 달빛 흐르는 정자처럼 묘사한 뒤에라야, 여기에 자연스럽게 특별한 정신과 특별한 색태가 언어를 벗어난 경지에서 은근하면서도

---

189 성현경 외, 위의 책, 14-15쪽.

심오하게 표현되는 것이다. 이러한 점은 아는 사람만 안다. 이른바 속본 〈춘향전〉에는 춘향이 너무 요야(妖冶)하게 묘사되어 있고, 화경이 지나치게 방탕하게 묘사되어 있다.[190]

대체로 말이 많을수록 의미는 더욱 깊이가 없어지고, 일이 반복될수록 마음은 더욱 겉으로 드러나기 마련이다. 아! 천하의 참된 이치가 남녀 사이에서만큼 잘 나타나는 곳이 없는 것은 분명하지만, 이처럼 천박한 비유에서는 역시 지나친 수식이 지니는 폐단을 벗어 버리지 못하는 것이다. 속본 〈춘향전〉은 이러한 표현들을 많이 사용하고 있지만, 〈광한루기〉는 이들을 모두 제거해 버렸다.[191]

〈광한루기〉를 읽는 사람은 먼저 형체와 그림자를 구분할 줄 알아야 한다. 남원은 그림자다. 광한루도 그림자다. 화경까지도 그림자다. 형체는 춘향 한 사람뿐이다. 관직을 옮기는 것도 그림자이며, 행장을 꾸리는 것도 그림자다. 난간에 기대어 슬퍼하는 것도 그림자이며, 술을 가져가 축하하는 것도 그림자다. 형체는 '이별' 두 글자뿐이다.[192]

위의 내용은 각 회의 평비문(評批文)을 일부 발췌한 것이다. 내용에서 알 수 있는 것처럼, 〈광한루기〉의 작가는 작품의 등장인물인 재자가인(才子佳人)의 인물형상을 강조하기 위해, 그와 배치되는 속본 〈춘향가〉의 수식, 표현, 비유 등은 제거했음을 알 수 있다. 작가는 특히 형체를 가진 사람은 오로지 '춘향'이라고 하며, 춘향의 인물 성격을 매우 강조하고 있다. 그렇다고 하여 속본 〈춘향가〉가 갖추고 있는 골계적 흥미성이 모두 사라진 것은 아니다. 아래의 인용

---

190 제1회 회미평(回尾評)의 일부. 성현경 외, 위의 책, 36-37쪽.
191 제3회 회수평(回首評)의 일부. 성현경 외, 위의 책, 49쪽.
192 제4회 회수평(回首評)의 일부. 성현경 외, 위의 책, 60쪽.

　　　　　　　　　　　　　　　　제5장 문화접변의 심화와 전형화 과정

문은 신관부사와 춘향이 대면했을 때의 한 장면이다.

　　부사가 머리를 끄덕이고는 춘향에게 말했다.
"나는 성품이 호방한데,{네가 호방하면 누군들 호방하지 않겠느냐?} 우연히
이 고을에 부임하고서는{네 입으로 우연히 이 고을에 부임하게 되었다고 말
하느냐? 네가 누구를 속이겠느냐? 하늘을 속일 수 있겠느냐? 너는 종의 얼
굴로 무릎을 꿇고 홍륜(洪倫)에게 밤늦도록 애걸하던 때를 생각하지 못하느
냐?} 꽃 피는 아침과 달뜨는 밤에 술을 권하려 해도 상대가 없는 터였는데,{너
희 집 할망구에게는 술을 못 권하냐?}[193]

　　위의 내용에서 { }안에 적혀 있는 것은 협주(夾註)인데, 이 협주를 통해 속본
〈춘향가〉가 지니고 있는 골계적 요소가 살아있음을 볼 수 있다.

禹家唱曲今第一	우춘대의 창곡은 금세에 으뜸인데
謔浪排調供科白	농지거리를 늘어놓으며 말과 동작을 꾸미네.
細語娓娓閨婦嗔	자잘한 말로 조곤조곤 아낙의 화를 돋구더니
抗聲直上凌空碧	내지르는 소리는 곧바로 푸른 허공을 나르네.
麗如落花流春風	아름답기는 춘풍에 흩날리는 꽃잎과 같고
急似將軍冒矢石	급하기는 화살과 돌을 무릅쓰는 장군과 같네.
舌根有喉喉有神	혀뿌리 목에서 나오는 신들린 듯한 소리
翻腔度曲妙無敵	곡조를 바꾸어 부르는 노래는 묘하여 당할 자 없네.
池閣不知林日昏	듣노라니 연못가 정자에 날 저무는 줄 모르고
煩襟滌與乘軒客	헌에 오른 객들의 세속에 찌든 마음 말끔히 씻네.

---

193 성현경 외, 위의 책, 77쪽.

雨點腰鼓寂然收	빗방울은 점점이 떨어지고 장구를 쓸쓸히 거두는데
孤雲冉冉靑山隔	외로운 구름은 아득히 푸른 산에 격해 있네.
下階扶醉重回首	술취해 부축받고 계단 내려오며 거듭 돌아다보니
尙疑餘音繞四璧	아직도 여음은 사벽을 감싸고 있는 듯하네.[194]

위의 내용은 김조순(金祖淳, 1765~1831)이 지정(池亭)에서 우춘대(禹春大)의 판소리를 듣고 지은 〈지정청우령배곡희부(池亭聽禹伶排曲戲賦)〉라는 한시 작품이다. 앞서 살펴본 송만재의 〈관우희〉 제49수를 보면[195], 우춘대는 권삼득이나 모흥갑보다는 좀 앞선 시기의 사람으로서,18세기 말에 활동했던 독보적인 판소리 명창이었다.[196] 위의 시에서 작가는 우춘대의 신들린 듯한 소리와 연희를 보고 그 묘함이 당할 자가 없다고 칭송하고 있다. 또한 소리를 듣고 있노라니 시간 가는 줄 모르고 세속에 찌든 마음도 말끔히 없어졌다고 한다. 그리고 소리가 끝난 뒤에도 그 여음을 잊지 못할 정도로 깊이 심취한 모습을 읊고 있다. 요컨대 작가는 판소리의 감응력, 즉 판소리 지닌 기묘함, 흥겨움, 탈세속의 경지 등에 깊이 매료되고 있다. 따라서 이 역시 판소리의 고유미학이 무엇이었는지, 그리고 그것을 어떻게 느꼈는지를 알려주는 작품이라고 할 수 있겠다.

이상으로 거론한 작품들은 양반 향유자들이 기록으로 남긴 한시와 한문산문 판소리 작품인데, 판소리 〈춘향가〉가 갖추고 있는 판소리의 본래적 면모를

---

194 김조순, 『풍고집(風皐集)』, 권2. 정출헌, 「판소리 담당층의 변화에 따른 19세기 판소리사와 중고제의 소멸」, 『민족문화연구』31집, 고려대 민족문화연구원, 1998, 276쪽에서 재인용.

195 "장안에 이름 높긴 우춘대이니, 당대에 누가 능히 그 소릴 잇나. 술자리서 한 곡 빼면 천 필의 비단, 권삼득과 모흥갑은 젊은이였지.(長安盛說禹春大 當世誰能善繼聲 一曲樽前千段錦 權三牟甲少年名)"

196 성기련은 여러 자료를 활용하여 우춘대가 늦어도 18세기 중엽인 1750년대에서 1760년대 사이에 이미 전성기를 누렸던 명창으로 보았다. 성기련, 「18세기 판소리 음악문화 연구」, 『한국음악연구』34, 한국국악학회, 2003, 170쪽.

중점적으로 포착하여 판소리 고유미학의 하나인 풍류적 속성을 살리는 방향에서 재현된 것임을 알 수 있다. 그러면서도 양반 향유자로서의 양반의식이나 취향도 판소리 재현의 한 방식으로 고려했음을 알 수 있다. 이와 같이, 판소리의 고유미학을 발견하고 재현하면서도 19세기 이후 판소리 향유를 주도했던 양반들의 취향도 판소리에 가미됨으로써, 판소리는 점진적으로 상하층의 세계관과 미학을 통합하는 단계로 발전할 수 있었다.

그런데 양반 향유자들이 판소리를 수용하면서 자신의 세계관과 미학을 일정하게 가미하면서도 하층이 상층을 비판하고 풍자하는 모습, 신분이 다른 남녀간의 사랑과 풍류를 그대로 수용한 점은 판소리를 이해하는 방식에 있어 그들의 사상적 배경이 크게 작용했다고 생각된다. 그 사상적 배경 중에는 실학적 사고도 있지만 무엇보다도 양명학적 사유가 중요했다고 생각된다. 3장에서 살펴본 바와 같이, 양명학은 양지(良知)에 이르면 누구나 대등한 존재론적 가치를 지닌다는 것이 핵심 이론이다. 그렇기 때문에 양지만 갖추게 되면 방자와 같은 천민이든 춘향과 같은 기생이든 저마다 개별적 주체성과 독자성을 갖춘 인간으로서 가치를 지닌다고 볼 수 있다. 따라서 판소리 수용자들이 천민인 방자가 양반인 이몽룡을 기롱하고 풍자하는 것, 기생인 춘향과 양반자제인 이몽룡의 사랑을 순수한 애정과 풍류로 그린 것을 그대로 수용할 수 있었던 것은 이들 수용자들의 의식의 저변에 양명학적 사유가 개재해 있었을 가능성이 높다. 그렇지 않고 신분의 고하(高下)나 귀천(貴賤)을 중시하는 수용자라면 〈춘향가〉에서 방자나 왈자들의 행위, 춘향과 이몽룡의 사랑을 받아들이기 어려웠을 것이다.

또한 판소리에 나타난 풍자, 비판, 골계, 해학 등의 미적 요소와 신분을 초월한 애정 욕망, 도도한 풍류의식 등은 조선 후기 예술 세계를 지배했던 속미주의적(俗美主義的) 심미 취향의 영향도 크다고 본다. 예술적 심미 취향에서 속미주의는 문사적(文士的) 심미 원칙인 전아미(典雅美)와 반대되는 것으로서, 즉자적 삶의 환경에서 배태되는 '정(情)'의 세계를 토대로 형성된 졸박(拙朴), 용속(庸俗), 속조(俗調)의 미학을 말한다.[197] 판소리의 향유에 양반층이 개입하여 판소리와 양반의식 간의 접변이 심화되는 과정에서 판소리의 속미성(俗美性)이 유지된 것은 양반 향유층이 판소리의 속미성을 판소리의 고유한 가치로 인정했기 때문이다.

3. 유가 미의식의 강조와 정리의 합일 지향

과거 당대의 양반들은 대개 유가이념을 학습하여 유가적 가르침을 삶의 표준으로 삼았다고 할 수 있다. 그렇기 때문에 충·효·열과 같은 이념을 노골적으로 강조했고 그것의 실천적 삶을 중시했다. 또한 양반들은 대개 신분의식을 가지고 있었기 때문에, 민중들의 즉자적·본능적 삶과 달리 매사 절제 있고 진지한 삶을 추구했다. 이와 같은 삶의 태도를 유가적 양반의식에 기인한 것으로 본다면, 이러한 유가의식에 기초한 예술 작품에는 정(情)과 이(理)의 합일을 추구하는 면모가 개재해 있다고 본다.

판소리에서 〈춘향가〉에는 '열'의 문제가 개입되어 있고, 〈심청가〉에는 '효'의 문제가 내재되어 있으며, 〈흥부가〉에는 '우애'의 문제가 내재돼 있다. 이와 같이 판소리는 표면적으로 상층 양반들이 특히 중시했던 유가적 양반이념이 주제의 한 요소로 작용하고 있다는 점을 쉽게 알 수 있다. 그러나 판소리가 유가이념과는 거리가 있는 민중적 기반에서 생성되었다는 점을 상기한다면, 아

197 예술에서의 '속미(俗美)'의 의미와 성격에 대해서는 宋河璟, 「東江 趙守鎬의 接의 用筆美學과 俗美的 藝術世界」, 『서예비평』제1호, 한국서예비평학회, 2007 참조.

무래도 위에서 언급한 유가이념들은 판소리의 본질적 요소라고 보기는 어렵다. 그런데 상층 양반 향유자들 중, 일부의 향유자들이 비본질적 요소로 내재돼 있던 유가이념을 비중 있게 평가하여 그것을 강조하는 방향으로 기존의 판소리를 개작한 바 있다. 그리고 그것이 판소리 현장에 일정한 영향을 미침으로써 판소리는 비로소 판소리 현장과 판소리 대본의 측면에서 공히 상하의 전 계층을 아우를 수 있는 예술로 발돋움했다고 생각된다.

판소리 작품에서 양반의식 및 유가미의식과 관련하여 가장 크게 주목된 것은 〈춘향가〉에서의 춘향의 '열(烈)'이다. 이와 관련하여 먼저 주목되는 작품은 〈춘향신설(春香新說)〉이다. 이 작품은 경상도 사천(泗川)출신의 문인인 목태림(睦台林, 1782~1840)이 지은 한문소설이다. 현재 박헌봉(朴憲鳳) 소장본이 유일본으로서, 박헌봉이 1966년에 처음으로 소개하였다.[198] 박헌봉은 이 작품을 자신의 부친으로부터 물려받았고, 그 부친은 소년시절에 이춘초(李春草)란 사람에게서 구했다고 한다.[199] 〈춘향신설〉이 소개된 직후 김동욱은 이 작품의 개괄적인 성격을 논한 바 있다.[200] 그후 별다른 논의가 없다가 김종철에 의해 본격적인 연구가 진행되어[201], 〈춘향신설〉이 고전소설 〈종옥전〉을 지은 목태림이 1804년에 지은 것으로 밝혀지게 되었다.[202]

〈춘향신설〉은 판소리 〈춘향가〉를 토대로 개작한 작품으로서, 작가의 개작 방향 및 지향점은 작가의 서문에 잘 나타나 있다. 주요 부분을 인용하면 다음과 같다.

---

[198] 朴憲鳳,『唱樂大綱』, 국악예술학교 출판부, 1966.

[199] 박헌봉, 위의 책, 626쪽.

[200] 김동욱,『증보 춘향전 연구』, 연세대출판부, 1976.

[201] 김종철,「〈춘향신설〉고」, 다곡이수봉박사정년기념『고소설연구논총』, 경인문화사, 1994.

[202] 그 외, 이 작품과 관련된 연구업적으로는 정하영,「〈춘향전〉한문이본군 연구」,『성곡논총』29, 1998; 성현경,「〈춘향신설〉과 〈광한루기〉 비교 연구」,『고소설연구』8, 한국고소설학회, 1999; 류준경, 위의 논문 등이 있다.

〈신설〉을 지은 사람은 누구인가? 나만 그 사람을 안다. 어떤 사람이 나에게 물었다.

"〈신설〉은 무엇 때문에 지었는가?"

내가 대답하였다.

"향랑의 절행에 대한 사적이 흩어지고 없어져서 후세에 전하지 못할까 염려되기 때문에 지은 것이다."…(중략)…

춘향이 창가(娼家)의 천한 출생으로 한번 몸을 허락하고는 푸른 소나무와 잣나무 같은 절개로 찬 서리와 흰 눈의 위력을 능히 업신여기고, 향기로운 난초와 여린 혜초(蕙草)의 자질로 담장에 핀 꽃이나 길가의 버들의 색깔을 띠지 아니하였다. 차라리 절개를 지키다 죽을지언정 구차히 살기를 바라지 아니하여 죽는 것을 마치 자기 집에 돌아가는 것처럼 여겼다. 이는 세상 사람들이 하기 어려운 일이나 향랑은 쉽게 행했던 것이다. 옛 사람의 말에,

"날씨가 추워진 뒤에야 소나무와 잣나무가 뒤늦게 시듦을 안다."

라 하였으니, 향랑의 절개는 이런 지경에 이른 뒤에야 볼 수가 있는 것이다.

나는 보건대 부사가 향랑에게 공초를 받을 적에 향랑은 '이 일에서 사또의 충절을 알

수 있겠다.'는 말로 대답하였으니 아름답구나. 그 말이! 향랑이 아니라면 누가 능히 그렇게 말하겠는가.

어떤 사람은,

"향랑이 여러 해 옥에 갇힌 것은 향랑이 이렇게 말하여 부사의 노여움을 건드려서 그리 된 것이다."

라고 말하는데, 이는 사리에 통하지 않는 말이다. 만약 향랑이 이런 말을 하지 아니했다면 옥중에 들어가지 아니했겠는가. 저 부사는 어떤 사람인가. 억세고 고집이 있는 사람이니 말하지 않는 것이 옳겠다.

아, 향랑의 절개는 만세에 미치고 천추에 빛나 세상 민간에 풍류스러운 이야기의 바탕이 되었으니, 그 사적이 없어지지 않고 더욱 멀리 더욱 오래 전해질 것이다. 그러나 수세대 뒤에 전하는 사람이 자세히 하지 못하고 노래하는 사람이 정밀하지 아니하면 그 말류(末流)에 즐거워함이 혹 지나친 것에 가깝고, 그 바름을 잃어 슬퍼함이 혹 화(和)를 해치는데 가까워져, 난잡하여 문채가 없으며 흩어지고 없어져서 기록하기 어렵게 되리라.

아, 후세 사람이 비록 그 이야기를 듣고자 하나 그 누구를 좇아 듣기를 구하리요? 내가 어리석고 비루함을 망각하고 예전부터 전해 내려오는 이야기를 고쳐 모으고 옛 책을 도둑질하여 수개월 구상하여 한 편을 대강 완성하고 그 이름을 신설이라 하였다.[203]

위의 내용에는 작품을 짓게 된 동기와 작가의식, 그리고 당대 〈춘향가〉의 존재 양상 등이 서술되어 있다. 주요 내용은 다음과 같다. 첫째, 작가는 춘향의 절개를 기리기 위해 〈신설〉을 지었다는 것. 둘째, 춘향의 절개가 인멸되지 않고 후세에 길이 전해지도록 하기 위해 〈신설〉을 지었다는 것. 셋째, 신관사또로 대변되는 불의한 관리에 대한 비판의식이 나타나 있다는 점. 넷째, 춘향의 절개로 대표되는 춘향의 이야기가 민간의 풍류스러운 이야기로 널리 유포되어 있다는 점. 다섯째, 〈춘향가〉의 대본이나 창본을 그대로 두면 내용의 중화(中和)를 해칠 우려가 있고 또 문채도 난잡해질 수 있다는 것. 여섯째, 작가 당대에 유포되어 있던 〈춘향가〉 대본들을 두루 모아서 여러 달에 걸쳐 고쳐서 완성했다는 것 등이다.

다음으로 〈춘향신설〉의 내용 전개를 보자. 현전하는 〈춘향가〉와 대비해 보았을 때, 내용상 차이가 두드러진 부분은 서문에서 이도령의 가계(家系)를 자

---

203 許鎬九·姜在哲 共譯, 『譯註 春香新說 懸吐漢文春香傳』, 이회, 1998, 36-37쪽.

세히 소개하고 있다는 것, 춘향이가 투옥된 후 신관사또에게 원정(冤情)을 올리는 것, 춘향이가 이도령이 내려왔다는 소식을 듣고 옥졸에게 부탁하여 옥을 빠져 나온 뒤 자신의 집에서 이도령과 재회하는 것, 춘향이 이어사를 따라 서울로 올라가기 전에 월매가 죽는다는 것 등이다. 이러한 점은 현전 〈춘향가〉에는 어디에도 나타나지 않는 점이다. 따라서 위의 내용은 〈춘향신설〉로 개작하면서 새로 삽입·구성된 것이라고 볼 수 있다. 그리고 이와 같은 개작은 위 서문에서 살펴본 작가의식과 깊은 관련이 있는 것으로 보인다. 이도령의 가계를 소개하고 있는 것은 〈춘향가〉가 '사실'이라는 사실성(事實性)을 강조하기 위한 것이라고 볼 수 있다. 사실임을 강조해야 후세에 전할 만하다는 명분이 더 확고해진다. 춘향이가 신관사또에게 원정을 올리는 장면을 설정한 것은 신관사또의 부당성을 제기하는 한편, 춘향의 절개가 춘향이 가진 본래적인 성격에 기인한 것임을 강조하기 위해서이다. 그리고 춘향이가 옥을 벗어나 자신의 집에서 이어사와 재회하는 것으로 설정한 것 역시 춘향의 조신한 품행, 요조숙녀다운 인물 성격을 강조하기 위해서라고 볼 수 있다. 그러나 이로 인해 춘향이 가진 항거 이미지는 상당히 사라지고 말았다. 이상 간략히 살펴본 바와 같이, 〈춘향신설〉은 현전 〈춘향가〉와 결정적으로 달라진 부분이 있는 바, 이것은 작가의 개작의식의 결과로 생긴 것임을 알 수 있다.

한편 〈춘향신설〉은 이도령과 춘향을 비롯하여 인물간의 관계를 형성할 때 시로 수창하는 방식을 두드러지게 활용한다.[204]

今夕問何夕   오늘 밤이 어떤 밤인가
洞房燭影低   동방에 촛불 그림자 가물가물.
斗杓初轉北   북두성 자루는 처음 북쪽으로 옮겼고

---

204 〈춘향신설〉에는 10개의 장면에서 20수의 시가 등장한다.

天漢已傾西	은하수는 이미 서쪽으로 기울었네.
圓唾沁鴛枕	흘린 침은 원앙 베개에 스며들고
歌頭墮鳳笄	노래 끝에 봉황 비녀가 떨어졌네.
恐驚甘夢蝶	단꿈 꾸는 나비가 놀랄까봐
厭聽唱晨鷄	새벽닭 우는 소리 듣기 싫구려.
今夕是良辰	오늘 저녁이 바로 좋은 때라
花氈見美人	꽃무늬 담요 속에서 미인을 만났네.
宿緣栽玉容	묵은 인연은 옥 같은 용모를 길러내었고
佳約射屛人	백년가약은 병풍을 쏜 사람이라네.
倂坐鶯啼樹	앵무새는 나무에 나란히 앉아 울고
雙埋劍入津	명검은 용진에 한 쌍이 묻혔다오.
微烟生寶篆	희미한 연기가 향로에 피어나니
暗惹麝香塵	은은히 사향 향기 진토를 스치네.[205]

    위의 내용은 이도령과 춘향이가 춘향의 집에서 밤을 함께 할 때의 장면을 시로 표현한 것이다. 일반적인 〈춘향가〉는 이 대목에서 두 남녀의 질탕한 사랑놀음이 펼쳐지고, 또 그것을 핍진하게 묘사하고 있다. 그러나 〈춘향신설〉에서는 위와 같이 시로써 점잖게 인물 자신의 정회를 표출하고 있다. 이와 같은 변경 역시 춘향의 절개를 부각시키고자 한 작가의 개작의식 때문이라고 볼 수 있다. 반대로 이러한 개작의식 때문에 〈춘향신설〉에는 판소리 특유의 장면이나 표현, 예컨대 인물들의 골계적인 표현이나 행동, 노골적인 성애 표현, 가곡·가사, 비속어 등이 거의 나타나지 않고 있다. 이로 인해 판소리의 현장성은 상당히 감퇴되었다.

---

205 허호구·강재철 공역, 위의 책, 원문 134쪽, 번역문 59-60쪽.

요컨대 〈춘향신설〉의 작가는 19세기 초반에 연행 유통되었던 다양한 대본의 〈춘향가〉를 토대로, 춘향의 절개를 강조하고 그것을 후세에 길이 유전할 목적으로 〈춘향신설〉을 지었다. 그리고 작품의 내용과 구성도 작가의 그러한 개작의식에 부합되는 방향으로 전개되었다.

신재효(申在孝)는 전라도 고창에서 이방(吏房)과 호장(戶長)을 지낸 중인 출신이다. 그러나 어려서부터 한학을 공부한 것으로 알려져 지식수준은 양반 못지않았다고 생각된다. 신재효는 자신의 지적 능력과 판소리에 대한 관심 및 식견으로 〈춘향가〉, 〈심청가〉, 〈흥보가〉, 〈수궁가〉, 〈적벽가〉, 〈변강쇠가〉 등의 판소리 사설을 정립한 바 있다. 이 중에서 신재효가 개작한 〈남창(男唱) 춘향가〉는 양반의식과 유가미학적 요소가 짙게 반영된 작품이다. 〈남창 춘향가〉의 성격으로 우선 지적할 수 있는 것은 인물들의 발화 및 대화에서 기존에 존재했던 골계적인 표현이 대부분 삭제되거나 축소되었다. 〈춘향가〉에는 작품의 전반부에서 이도령과 방자가 광한루에서 술마시는 대목, 이도령이 춘향을 보고 싶어서 안달하는 대목, 방자가 이도령을 춘향집으로 인도하는 대목 등에서 골계적인 성격이 적극적으로 부각되어 있다. 또한 신관이 춘향을 핍박하는 중반부에서 여러 관속들이 부리는 골계적인 행위들도 주목된다. 뿐만 아니라 후반부에서 이도령이 어사가 되어 남원으로 내려오던 길에 남의 무덤에서 춘향이를 부르며 울다가 수모를 당하는 대목이나 농부들과의 대화에서 수모를 당하는 대목도 흥미롭고, 암행어사 출도 이후 여러 수령들이 보이는 작태들도 매우 재미있는 부분이다.[206] 그리고 이러한 부분에는 골계뿐만 아니라 상층 계

---

206 기존의 〈춘향가〉에 설정된 골계적인 부분은 일일이 예거하기 어려울 정도로 많다. 그러나 한 가지의 예만 들면, 〈춘향가〉에서 이도령은 춘향의 집을 찾아가기로 약조한 다음에 밤이 되기를 학수고대한다. 그래서 방자에게 해가 어디쯤 떨어졌는지를 재차 삼차 묻기도 하고, 시간을 때우기 위해 책을 읽으면서 온갖 해괴한 행동을 다 보인다. 그러나가 해가 지고 퇴령 소리가 들리자 방자와 함께 춘향집을 향한다. 이 과정이 대단히 골계적이고 장황하게 전개되어 있다. 그러나 〈남창〉에는 "나귀를 채쳐 몰아 책방으로 돌아와서 석반을 먹은 후에 폐문하고 퇴령 나서 상방 퇴청한 연후에 방자를 앞

급에 대한 풍자 및 비판 정신도 반영되어 있다. 그러나 〈남창 춘향가〉에는 위에서 거론한 대목의 생략과 축소로 인해 골계, 풍자, 비판의 성격이 대부분 소거되었다. 반면에 〈남창 춘향가〉에는 기존 〈춘향가〉에는 없는 내용이 삽입되거나 확대 변개된 부분도 있다. 월매가 자식 생산을 위해 축원을 하는 내용, 춘향이 천상계의 선녀였다가 득죄를 하여 적강한 존재로 태어난다는 설정, 이러한 탄생에 기반하여 춘향이 시종일관 현숙한 여인으로 형상화되고 있는 점 등이 기존에는 없던 내용이다. 이처럼 골계적인 부분이 소거되거나 춘향의 탄생을 신성시하였기 때문에, 이도령이든 춘향이든 주인공들에 대한 비속화가 거의 나타나지 않는다.

김흥규는 〈남창 춘향가〉의 이러한 면모와 함께 전반적인 정밀 분석 끝에 〈남창 춘향가〉의 주요 성격을 '영웅소설적 개작', '방자적 존재들의 소거', '규범적 당위에 충실한 인간형'의 창출 등으로 규정하고, 〈남창 춘향가〉에서의 이러한 변화는 양반층의 요구를 배경으로 한 아전층(衙前層)의 상층문화 지향의식과 보수성에 기인한 것으로 평가하였다.[207]

그러면 신재효는 당대의 〈춘향가〉를 왜 이러한 방향으로 개작한 것인가. 이는 신재효의 신분적 성격과 깊은 관련이 있는 것으로 생각된다. 신재효는 중인층에 속한 사람이었지만 의식은 양반을 지향했던 사람으로 평가된다. 그래서 양반들의 관점에서 보았을 때 수용하기 어려운 내용은 바꾸었다고 생각된다. 〈춘향가〉에서 골계와 해학, 풍자, 비판은 대개 하층인물이 상층인물을 향해 이루어진다. 그러나 이러한 양상은 양반의 입장에서는 수용하기 어려운 것이다. 또한 춘향과 이도령이 나중에 부부가 되는데, 이와 같은 구성을 유지하면서 동시에 양반들의 의식을 만족시키기 위해서는 춘향의 신분을 최대한

세우고 춘향 집을 찾아갈 제"(강한영 교주, 『申在孝 판소리사설集』, 민중서관, 1971, 15쪽)로 요약되어 있을 뿐이다.

207 김흥규, 「신재효 개작 춘향가의 판소리사적 위치」, 『한국학보』 10집, 일지사, 1978, 1-39쪽 참조.

끌어올려야 하고 품행도 여염규수처럼 정숙한 사람으로 바꿔야 한다. 요컨대 신재효는 자신의 양반의식과 양반 향유층을 적극 고려하여 〈남창 춘향가〉와 같이 개작했다고 생각된다.

다음으로 살펴볼 것은 개화기 시대 이해조(李海朝, 1869~1927)가 개작한 판소리 작품이다. 이해조는 한학과 신식 학문을 공부하여 다수의 신소설을 창작했으며 언론계에도 종사하는 등 20세기 초반의 주요한 지식인이다. 이해조는 1912년 『매일신보』에 판소리를 산정(刪定)하여 〈옥중화〉, 〈강상련〉, 〈연의각〉, 〈토의간〉이란 제목으로 연재한 바 있고, 그후 이들을 국문활자의 단행본으로 출간한 바 있다. 특히 〈춘향가〉를 산정한 〈옥중화〉는 대단한 인기를 끌어 〈옥중화〉 계통의 국문활자본이 대량으로 발간되기도 했다. 그러면 이해조는 어떠한 작가의식으로 판소리 작품을 개작·산정하였는가. 이는 다음의 인용문에서 확인할 수 있다.

조선 자래로 전해오는 타령 중 춘향가, 심청가, 박타령, 토끼타령 등은 본래 유자한 문장재사가 충효의열의 좋은 취지를 포함하여 징악창선하는 큰 기관으로 저술한 바인데, 광대의 학문이 부족함을 인하여 한 번 전하고 두 번 전함에 정대한 본 뜻은 잃어버리고 음란 천착한 말을 징연부익하여 하등 무리의 찬성은 받을지언정 초유지각한 사람의 타매가 날로 더하니, 어찌 개탄할 바가 아니라 하리오. 이럼으로 본 기자가 명창광대 등으로 하여금 구술케 하고 축조산정하여 이미 춘향가(獄中花)와 심청가(江上蓮)는 애독하시는 귀부인 신사 정각하외 박수갈체 하심을 받았거니와 차호부터는 박타령(燕의脚)을 산정 게재할 터인데 춘향가의 취지는 열행을 취하였고 심청가의 취지는 효행을 취하였고 이번에 게재하는 박타령은 형제의 우애를 권장하기 위함이니 왕왕 허탄한 듯한 말은 실상 그 일이 있다 질론함이 아니라 한갓 탁사로

사람의 마음을 풍간함이니 아무쪼록 광대타령이라고 등한히 보지 말으시고

그 타령 저술한 옛 사람의 좋은 뜻을 자세히 살피시오.[208]

위의 내용은 『매일신보』에 게재된 〈燕의脚(朴打令)豫告〉이다. 내용 중에서 이해조는 기존 판소리 작품의 취지를 '충효의열(忠孝義烈)', '징악창선(懲惡彰善)', '우애(友愛)', '풍간(諷諫)' 등으로 파악하고, 이를 후세에 널리 전하는 것이 중요하다고 판단하고 있다. 이와 같은 의식으로 인해, 실제로 산정한 작품을 보면, 대개 판소리의 민중적 발랄성보다는 양반적 전아미(典雅美)가 더 짙게 나타나 있다. 〈옥중화〉만 보더라도 신재효의 〈남창 춘향가〉의 영향을 받아 서사의 합리성과 내용의 전아미(典雅美)가 두드러진다.[209]

이와 함께 이해조의 판소리 산정 작업은 판소리 작품을 대중적 독서물로 전환시켰다는 점에서도 의의가 있다고 생각된다. 판소리는 판소리 광대의 연행을 소리판에서 보고 듣는 형식으로 존재하는 예술이다. 물론 판소리를 보고 들은 뒤 그것을 필사하는 과정을 통해서도 수용이 가능하지만, 기본적인 수용 방식은 현장에 참여하여 수용하는 것이 판소리다. 그렇다고 하여 판소리 독서물이 없었던 것은 아니다. 앞서 살펴본 바, 〈광한루기〉, 〈춘향신설〉 등도 독서물이다. 그러나 이들은 한문을 해독할 수 있는 극히 일부의 식자층들만이 읽을 수 있을 뿐이다. 따라서 이들은 대중성을 지닌 독서물이라고 할 수 없다. 그렇지만 이해조가 산정한 〈옥중화〉 등은 국문활자본이므로 수용층이 훨씬 넓었다고 봐야 한다. 이점은 〈옥중화〉가 단행본으로 발간된 이후 수십 판이 출

---

208 『매일신보』, 1912. 4. 27. 1쪽. 현대어 표기는 필자.

209 이에 대한 자세한 연구는 김종철, 「옥중화 연구(1)-이해조 개작에 대한 재론」, 『관악어문연구』 20, 서울대 국어국문학과, 1995; 김현양, 「〈옥중화〉의 계보」, 『동방고전문학연구』 창간호, 동방고전문학회, 1999; 오윤선, 「〈옥중화〉를 통해 본 '이해조 개작 판소리'의 양상과 그 의미」, 『판소리연구』 21집, 판소리학회, 2006 등을 참조할 수 있다.

판되었고,[210] 또 〈옥중화〉를 약간 변형시킨 〈옥중화〉 계통본도 다수 발간된 사실을 통해 확인할 수 있다.[211] 이와 같이 판소리 작품은 개화기 지식인의 손을 거쳐 대중적 독서물로서의 지위를 갖게 되었는바, 이로서 판소리 작품은 새로운 역사 단계에 부응하여 다중의 독자들이 수용할 수 있는 예술 장르로 재탄생할 수 있었던 것이다.

개화기 지식인의 유가이념에 초점을 둔 판소리 수용의식은 〈춘향가〉의 개작품인 〈奇緣小說 烏鵲橋〉에서 확인할 수 있다. 이 작품은 1927년 회동서관 (滙東書館)에서 발행되었으며, 저작겸 발행인은 고유상(高裕相)이다. 고유상은 정확한 행적은 알 수 없으나 20세기 초반에 서적 출판업자로 활동하면서 '저작겸발행인'으로 다수의 활자본 소설을 발간한 바 있다. 따라서 고유상도 당대의 지식인이었다고 볼 수 있다. 작품의 서두를 보면, 개작자의 개작 취지가 나와 있는데, 이를 보면 이 이본의 기본 성격을 알 수 있다.

조선은 동해 기슭에 있는 반도국이라. 아침에 선명한 태양 기운을 먼저 받는다 하여 아침 조(朝)고울 선(鮮)두 자로 조선이라 하였으니, 태양 기운을 먼저 받는고로 인종들의 얼굴이 선정하고 또는 산천이 수려하여 풍기가 화평함으로 그 기운을 타고나는 사람의 마음이 화평하고 또는 예로부터 예의를 숭상하여 인재를 배양하였는고로 남자에는 도덕군자며 여자에는 정렬부인이 종종 출생하여 사기에 나타난 사람도 많거니와 민간에 유전하는 이야기도 적지 아니한 바, 그 중에 이몽룡과 성춘향의 사적은 또한 조선에 기이한 사적이라 족히 사람의 성정을 감발할만한 사적이어늘, 용속한 회해와 비리

---

210 현전하는 〈춘향전〉 활자본을 보면, 박문서관에서 처음으로 발행된 〈옥중화〉가 17판까지 발행되었고, 보급서관에서 다시 12판까지 발행된 바 있다.

211 〈옥중화〉 계통본이라고 할 수 있는 〈증상연예 옥중가인〉이 신구서림에서 13판이나 발행되었고, 역시 〈옥중화〉 계통인 〈도상옥중화〉도 인기리에 출판된 바 있다.

한 언사로 광대타령과 기생노래에 부치어 풍류장 가운데에 일종 희극을 만들뿐이었으니, 이는 가인재자로만 대우함에도 소홀한 말이거니와 열녀명사를 대우하는 바에 어찌 온당한 말이리오. 소이로 저자는 당돌함을 무릅쓰고 그 진적한 뜻을 편찬하여 여러분의 비평하심을 바란다.[212]

위의 내용에서 개작자는 '이몽룡과 성춘향의 사적이 사람의 성정을 족히 감발한 만한데, 요즘은 용속하고 비리한 희극과 언사로 꾸며 광대타령이나 기생들의 노래에 얹어 활용하고 있으니 온당한 일이 아니다. 따라서 이몽룡과 성춘향의 사적을 재자가인의 이야기, 열녀명사의 이야기로 되돌리겠다'는 언급을 하고 있다. 이러한 개작의식에 따라 〈오작교〉에는 인물들 간의 재담(才談)이 거의 없고, 사설도 모두 점잖게 바뀌었다. 또 이몽룡과 성춘향의 첫날밤 사랑 대목도 없으며, 기생점고 대목도 없다. 이 외에도 내용이 변개되었거나 빠진 부분이 허다하다. 즉, 〈오작교〉의 작가는 전래의 〈춘향가〉를 '풍류판의 희극'이 아니라, 성정(性情)을 감발(感發)하고 열절(烈節)을 고취할 수 있는 이야기로 수용하고, 이와 같은 가치를 강조하기 위해 〈오작교〉를 지었다고 생각된다.

이상으로 살펴본 작품들은 전래의 〈춘향가〉에서 숨어 있거나 비교적 덜 강조되었던 유가의식과 유가미의식을 비중 있게 포착하여, 그것으로 판소리 예술을 이해한 경우에 해당한다. 그리고 판소리에 대한 이러한 수용방식은 판소리를 향유한 양반층들이 많아지면서 더욱더 확산되었다고 생각된다. 또한 이러한 향유 양상을 기반으로 판소리에는 판소리 고유미학뿐만 아니라 유가미의식까지 담길 수 있었다.

판소리는 민중의 자연스러운 감정을 중시한다. 그렇기 때문에 판소리에서는 삶의 과정에서 외물과의 접촉에 의해 발생하는 감정을 별로 숨기지 않는

---

212 〈奇緣小說 烏鵲橋〉, 1-2쪽. 현대어 표기는 필자.

다. 따라서 판소리는 기본적으로 정(情)의 세계를 중시한다고 할 수 있다. 그런데 상층 양반들이 향유층으로 개입하면서 충, 효, 열, 우애와 같은 유가이념이 담기게 되었다. 이로써 판소리는 정(情)의 세계와 이(理)의 세계가 결합된 형태로 변하게 되었고, 이것이 판소리로 하여금 상하층 향유자들이 모두 향유하는 예술로 자리 잡도록 하였다. 그런데 정(情)과 이(理)의 합일은 동양의 미학 사상에서 전통적으로 강조되어 왔던 것이다. 판소리의 민중적 속성을 중시하면서 동시에 정리(情理)의 합일을 꾀하면서 판소리를 수용한 것은 판소리 수용자들이 바로 이러한 동양 미학의 전통을 중시했기 때문이다.[213] 이처럼 판소리는 동양의 미학적 토대 위에서 전승되고 발전했다고 볼 수 있다.

정리(情理)의 합일 지향은 동아시아의 미적 범주로서 풍류(風流), 풍류심(風流心)과도 관련된다고 본다. 미적 범주로서 풍류는 놀이로서의 유희성만을 의미하는 것이 아니라, 심적 내면성의 고양된 경지에서 우러나오는 심미 정서를 뜻하기도 한다. 그렇기에 풍류 주체의 심적 작용을 의미하는 풍류심에는 정(情)의 세계와 이(理)의 세계가 융합되어 있다고 할 수 있다. 풍류심의 세 유형이라고 할 수 있는 흥(興), 한(恨), 무심(無心)의 미적 요소를 살펴보면, '흥'은 희열·쾌락의 유희적 정감, 상승의 미감, 동적 미감, 이완감 등을 특징으로 하고, '한'은 비애감, 하강·침잠의 미감, 숨김과 삭임의 미감, 긴장감 등을 특징으로 한다. 그리고 '무심'은 초탈감, 진지하고 안온한 심미감 등을 특징으로 한다. 이렇게 볼 때, 판소리는 흥, 한, 무심의 미적 요소를 모두 가지고 있다고 할 수 있다.[214] 또한 이상과 같은 흥, 한, 무심의 심미적 본질은 정(情)과 이(理)의 본질과 대응되는 측면도 지니고 있다고 할 수 있다.

---

213 정리(情理)의 통일과 관련된 전통 미학의 특징에 대해서는 李澤厚 劉綱紀 主編, 權德周 金勝心 共譯, 『中國美學史』(대한교과서주식회사, 1992)의 〈서론〉 참조.

214 동아시아적 미적 범주로서의 '풍류', 풍류의 심미 작용으로서의 '풍류심', 풍류심의 미적 요소로서의 흥, 한, 무심의 미적 본질에 대해서는 辛恩卿, 『風流』, 보고사, 1999 참조.

판소리의 향유에 양반층이 참여하면서 판소리의 예술 세계가 정(情)과 이(理)의 합일 지향성을 보였다든가 흥, 한, 무심의 미적 요소를 가지게 되었다든가 하는 특징은 정조대(正祖代)의 악풍반정(樂風反正)과도 관련성이 있다고 본다. 조선 후기 정조대에 이르면, 음악 사회에 새로운 변화가 일어난다. 민간에서 음악 수요가 다양해지면서 음악 전문인이 등장하였고, 이들에 의해 새로운 악곡이 출현하고 연주에 있어 새로운 기교를 실험하는 등의 악풍이 조성되었다. 이러한 일련의 악풍 변화 과정에서 두드러지게 나타난 현상은 지나친 기교, 음의 번잡 등 소위 번음촉절(繁音促節)의 경향이었다. 이 때문에 정조는 악풍반정을 일으켰는데, 이것은 "치세의 음은 편안하고 즐겁다. 이것은 정치가 조화롭기 때문이다. 난세의 음은 원망하고 분노한다. 이것은 정치가 어그러졌기 때문이다. 망국의 음은 슬프고 시름겹다. 이것은 백성이 곤궁하기 때문이다. 성음의 도는 정치와 통한다."[215]는 유가악론(儒家樂論)을 원칙으로 하여 번음촉절(繁音促節)의 악풍을 고아한 악풍으로 되돌리려는 정책이었다.[216] 악풍반정은 문체반정(文體反正)과 함께 시교(詩敎), 악교(樂敎)의 유가이념을 치도(治道)와 연결하여 이루어진 것으로서, 조선 후기의 문화 전반에 큰 영향을 미쳤다고 생각된다.

---

215 "治世之音 安以樂 其政和 亂世之音 怨以怒 其政乖 亡國之音 哀以思 其民困 聲音之道 與政通矣."『예기(禮記)』「악기(樂記)」.

216 정조의 악풍반정과 관련된 전반적 내용은 송지원,『정조의 음악정책』, 태학사, 2007 참조.

제2절 이론을 통한 접변과 전형화의 양상

19세기에 들어 판소리가 사회의 전 계층이 향유하는 예술로 부상하면서 판소리 광대들의 수도 늘어나고 명창이란 평가를 듣는 소리꾼도 등장하게 되었다. 뿐만 아니라 명창들에 의해 판소리의 더늠이 다양하게 개발되고 소리의 성격과 법제에 따라 유파가 형성되는 등 질과 양의 측면에서 판소리 장(場)의 규모가 대단히 커지게 된다. 이에 따라 일부 전문가에 의해 판소리에 대한 비평적 담론이 이루어지고, 창법이 개발·정립되기도 했다. 이러한 과정을 거쳐 판소리는 예술적으로 더욱 고양된 정체성을 지닌 예술로 정립될 수 있었다. 본절에서는 판소리가 그 본연의 예술적 정체성을 획득하는 데 있어 크게 작용했다고 생각되는 이론적 측면을 살펴보고자 한다. 이를 통해 판소리와 향유층 간의 접변이 어떻게 심화해 갔는지를 알아보고자 한다.

또한 판소리가 애호를 받으면서 판소리 광대들도 자발적인 수련을 통해 수준 높은 기량을 연마하였다. 그러한 과정에서 다양한 장기와 더늠을 개발하였다. 그리고 그 장기와 더늠을 소리 현장에서 연행함으로써 향유자들을 더욱 몰입시킬 수 있었다. 한편 더늠이 개발되고 그것들이 소리판에서 명성을 얻게 되면, 해당 더늠을 전승하는 소리꾼이 등장하게 된다. 그리하여 특정의 더늠을 전승하는 소리꾼의 집단이 만들어져 유파(類派)를 형성하게 된다.

판소리는 19세기 중후반에 이르러 가장 흥성하게 되는데, 이때가 되면 창법을 세련되게 구사하는 명창들이 대거 등장하게 된다. 그리고 이들에 의해 판소리는 명실상부한 최고의 민족예술로 자리를 잡게 된다. 따라서 본절에서는 판소리가 전성기를 구가하면서 그 예술적 성취를 자랑했을 때의 명창들, 각 명창들의 장기와 더늠들, 그리고 각종의 소리법에 대해서도 살펴보고자 한다.

1. 판소리의 비평담론

판소리에 대한 비평과 이론을 모색한 사람으로서 대표적으로 꼽을 수 있는 사람은 박원(璞園) 정현석(鄭顯奭, 1817~1899)과 동리(桐里) 신재효(申在孝, 1812~1884)이다. 먼저 정현석의 판소리 비평을 보기로 한다. 정현석은 일종의 교방문화 보고서라고 할 수 있는 『교방가요(敎坊歌謠)』를 편찬한 인물로서, 김해부사(1870년)로 재임하던 때에 「증동리신군서(贈桐里申君序)」[217]라는 두 통의 편지를 신재효에게 보낸 바 있다. 이 편지들은 정현석의 판소리에 대한 비평적 식견이 개진되어 있어 판소리사에서 주목을 요하는 글이다. 먼저 다음 인용문을 보기로 한다.

> 시 삼백편 가운데 선한 것은 사람의 양심을 감발(感發)하게 할 만하며, 악
> 한 것은 사람의 뜻을 징창(懲創)할 만하다. 까닭에 왕은 교화에 힘쓰고 풍속
> 을 고쳐 사람들로 하여금 모두 올바른 성정을 갖도록 하였다. 후세에 골계를
> 일삼는 배우들이 일어나 그것을 논변하고 풍자하니, 그것을 말하는 자는 죄
> 가 없으나 그것을 듣는 자는 경계해야 했으니 순우곤(淳于髡)과 동방삭(東方

---

217 「증동리신군서(贈桐里申君序)」는 과거 강한영 선생에 의해 발굴 소개된 바 있는데, 본고에서는 다음 책에 실려 있는 것을 참고하였다. 鄭顯奭 編著, 成武慶 譯註, 『敎坊歌謠』, 보고사, 2002.

朔) 등의 부류가 곧 이것이다. 우리나라 광대가 부르는 노래는 자못 옛날 배우의 그것과 흡사한데, 춘향가, 심청가, 흥부가 등의 노래는 모두 권선징악할 만한 것들이다. 다만 그것을 부르는 사람이 천하고 그 노랫말이 속되어, 말이 도리에 어긋난 것과 저속한 것이 많아서, 듣는 자가 한갓 놀이나 웃음거리라고 여길 따름이니, 또한 그 본래의 뜻이 이해되지 못한 것이다.[218]

위에서 정현석은 『시경』 삼백편을 '감발(感發)'과 '징창(懲彰)'의 내용으로 파악하고 그것의 교화론적 성격을 설파한 뒤, 판소리의 주요 작품을 『시경』과 대비함으로써 판소리의 위상을 효용론적 측면에서 이해하고 있는 모습을 보여준다. 정현석의 판소리에 대한 이러한 생각은 작품에 대한 다음과 같은 이해로 이어지고 있다.

春香歌 爲李郞守節 此勸烈也(춘향가, 이도령을 위해 수절한다. 이것은 열을 권장한 것이다.)

沈淸歌 爲盲父賣身 此勸孝也(심청가, 눈먼 아비를 위해 몸을 판다. 이것은 효를 권장한 것이다.)

匏打令 兄賢弟頑 此勸友也(포[박]타령, 형은 어질고 동생은 무디다. 이것은 우애를 권장한 것이다.)

梅花打令 惑妓忘軀 此懲淫也(매화타령, 기생에게 혹해서 몸을 망친다. 이것은 음란함을 징계한 것이다.)

兎打令 欺龍脫身 此懲暗也(토타령, 용왕을 속이고 몸을 벗어난다. 이것은 사

---

218 "詩三百篇 其善者 可以感發之人良心 惡者 可以懲創人之逸志 故王者 以是行敎化移風俗 使人各得其性情之正矣 後世滑稽俳優之徒起 以談辯諷刺之 言之者 無罪 聞之者 足以爲戒 淳于髡東方朔之類 是已 我東倡夫之歌殆彷彿乎古之俳優 春香 沈淸 興富等歌 皆足以勸善懲惡 但其人也賤 其詞也俚 語多悖理 聞者徒爲戲笑之資 亦不解其本旨矣". 정현석 편저, 성무경 역주, 위의 책, 224-225쪽.

　제5장 문화접변의 심화와 전형화 과정

리에 어두운 것을 징계한 것이다.)

華容道 此勸智將 而懲奸雄也(화용도, 이것은 지혜로운 장수를 칭송하고 간웅을 징계한 것이다)[219]

위의 내용은 정현석이 『교방가요』에서 '倡歌'라는 항목을 설정하여 판소리 여섯 작품의 성격을 개념화한 것이다. 즉, 춘향가는 '勸烈', 심청가는 '勸孝', 박타령(흥부가)은 '勸友', 매화타령(강릉매화타령)은 '懲淫', 토타령(수궁가)은 '懲暗', 화용도는 '懲奸雄'을 핵심내용으로 한다고 판단하고, 이것을 향유층들에게 전달하고자 하는 메시지로 파악한 것이다.

판소리가 19세기 당시 상하의 전 계층이 향유했던 대중적 예술로 뿌리내리는 데 직접적인 기여를 한 인물로는 단연 신재효를 들 수 있다. 신재효는 당대에 전승되었던 판소리 작품 중 〈춘향가〉, 〈심청가〉, 〈박타령〉, 〈토별가〉, 〈적벽가〉, 〈변강쇠가〉 등 여섯 작품의 사설을 처음으로 기록한 바 있고, 또 〈광대가〉, 〈치산가〉, 〈십보가〉, 〈방아타령〉, 〈오섬가〉, 〈도리화가〉 등 30여 편에 달하는 단가 혹은 허두가(虛頭歌)를 지은 바도 있다. 뿐만 아니라 당대의 판소리 창자들을 직접 교육을 시켰고, 진채선(陳彩仙)등의 여자 판소리 광대를 길러내어 여자도 판소리를 할 수 있는 길을 연 사람이기도 하다. 이처럼 신재효는 조선 후기 판소리 예술의 최대 이론가이자 후원자였던 것이다.

그 중에서 신재효의 판소리 비평은 무엇보다도 그가 지은 〈광대가(廣大歌)〉에 잘 나타난다. 이에 〈광대가〉를 구체적으로 살펴보고자 한다.

고금에 호걸문장 절창으로 지어 후세에 유전하나 다 모두 허사로다. 송옥의 고당부와 조자건의 낙신부는 그 말이 정영한지 뉘 눈으로 보았으며, 와룡

---

219 정현석 편저, 성무경 역주, 위의 책, 224쪽.

선생 양보음은 삼장사의 탄식이요 정절선생 귀거래사 처사의 한정이라. 이 청련의 원별리와 백락천의 장안가며 원진의 연창궁사 이교의 분음행이 다 쓸어 처량 사설 차마 어찌 듣겠느냐. 인간의 부귀영화 일장춘몽 가소롭고 유유한 생리사별 뉘 아니 한탄하리. 거려천지 우리 행락 광대 행세 좋을시고.[220]

위의 내용은 〈광대가〉의 첫 단락에 해당한다. 여기서 신재효는 중국의 송옥, 조자건, 제갈량, 도연명, 이백, 백락천, 원진, 이교 등의 제 작품을 거론하면서, 그것들이 각각 사실성의 여부를 알 수 없다는 점, 탄식을 위주로 한다는 점, 처사의 한정(閒靜)에 치우쳐 있다는 점, 사설이 처량하다는 점을 들어 모두 허사라고 비판하고, '광대 행세' 즉 판소리를 제일 높이 평가한다. 신재효의 이러한 판단은 판소리에 반영된 정서와 예술성이 대대로 고평을 받아왔던 중국 시인들의 작품을 능가한다는 자부심에 기인한 것으로 보인다. 즉, 위의 내용은 판소리에 대한 구체적인 성격을 기술한 것은 아니나, 판소리의 위상이 결코 만만치 않다는 신재효의 인식을 거시적으로 피력했다는 의의를 지닌다.

거려천지 우리 행락 광대 행세 좋을시고. 그러하나 광대 행세 어렵고 또 어렵다. 광대라 하는 것이 제일은 인물치레 둘째는 사설치레 그 직차 득음이요 그 직차 너름새라. 너름새라 하는 것이 귀성끼고 맵시 있고 경각에 천태만상 위선위귀 천변만화 좌상에 풍류호걸 구경하는 노소남녀 울게 하고 웃게 하는 이 귀성 이 맵시가 어찌 아니 어려우며, 득음이라 하는 것은 오음을 분별하고 육률을 변화하여 오장에서 나는 소리 농락하여 자아낼제 그도 또한 어렵구나. 사설이라 하는 것은 저금미옥 좋은 말로 분명하고 완연하게 색색

220 강한영 교주,『申在孝 판소리사설集』(全),민중서관,1971,669쪽. 현대어 표기는 필자에 의함.이하,고어 표기는 모두 현대어 표기로 바꾸어 인용한다. 단, 의미가 명확하지 않은 것은 그대로 둔다.

이 금상첨화 칠보단장 미부인이 병풍 뒤에 나서는 듯, 삼오야 밝은 달이 구름 밖에 나오는 듯, 새눈 뜨고 웃게 하기 대단히 어렵구나. 인물은 천생이라 변통할 수 없거니와 원원한 이 속판이 소리하는 법례로다[221]

위의 내용은 〈광대가〉의 두 번째 단락으로서, 이른바 판소리 광대의 네 가지 '법례(法例)'를 기술한 부분이다. 즉, 판소리 광대가 갖추어야 할 네 가지 필수적인 요건을 제시하고 있다. 위의 내용에서 신재효가 주장한 네 가지 요건은 인물치레, 사설치레, 득음, 너름새를 말하는데, 그 중에서 인물치레는 본래부터 타고난 천생(天生)이기 때문에 변통할 수 없지만, 나머지 세 개의 요건은 제대로 갖추어야 한다는 것이다. 세 개의 요건에 대한 신재효의 발언은 다음과 같다. 즉, 사설치레는 사설을 구체적으로 전달하는 문제와 관련된 것으로서, 정확한 발음과 전달력을 바탕으로 하여 인물들의 언행을 핍진하게 전달해야 한다는 것이다. 말하자면, 표현의 구체성과 핍진성에 대한 강조라고 할 수 있다. 다음으로, 득음은 판소리에 맞는 '목'을 갖추는 것인데, 이를 위해서는 오음육률에 통달해야 하고 무엇보다도 모든 대상을 농락하듯이 자유롭게 표현할 수 있도록 소리가 오장육부에서 나와야 한다는 것이다. 마지막으로 너름새는 판소리 광대의 동작을 두고 한 말이다. 너름새를 잘 하기 위해서는 먼저 상황에 맞는 맵시를 갖추어야 하고 그것을 바탕으로 '천태만상', '천변만화'를 '위선위귀(僞仙僞鬼)'하듯 능란하게 해야 한다. 그래야만 양반 좌상객이나 풍류호걸들을 웃고 울릴 수 있다는 것이다.

이와 같이 신재효가 제시한 판소리 광대의 네 가지 법례는 판소리 광대가 되기 위해서, 그리고 판소리를 제대로 하기 위해서 갖추어야 하는 가장 기본적인 요건으로서, 판소리의 주요한 지도이론이라고 할 수 있다. 그리고 신재

---

221 강한영 교주, 위의 책, 669쪽.

효는 이러한 지도이론을 실제로 판소리 광대들을 모아 가르쳤다고 볼 수 있는데, 이를 통해 초기 판소리 또는 판소리 광대가 가지고 있었을 지나친 조야함, 투박함, 무질서함, 생경함 등을 상당 부분 걷어내고, 판소리의 예술적 본질을 제고할 수 있는 기반을 닦았다고 판단된다.

영산 초장 다슬음이 은은한 청계수가 얼음 밑에 흐르는듯 끌어올려 내는 목이 순풍에 배 놓는듯 차차로 돌리는목 봉회노전 기이하다. 돋우어 올리는 목 만장봉이 솟구치는 듯 툭툭 굴러 내리는목 폭포수가 쏟는듯 장단고저 변화무궁 이리 농락 저리 농락 아니리 짜는 말이 아리따운 제비 말과 공교로운 앵무소리 중머리 중허리며 허성이며 진양조를 달아두고 놓아두고 걸리다가 들치다가 청청하게 도는목이 단산의 봉의 울음 청원하게 뜨는목이 청천에 학의 울음 애원성 흐르는목 황영의 비파소리 무수이 농락변화 불시에 튀는목이 벽력이 부딛치는듯 음아질타 호령소리 태산이 흔들리는듯 어느덧 변화하여 낙목한천 찬바람이 소슬하게 부는 소리 왕소군의 출새곡과 척부인의 황곡가라. 좌상이 실색하고 구경꾼이 낙루하니 이러한 광대 노릇 그 아니 어려우냐.[222]

위의 내용은 〈광대가〉의 세 번째 단락으로서, 판소리에서 활용되거나 판소리 광대가 사용하는 '목', 즉 소리에 대한 견해이다. 위의 내용에서 기술된 '목'의 종류와 그 특징을 정리하면 다음과 같다.

---

222 강한영 교주, 위의 책, 669쪽.

〈 표 5 〉 판소리광대의 '목'

목(소리)	특징
다슬음	맑은 물이 얼음 밑에서 흐르는 소리. '영산' 즉 단가를 부를 때 나는 소리
끌어올려 내는목	순풍에 배를 놓을 때 나는 소리
차차로 돌리는목	갈대밭에 불이 옮아붙는 듯한 기이한 소리
돋우어 올리는목	만장이나 되는 봉우리가 솟구치는 소리
툭툭 굴러 내리는목	폭포수가 솟구치는 소리
청청하게 도는목	단산의 봉황 울음 소리
청원하게 뜨는목	청천의 학 울음 소리
애원성 흐르는목	아황여영의 비파소리
불시에 튀는목	뇌성벽력이 부딪치는 소리
음아질타 호령소리	태산을 흔드는 듯한 소리
낙목한천 찬바람이 소슬하게 부는 소리	왕소군의 출새곡과 척부인의 황곡가와 같은 소리

그 외에, 아니리를 짜는 방법, 중머리, 중허리, 허성, 진양조에 대한 설명도 삽입되어 있다. 그런데 신재효의 '목'에 대한 이러한 분류 및 설명은 판소리에 대한 고도의 식견과 분별력이 없다면 도출될 수 없는 것이다. 그리고 그러한 식견과 분별력은 당대 명창들과 긴밀하게 교류하는 과정에서 형성된 것으로 보인다. 이 점에서 볼 때, 우리는 신재효가 판소리의 제반 환경과 부단한 접촉 및 접변을 이루면서 판소리에 대한 자신의 지식과 이론을 축적해 갔음을 미루어 짐작할 수 있다. 이러한 짐작은 다음 인용문에서 구체적으로 확인된다.

우리나라 명창 광대 자고로 많거니와 기왕은 물론하고 근래 명창 누구 누구 명성이 자자하여 사람마다 칭찬하니 이러한 명창들을 문장으로 비길진대 송선달 흥록이는 타성 주옥 박약무인 화란춘성 만화방창 시중천자 이태백. 모동지 흥갑이는 관산월색 초목충성 청천만리 학의 울음 시중성인 두자미. 권생원 사인씨는 천층절벽 불끈 솟아 만장폭포 월렁꿜꿜 문기 팔대 한퇴지. 신선달 만엽이는 구천은하 떨어진다 명월백로 맑은 기운 취과양주 두목지. 황동지 해청이는 적막공산 밝은 달에 다정하게 웅창자화 두우제월 맹동야. 고동지 수관이는 동아부자 엽피남묘 은근문답 하는 거동 권과농상 백락천. 김선달 계철이는 담탐한 산현영기 명랑한 산하영자 천운영월 구양수. 송낭청 광록이는 망망한 장천벽해 걸린 띠가 없었으니 만리풍범 왕마힐. 주낭청 덕기는 둔갑장신 무수변화 농락하는 그 수단이 신출귀몰 소동파. 이러한 광대들이 다 각기 소장으로 천명을 하였으나 각색구비 명창 광대 어디 가 얻어 보리. 이 속을 알건마는 알고도 못 행하니 어찌 아니 답답하리.[223]

위의 내용은 〈광대가〉의 마지막 단락이다. 여기서 신재효는 당대의 명창들을 일일이 거론하며 각 명창들이 지닌 특장(特長)을 중국 역대의 문장가와 비교하면서 자신의 문식력을 한껏 뽐내고 있다. 위의 내용 중에 거론된 명창과 그에 비교된 중국의 문장가를 정리하면 다음과 같다.

---

223 강한영 교주, 위의 책, 669-670쪽.

〈 표 6 〉 판소리 명창과 중국 문장가의 비교

명창	중국의 문장가	명창	중국의 문장가
송흥록	이백	고수관	백락천
모흥갑	두보	김계철	구양수
권사인(권삼득)	한퇴지	송광록	왕유
신만엽	두목지	주덕기	소동파
황해청	맹교		

신재효는 이상의 명창들과 직간접적 교류를 맺으면서 판소리의 제반 요건들에 대한 식견을 넓혀 나갔으며, 그러한 결과가 이상에서 살펴본 '법례', '목'에 대한 심도 있는 분석과 이해로 이어졌다고 생각된다.

신재효가 판소리의 발전에 기여한 또 하나의 문제제기는 '이면'에 관한 것이다. 신재효는 판소리 여섯 작품을 개작·기록하면서 〈춘향가〉에 대해서만은 이원화를 추구하여 〈남창(男唱) 춘향가〉와 〈동창(童唱) 춘향가〉를 남긴 바 있다. '이면'이라는 용어는 다음과 같이 〈남창 춘향가〉와 〈동창 춘향가〉에 나타난다.

저 소경 하는 말이 옥중고생하는 터에 복채를 달란 말이 리면은 틀렸으나 점이라 하는 것은 신으로만 하는 터니 무물이면 불성이라 정성을 안 드리면 귀신 감동 못할 터니 복채를 내여 놓으소[224]

춘향어모 상단 불러 귀한 손님 오셨으니 잡수실 상 차려라 상단이 나가

---
[224] 강한영 교주, 위의 책, 72쪽.

더니 다담같이 차린단 말 이면이 당찮겠다 김치 놓은 왜칠반에 갈분의의 꿀 종지며 청채 접시 담은 수란 초장 종지 곁에 놓고 어란 전복 약포 조각 백접 시에 곁들이고 생률 차배 임실 준시 청채 접시 한 데 담고 맛좋은 나박김치 화보애에 담아놓고[225]

앞의 인용은 〈남창 춘향가〉에서 장님이 옥중의 춘향에게 점을 치기 전에 복채를 요구하는 대목이고, 뒤의 내용은 〈동창 춘향가〉에서 거지꼴로 찾아 온 이몽룡을 위해 음식을 차리는 대목이다. 각 대목에 '이면'이란 용어가 사용되어 있는바, 발화의 상황을 고려할 때, 앞의 '이면'은 옥에 갇혀 있는 사람에게 복채를 달라고 하는 것은 상황에 어울리지 않는다, 말이 되지 않는다는 의미로 해석된다. 따라서 이 대목의 '이면'은 앞서 정현석이 주창한 바 '서사에는 조리가 있어야 한다(敍事有條理)'는 의미로 사용되었다고 볼 수 있다.

반면에 뒤의 '이면'이란 말에는 좀 더 복잡한 문제가 내재되어 있다. 뒤의 내용은 〈춘향가〉의 다른 대본을 두고 한 말이다. 즉, 신재효 자신이 보니 〈춘향가〉의 다른 대본에는 '귀한 손님이 왔으니 상 차려라'는 월매의 말을 듣고 향단이 '다담상'을 차리는 것으로 되어 있어 '이면'에 맞지 않다는 것이다. 그래서 신재효는 위의 사설에서 볼 수 있는 바와 같이 '귀한 손님'에 어울리게 진수성찬을 차리는 것으로 표현하고 있는 것이다. 그런데 '귀한 손님'만 고려하면 진수성찬을 차리는 것이 합당하다. 그러나 현재 월매의 가정 형편을 고려하면 오히려 향단의 '다담상'이 더 어울린다. 현재의 월매는 진수성찬을 차릴 수 없는 형편이기 때문이다. 그런데도 신재효는 진수성찬을 차리는 것으로 표현하고 있다. 이렇게 보면 이 대목에서의 '이면'은 인물이 처한 상황에서의 합리성이라기보다는 서사적 표현 면에서의 합리성을 더 중시하는 의도에서 피

---

225 강한영 교주, 위의 책, 132쪽.

력된 용어로 생각된다. 따라서 두 대목에 사용된 '이면'의 의미를 통합해 보면, 판소리에서의 '이면'이란 상황의 합리성, 표현의 합리성을 모두 고려한 의미라고 할 수 있다.

'이면'의 의미에 대한 그동안의 논의는 대체로 '사실성'(寫實性, reality)의 측면에서 개진되어 왔다.[226] 그리고 위의 인용문의 문맥을 고려해 보면, '사실성'은 상황과 표현에서의 합리성, 사실성을 의미하는 것으로 생각된다. 그러나 '이면'의 의미가 여기에만 한정되는 것은 아니었다고 생각된다.

> 이날치의 문하에서 소리공부를 한 김채만은 열심히 노력해도 소리가 잘 되지 않자, 탄식 끝에 그의 스승에게 묻기를, 어찌하면 소리를 잘 할 수 있습니까. 이에 이날치는 소리를 수만독 하면 자연히 소리의 이면을 알게 되고 방향을 알게 되어 명창이 되리라고 하면서 그를 격려하였다고 한다.[227]

위 내용의 핵심은 '이면을 알게 되면 소리를 잘 할 수 있다'는 것이다. 소리를 잘 하기 위해서는 여러 가지 요건을 갖추어야 한다. 사설을 이해해야 하고, 사설에 맞는 소리를 구사해야 하며, 사설과 소리에 맞는 너름새를 능수능란하게 할 수 있어야 한다. 요컨대 위의 내용에서 이날치가 사용한 '이면'은 상황과 표현의 합리성, 사실성의 의미를 넘어 명창이 되었을 때 깨닫게 되는 판소리의 '본래적 이치'에 가까운 의미라고 볼 수 있다. 즉, 판소리의 본질적 이치를 알아야만 소리를 잘할 수 있다는 것이다.

이와 같이 신재효는 '이면'이란 용어를 사용해서 판소리의 본질에 대한 심화된 논의의 거점을 제공함으로써 향후 판소리가 그 자체의 장르적 정체성을

---

226 대표적으로 정병욱, 『한국의 판소리』, 집문당, 1981, 94쪽.
227 박황, 『판소리소사』, 신구문화사, 1974, 68쪽.

구축해 가는 데 중요한 기여를 했다고 판단된다.

2. 명창을 위한 교육론

판소리 교육과 관련하여 주목되는 사람 역시 정현석과 신재효가 중심에 놓인다. 앞서 언급한 것처럼 정현석은 신재효에게 판소리 관련 내용의 편지를 보낸 바 있는데, 거기에서 정현석은 당대 판소리 작품과 판소리 광대들의 문제점 및 병폐를 지적한 다음, 판소리 대본 및 판소리 광대가 갖추어야 할 교육적 지침들을 다음과 같이 주장한 바 있다.

춘향가, 심청가, 흥부가 등은 쉽게 사람의 마음을 감동시켜 선을 권장하고 악을 징계하는 데 충분하지만, 그 나머지는 들을 만한 것이 없다. 요즘 불려지는 노래를 하나하나 다 들어보니, 서사가 사리에 맞지 않은 것이 많고, 또한 전해진 말들은 간혹 조리가 없었다. 하물며 글을 아는 자가 창을 하는 경우는 극히 드물어, 고저(高低)가 뒤바뀌고 미친 듯이 소리나 내질러서, 열 구절을 들어서 한 두 구절을 알아듣기가 어렵다. 또 머리를 흔들고 눈동자를 굴리며 온 몸을 난잡스럽게 놀려대니 차마 눈뜨고 바라볼 수조차 없다. 이러한 폐단을 고치려면 우선 노랫말 가운데 그 비속하고 이치에 어긋나는 것을 제거하고 문자로 윤색해야 하며, 사정을 제대로 형용함으로써 한편 전체에 문리(文理)가 이어지게끔 하고, 언어를 단아하게 바로잡아야 한다. 다음에는 광대 중에서 용모가 단정하고 목의 음색이 넓고 우렁찬 자를 뽑아, 수천 자를 가르쳐서 평성(平聲)과 상성(上聲), 청성(淸聲)과 탁성(濁聲)을 분명하게 깨닫도록 한 후에 노랫말을 외우게 하여 자기가 말하는 것처럼 되도록 가르쳐야 한다. 그 다음에는 성조(聲調)를 가르치되, 평성(平聲)은 웅심화평하게, 규성(叫聲)은 청장격려하게, 곡성(哭聲)은 애원처창하게, 그리고 소리의 여향(餘響)은 대들보가 흔들리는 듯, 구름이 머무는 듯하게 내는 것이 요체이다. 소리판에 올려보내 소리를 시험하는 데 이르러서는 사설의 발음을 분명하게 하고, 서사를 조리 있게 하여, 청중으로 하여금 사설이 이해되지 않는 것이 없도록 해야 하며, 몸가짐은 단정하고 바르게 하도록 해야 한다. 한번 앉고 한번 일어서고, 한번 부채를 들고, 한번 소매를 들어 춤추는 것이 모두 절도에 맞아야 비로소 명창이라고 할 것이다. 동리에게 이 말을 부치니 모름지기 이 비결을 시험해 보도록 하오.[228]

위의 내용에서 정현석은 당대에 연행되었던 판소리를 모두 들었다고 하는데, 이를 통해 볼 때 정현석은 당시의 판소리에 대하여 관심이 매우 높았음을 알 수 있다. 앞에서 언급한 바, 판소리를『시경(詩經)』시에 대비하여 평가할 수 있었던 것도 이와 같은 판소리에 대한 심화된 관심과 이해에서 비롯된 것임을 알 수 있다. 위의 내용을 통해 보면, 정현석은 판소리 연행의 측면에서 판소리 광대들이 갖추어야 할 실질적인 자질에 대해서 매우 구체적으로 지적하고 있음을 볼 수 있다. 먼저 정현석은 판소리 창자의 폐단에 대해서 지적하고 있는데, 요약하자면 두 가지다. 하나는 서사에 사리와 조리가 없다는 것이고, 다른 하나는 서사와 행위, 즉 너름새가 맞지 않다는 것이다. 그리고 이러한 문제는

---

228 "春香 沈淸 興富等歌 易爲感發人情 而足以勸懲者 其餘無足聽者也 歷聽俗唱 敍事多不近理 遺語亦或無倫 況唱之識字者尠 高低倒錯 狂乎叫嚷 聽其十句語 莫曉其一二且搖頭轉目 全身亂荒 有不忍正視 欲革是弊 先將歌詞 祛其鄙俚悖理者 潤色以文字 形容其事情 使一篇文理接續 語言雅正 乃選倡夫中 容貌端正 喉音弘亮者 訓以 數千字 使平上淸濁分明曉得然後 敎以歌詞誦若已言 次敎以聲調 其平聲 要雄深和平 其叫聲 要淸壯激厲 其哭聲 要哀怨悽悵 其餘響 要撓樑遏雲 及其升場試唱 要得字音必分明 敍事有條理 使聽之者 莫不解得 且要持身端直 一坐一立 一擧扇 一舞袖 亦皆中節然後 始可謂名唱 寄語桐里 須試此訣". 정현석 편저, 성무경 역주, 위의 책, 225-226쪽.

211

결국 판소리 광대들이 문식력이 없기 때문이라고 판단하고 있다.

다음으로 정현석은 판소리 광대들의 문제를 직접적인 교육에서 그 방법을 찾고자 한다. 이와 관련하여 정현석이 제기한 방법은 다음과 같다. 첫째, 가사와 언어를 순화하고 합리적 문리(文理)를 갖추어야 한다는 것, 둘째, 목의 기본을 갖춘 사람을 뽑아 소리를 가르친 뒤 노랫말을 외우게 하고 그것을 자기화할 것, 셋째, 성조(聲調)의 울림을 정확히 이해하고 구사할 수 있을 것, 넷째, 사설의 발음, 서사의 조리, 단정한 몸가짐 등을 중시하여 향유층들에게 거부감이 없도록 할 것, 다섯째, 절도에 맞는 너름새를 보일 것 등이다. 이와 같이 정현석은 판소리의 사설 구성, 판소리 광대의 목소리와 성조, 연행적 조건 등의 측면에서 매우 전문적인 교육적 식견을 보여주고 있다.

한편 정현석의 이러한 견해는 "모름지기 이 비결을 시험해 보도록 하시오."라는 언급처럼 신재효에게 직접 전해졌고, 신재효가 판소리 창자들을 지도한 사례를 고려해 볼 때, 신재효 당대 판소리의 장르적 정체성의 형성에 직접적인 영향을 미쳤다고 판단된다.

하루는 광대 이경태가 나에게 아뢰기를, "고창 신처사 재효는 집이 그리 가난하지 않고, 스스로 검소하고 담박한 것을 받드니, 고아하고 소박함이 마치 시골 노인과 같습니다. 일찍이 여러 광대들을 불러 '모두 내게 오라'고 하면서, 문자를 가르치고 그 음과 뜻을 바로잡으며, 그 비속하고 조야함이 심한 것을 고쳐서 그들에게 때때로 익히게 하니, 이에 원근의 배우고자 하는 자들이 나날이 문에 가득한데, 그들을 모두 집에 재우고 먹이면서, 항상 음악소리가 흘러나오니, 사람들이 모두 그를 기이하게 여깁니다."라고 하였다.[229]

---

[229] "日 倡夫李慶泰告余曰 高敞申處士在孝 家不甚貧 自奉儉薄 古樸若野老 嘗召諸倡 皆於我乎歸 訓以文字 正其音釋 改撰其鄙俚之甚者 使之時習 於是 遠近就學者 日以盈門 皆舍而飼之 常有優樂底音 人皆異之". 정현석 편저, 성무경 역주, 위의 책, 224-225쪽.

위의 내용은 정현석이 신재효에게 보낸 두 통의 편지 중 첫 번째 편지에 담겨 있는 것이다. 광대 이경태(李慶泰)의 전언을 정현석이 다시 기술한 부분이거니와, 우리는 이를 통해 신재효가 판소리에 어떻게 개입했는지를 구체적으로 알 수 있다. 위의 인용 내용에서 확인할 수 있듯이, 신재효는 당대의 판소리 광대들을 모아 숙식을 제공하며 문자와 글을 가르치고, 표현과 문리를 가다듬어 그것을 가르쳤다. 이처럼 신재효는 판소리 광대의 발굴과 교육 등 판소리의 실질적인 후원자의 역할을 하였다.

판소리의 교육적 지침은 신재효의 문하에서 수련했던 김세종의 말에도 잘 나타나 있다.

김씨 종종 말하기를, 창극조는 물론 창을 주체로 하여 그 짜임새와 말씨를 놓는 것과 창의 억양반복 고저장단에 규율을 맞게 하여야 한다. 그러나 형용 동작을 등한히 하면 아니 된다. 말하자면 창극인 만큼 극에 대한 의의를 잃어서는 아니 된다. 가령 울음을 울 때에는 실제로 수건으로 낯을 가리고 엎드려서 울든지 방성통곡으로 울든지, 그때그때 경우를 따라서 여실히 우는 동작을 표시하여야 한다. 태연히 아무 비애의 감정도 표현치 아니하고 아무 동작도 없이, 그저 우두커니 앉아서 곡성만 발하면 창과 극이 각분하여 실격이 된다. 청중이 하등의 동정과 감격을 받지 못하면 창극조의 정신을 잃는 것이 아니냐, 가령 "죽장 짚고 망혜 신고 천리강산 들어가니"로 부를 때에는, 앉았다가 쪼그리고 쪼그린 데서 서서히 기신(起身)하면서 손으로 향편(向便)을 지시하면서 천리나 만리나 들어가는 동작을 형용하여 창조(唱調)와 동작 형용이 마주 떨어져야 한다. 희로애락의 감정을 발로할 때에, 행왕좌와(行往坐臥)의 동작을 표시할 때에 그 창조(唱調)와 동작이 상합하여서 마주 떨어져야 한다. "치어다보면 천봉만학 내려 굽어보면 백사지(白沙地)라"를 부를 때에는, 치어다보는 앙면(仰面)과 내려 굽어보는 평지를 면(面)과 지(指)로 표시가 있어야 한다.

"천외무산 십이봉은 구름 밖에 멀고 월하동정 칠백호는 안하(眼下)의 경개로다"를 할 때에는, 그 운외(雲外)의 먼 것과 안하의 즉격(卽隔)한 것을 사(辭)와 지(指)로 근경을 표시하여야 한다.

"금강산상상봉이 평지가 되면 오랴시오"를 한다 하면, 금강산 상상봉이 운공(雲空)에 용출하여 있는 만큼 상상봉을 세세통상성(細細通上聲)으로 내질러야 하고, 평지는 평저(平低)한 음성으로 발하여야 한다.

곡조의 고저장단 억양반복이며 언사(言辭)의 대소소밀(大小疏密)은 물론이고, 어음을 분명히 하여야 하며 말씨는 늘어놓는 데 조리정연하게 할뿐더러 특히 어단성장(語短聲長)에 실격하지 아니하여야 한다. 어단성장이라는 말은 부르기 좋고 듣기 좋게 하자는 데에서 나온 말인데, 소리를 할 때 호흡의 조절과 성량의 분배를 가장 생리적으로 하자는 것이다.

가령 예를 들면 "적성의 아침날은"이란 소리에 있어서, 적성은 짧게 하고 '의'는 얼마간 길게 하라는 것이다. 다시 말하면 명사나 한문어구 같은 것은 짧게 부르고, 형용적 동사나 '에', '으로' 같은 받침은 길게 부르란 말이다.[230]

위의 내용은 판소리 명창 김세종(金世宗)에 대한 정노식의 전언 중 일부이다. 김세종은 전라북도 순창 출생으로, 헌종, 철종, 고종 3대간에 활약한 인물로서, 송우룡(宋雨龍), 박만순(朴萬順)과 함께 동편제(東便制)의 대가로 알려져 있다. 당시 음악의 대가인 신재효의 문하에서 다년간 지침을 받아 판소리에 대한 문견과 이론 및 비평적 감각이 당세에 독보적이었다고 한다. 위의 내용은 김세종의 이러한 명성을 그대로 보여주는 사례라고 할 수 있는데, 주요

---

230 정노식, 『조선창극사』(복각본), 동문선, 1994, 87-89쪽.

내용은 다음과 같다.

첫째, 창극조(唱劇調) 즉 판소리는 창(唱)을 최우선시 하되 판소리의 극적 본질을 아울러 중시해야 한다는 것이다. 그렇기 때문에 실제로 판소리를 할 때에는 창과 형용 동작 즉 너름새가 상합하는 것이 매우 중요하다는 것이다. 둘째, 창과 형용 동작의 상합은 "그때그때 경우를 따라 여실히" 해야 한다는 것이다. 이는 창과 동작의 합리성 및 사실성을 강조하는 말이다. 즉, 서사적 상황과 창의 합리적 통일이 중요하다는 말이다. 셋째, 곡조(曲調), 어음(語音) 등을 분명하고 조리 있게 구사해야 한다는 것이다. 넷째, 어단성장(語短聲長), 즉 호흡의 조절과 성량의 분배를 잘하여 부르기 좋고 듣기 좋게 하는 것이 필요하다는 것이다.

이상과 같이 김세종은 판소리 명창답게 실질적인 예를 들어가며 판소리 실연(實演)에서의 필요한 요건을 매우 구체적으로 설명하고 있다. 그 외에도, 판소리를 어떻게 하면 잘 할 수 있는가에 대한 고민은 판소리 광대들 사이에 널리 확산되었던 것으로 보인다. 이점은 다음의 사례에서 확인할 수 있다.

어느 때 정창업(丁昌業)이 모처에서 춘향가 중 "문을 열고 사면을 둘러보니"라고 하는 대목에 이르러 우조로 훨씬 장완(長緩)하게 불렀다. 또 흥보가 중 "도승이 내려오는데 장삼 소매는 바람에 펄렁펄렁"이라고 하였다. 김찬업은 곁에서 다 들은 후에 양처(兩處)의 실격(失格)된 것을 일일이 지적하여, 그 그릇된 것을 평하여 말하기를 "문을 열고"를 그리 장완하게 할 필요가 없다. "문을 열고"는 좀 단(短)하게 하고, "사면을 둘러보는"데를 훨씬 우조로 장완하게 하여야 하고, "장삼 소매는 바람에 펄렁펄렁"하는 데는 광풍이 대작한 바도 아니요, 광승(狂僧)이 동작하는 것도 아닌데 소매가 왜 그리 펄렁펄렁할 리가 있겠느냐. 화난(和暖)한 춘풍에 도승의 "장삼 소매는 바람에 팔팔팔" 하

는 것이 이치에 적합하다고 하였다. 정씨도 그 평의 적절함에 복용하였다 한다.[231]

위의 내용은 김찬업(金贊業)의 일화 중 하나이다. 김찬업은 고종시대를 풍미한 명창으로서, 소리의 이면을 이해하거나 소리를 제작하는 데 있어서 출중한 인물로 알려져 있다. 위의 내용에서 김찬업은 정창업의 소리를 듣고 상황과 이치에 적합한 가사와 장단(長短), 조(調)를 구사해야 한다고 세심하게 지적하고 있다. 이러한 지적은 판소리의 장르적 본질과 그것의 표출 양상에 대한 깊은 이해, 즉 판소리의 '이면'에 대한 심도 있는 인식에서 비롯되었다고 할수 있다. 그리고 이러한 현상은 신재효나 김세종 이후 판소리 이론에 대한 인식이 넓은 저변을 형성하고 있었기 때문에 가능했다고 생각된다.

이상으로 정현석, 신재효, 김세종 등을 중심으로 전개된 판소리 비평 및 교육론을 검토하였다. 이러한 판소리의 이론적 탐구는 판소리에 대한 상층 지식인들의 관심에서 촉발된 것으로서, 궁극적인 목적은 판소리의 예술성을 고양시키는 데 있었다. 그리고 신재효의 사례에서 볼 수 있듯이, 판소리 광대들은 이러한 이론적 지침의 도움으로 자신들의 판소리 세계를 보다 세련되게 갈고 닦았다고 생각된다.

3. 창법의 개발과 유파의 정립

19세기에 이르면 판소리는 대표적인 공연 예술이자 흥행 예술의 하나로 자리를 잡게 된다. 이때가 되면 판소리 광대의 수가 늘어나고, 그 중에는 기량 면

---

231 정노식, 위의 책, 156-157쪽.

에서 난숙한 경지에 이르러 '명창' 소리를 듣는 판소리 광대도 다수 등장한다. 이들 명창들은 자신의 명성을 이어가기 위해 각고의 수련을 반복하는 한편 자신만의 소리 세계를 구축하기 위해 장기와 더늠[232]을 개발하고 그것을 세련화하는 데 몰두하였다. 특히 광대들이 기량을 연마하고 장기와 더늠을 개발하는 것은 일반 대중보다는 상층 양반이나 왕족을 향유 대상으로 했을 때 더욱 필요한 것이었다. 왜냐하면 상층계급의 향유층들은 대개 지식수준이 높고 예리한 청취력을 갖춘 사람이 많았기 때문에, 사설이 제대로 구성되고 소리가 잘 단련되지 않고서는 이들을 판소리 속으로 끌어들이기가 어렵기 때문이다. 이와 같이 판소리는 일반 대중뿐만 아니라 상층 양반들과의 접변을 의식하면서 그 자체 발전을 도모해 갔던 것이다.

여기서는 판소리 광대의 수련 모습, 일부 명창들의 장기와 더늠, 판소리 광대가 상층 향유층을 상대로 했을 때의 임기응변 능력, 판소리의 탁월한 감응력 등에 대한 사례를 통해, 판소리가 민족 예술로 발전해 간 모습을 살펴보기로 한다.

판소리 광대가 명창이 되기 위해서는 각고의 수련을 다해야 한다. 그래서 우리는 전문(傳聞)을 통해, 폭포 소리를 제압하는 소리를 얻기 위해 폭포수 아래에서 수련을 했다는 예, 목이 터져 몇 동이의 피를 쏟았다는 이야기 등 수다한 학습 사례를 알고 있다. 순조, 헌종, 철종 시대에 명창으로 활약한 주덕기(朱德基) 같은 사람은 산속으로 들어가 소나무 밑둥을 베어 치제(致祭)를 한 후에 소리를 연마했는데, 나중에 보니 소나무 수천 주가 베어져 있었다고 한다. 이로 인해 '벌목정정(伐木丁丁)'이란 별명을 얻기도 했다.[233] 판소리 광대의 수련 모습은 무엇보다도 방만춘(方萬春)의 사례가 흥미롭다. 방만춘은 절에서

---

232 '더늠'은 판소리 내용 중 판소리 명창들이 작곡하여 자신의 장기로 부르는 대목을 말한다.
233 정노식, 『판소리창극사』(복각본), 동문선, 1994, 62쪽에 소개되어 있다.

수련을 하는데 목이 터지지 않아 하루는 절 기둥을 안고 목이 터지도록 소리를 지르고는 기력을 잃고 쓰러졌다. 바로 그때 절 목공이 산에서 나무를 하다가 절이 무너지는 듯한 소리를 듣고 놀라 절로 내려왔는데, 절은 비어있고 방씨만 넋을 잃고 누워 있었다는 것이다. 알고 보니 좀 전에 들린 절이 무너지는 듯한 소리는 방씨가 목이 터질 때 난 소리였던 것이다.[234] 흔히 말하기를 판소리를 잘 하기 위해서는 '목'을 얻어야 한다고 한다. 여기서 '목'이라고 하는 것은 여러 종류의 소리를 뜻하는데, 이러한 '목'을 얻기 위해서는 목이 터져야 한다. 따라서 판소리 광대들은 목을 틔우기 위해 갖가지 방법을 쓰는데, 위의 주덕기나 방만춘의 사례에서 보듯 그 과정은 몹시 지난하다.

한편 판소리 광대들은 신분적으로 미천한 계층이 대부분이기 때문에 향유계층이 상층계급인 경우에는 소리를 하더라도 상대방의 지위와 처한 상황을 의식하지 않을 수 없다.

> 철종시대에 어전(御前)에서 판소리를 하는데, "춘초(春草)는 연년록(年年綠)인데 왕손(王孫)이 귀불귀(歸不歸)하랴."라고 하여서 철종대왕의 가상히 여기심을 받고 일시에 세인의 입에 회자하였다 한다. "왕손은 귀불귀를"을 "왕손이 귀불귀하랴"라고 고쳐 불러서 그 촉처(觸處)를 피한 것이 임기응변하는 재기도 있거니와, 그 문식이 있음을 넉넉히 보인다.[235]

위의 내용은 판소리 광대 최낭청(崔郎廳)의 일화이다. 어전에서 소리를 했으니 당대에 대단한 명창이었음을 알 수 있다. 여기서 최낭청은 〈춘향가〉를 부르면서 소리를 듣는 사람의 마음과 기분에 저촉되지 않게 시 구절의 우리

---

234 정노식, 위의 책, 56-57쪽에 소개되어 있다.
235 정노식, 위의 책, 72쪽.

말 토(吐)를 다르게 하여 부르고 있다. 위에 등장하는 "春草年年綠 王孫歸不歸"란 구절은 당나라 시인 왕유(王維)의 〈산중송별(山中送別)〉에 들어있는 시구이다. 이 시구는 〈춘향가〉 뿐만 아니라 상여소리나 〈회심곡〉 등 여러 가곡·가사에 관용적으로 등장하는 구절인데, 대체로 인생무상의 의미를 담고 있다. 즉 '봄풀은 해마다 푸른데, 한번 돌아간 (죽은)사람은 다시 돌아오지 않는다' 의미로 해석되어, 자연의 순환은 영원무궁한데 인간의 삶은 한번 죽으면 덧없이 끝난다는 의미를 전달한다. 따라서 이 시구를 윗사람 앞에서 읊을 경우 '당신도 죽으면 끝이다'는 의미로 전달될 수 있다. 그런데 위의 최낭청은 이점을 미리 알고 '왕손귀불귀하랴'로 토를 살짝 바꾸어 부른 것이다. 이렇게 하면 '한번 돌아간들 어찌 돌아오지 않으랴'로 해석되어 상대방의 기분을 상하지 않게 할 수 있는 것이다.

이와 같이 판소리 명창들은 상황에 따라 임기응변으로 판소리의 사설이나 가락을 변형시키기도 하였는데, 이러한 융통성은 향유계층이 누구인가에 따라 다양하게 이루어졌다고 생각된다.

판소리 명창들은 그들의 명성을 유지하거나 확대하기 위해 각자의 장기와 더늠을 개발하는 데 노력하였다. 그리고 이러한 과정을 통해 판소리는 점차적으로 세련된 예술로 정착될 수 있었다. 그러면 지금까지 알려진 명창들의 장기와 더늠, 그리고 창법 등을 정리해 보기로 한다. 현재 학계에서는 판소리 명창들의 활동 시기에 따라 '전기 8명창', '후기 8명창', '근대 5명창' 등으로 분류한다. 여기서 전기 8명창은 주로 19세기 전반기에 활동한 명창으로서, 권삼득, 송흥록, 염계달, 모흥갑, 고수관, 신만엽, 김제철, 주덕기, 황해천, 송광록 등을 말하고, 후기 8명창은 19세기 중후반에 활동한 명창으로서, 박유전, 박만순, 이날치, 김세종, 송우룡, 정창업, 정춘풍, 김창록, 장자백, 김찬업, 이창윤 등이 여기에 속한다. 그리고 근대 5명창은 19세기 말에서 20세기 초반에 주로 활동한 명창으로서, 박기홍, 김창환, 김채만, 전도성, 송만갑, 이동백, 김창룡, 유성준, 정정렬 등이 여기에 속하는 인물이다. 이들의 장기, 더늠, 창법 등을 제시하면 다음과 같다.[236]

〈 표 7 〉 전기 8명창으로 거론되는 인물

인물	장기	더늠	창법	비고
권삼득	흥부가	놀보 제비 후리러 가는 대목	덜렁제 (설렁제, 권마성조)[237]	
송흥록	변강쇠가, 춘향가, 적벽가	춘향가 중, 옥중가와 천봉만학가	비곡(悲曲), 귀곡성	가왕, 극창(劇唱)의 중시조, 동편제의 시조. 김성옥이 발견한 진양조를 완성함. 산유화조(메나리조)의 판소리화.
염계달	장끼타령, 흥부가	십장가		경드름제(경조)[238], 추천목[239]개발
모흥갑	적벽가	춘향가 중, 이별가	강산조[240], 덜미소리[241]	
고수관	춘향가	자진사랑가	딴 목청[242]	
신만엽	토별가	토끼 배 가르는 대목		
김제철	심청가	심청이 탄생하는 대목	석화제[243]	
주덕기	적벽가	조자룡 활쏘는 대목		
황해천		농부가	자웅성[244]	'황해청(黃海淸)'이라고도 함
송광록	춘향가	사랑가		

---

236 각 명창의 특징에 대한 정리는 정노식의『조선창극사』(동문선, 1994)와 최동현,「판소리 명창과 더늠」, 판소리학회 엮음,『판소리의 세계』(문학과지성사, 2000)를 참고했다.

〈 표 8 〉 후기 8명창으로 거론되는 인물

인물	장기	더늠	창법	비고
박유전	적벽가, 춘향가	춘향가 중 이별가, 민요 중 새타령	안구성[245]	서편제의 시조. 강산제(보성소리)의 시조
박만순	춘향가, 적벽가	사랑가, 옥중가, 춘향몽유가, 적벽가 중 화용도 패주 대목	세세통상성 (細細通上聲)	동편제의 수령
이날치	춘향가, 심청가, 새타령	춘향자탄가(망부사 (望夫詞)	수리성[246]	서편제의 수령
김세종	춘향가	천자뒤풀이		판소리이론에 밝음
송우룡	토별가	토끼 배 가르는 대목		
정창업	흥부가	심청가 중, 중 내려오는 대목		
정춘풍	적벽가	단가 중, 소상팔경가		양반광대
김창록	심청가, 춘향가	심청이 부친과 이별하는 대목	노학성 (老鶴聲)	춘향가 중〈팔도담배가〉와 〈산유화가〉 작곡
장자백	변강쇠가, 춘향가	춘향가 중, 이도령이 광한루에서 사면 경치를 감상하는 대목	가곡성(歌曲聲) 우조	
김찬업	춘향가	토별가 중, 토끼화상 그리는 대목		
이창윤	심청가	심청가 중, 부친 영결하는 대목		

〈 표 9 〉 근대 5명창으로 거론되는 인물

인물	장기	더늠	창법	비고
박기홍	춘향가, 적벽가	적벽가 중, 조조군사 사향가(군사설움타령)		동편제의 종장
김창환	흥부가	제비노정기		
김채만	심청가	심청가 초압 대목		
전도성	심청가, 흥부가	심청가 중, 범피중류 대목		
송만갑	춘향가, 심청가, 적벽가	농부가, 단가 진국명산, 춘향가 중 이별가, 적벽가 중 새타령	경드름, 통상성(通上聲)	
이동백	심청가, 적벽가, 춘향가	새타령		
김창룡	적벽가, 심청가	적벽가 중 삼고초려 대목, 심청가 중 꽃타령		
유성준	적벽가, 토별가	토별가 중, 별주부와 토끼의 상면 대목		
정정렬	적벽가	춘향가 중, 신연맞이 대목		

237 덜렁제는 설렁제, 호걸제라고도 하는데, 우렁차고 호기로운 소리이다. 권마성조라고 하는 것도 권마성이 양반들이 행차할 때 하인들이 가마 앞에서 우렁차게 외치는 소리이기 때문에 그렇게 부른다.

238 염계달이 경기 출신이기 때문에 그의 소리를 경드름제라고 하는데, 아마도 경기민요의 가락이나 가곡의 성조와 비슷한 것이 아닌가 한다.

239 추천목도 염계달이 개발했다고 하는 것인데, 이 역시 경기민요와 비슷한 경쾌한 가락을 말한다.

240 박유전의 강산제와는 다른 것으로서, 박유전의 강산제와 구별하기 위해 '동강산조'라고도 한다.

241 목 뒤 꼭지에서 나는 소리. 모흥갑이 연광정에서 덜미소리를 하니 십리 밖에서도 들렸다고 한다.

242 고수관은 즉석에서 사설을 변형하거나 새로 지어 부르는 데 능숙했는데, 이처럼 딴 목청을 잘 구사한다는 뜻으로 그의 소리를 '딴 목청'이라고 부른다.

243 가야금 병창제와 비슷한 것으로, 명랑하고 거들거리는 성음이 많이 들어가는 것이 특징이다.

244 새소리와 같은 소리를 말한다.

245 목소리가 다소 부드럽고 고운 소리를 말한다.

246 목이 약간 쉰 듯한 껄끄럽고 탁한 소리를 말한다. 판소리에서 최고의 소리로 친다.

위의 표를 보면 장기로 삼은 작품이 〈춘향가〉 13명, 〈심청가〉 8명, 〈흥부가〉 5명, 〈수궁가〉 3명, 〈적벽가〉 13명, 〈변강쇠가〉 2명, 〈장끼타령〉 1명이다. 여기서 주목되는 것은 〈적벽가〉를 장기로 삼은 명창이 대단히 많다는 점이다. 이는 아마도 〈적벽가〉의 사설과 곡조가 남성적이고 웅혼하기 때문에, 소리의 기본이라고 할 수 있는 '내지르는 목'을 사용하기가 다른 작품보다는 좀더 쉽기 때문이 아닌가 한다.

다음으로 더늠을 보면, 〈춘향가〉에서 13대목, 〈심청가〉에서 7대목, 〈적벽가〉에서 6대목, 〈수궁가〉에서 4대목, 〈흥부가〉에서 2대목, 기타 단가(短歌)들이 더늠으로 사용되었음을 알 수 있다. 창법은 전기 8명창과 후기 8명창의 창법이 주로 소개되어 있는데, 이는 이들이 판소리 창법이 본격적으로 개발되던 시기에 주로 활동한 명창들이기 때문이다. 그리고 근대 5명창에 속하는 사람들은 그 전대(前代) 선배 판소리 명창들이 개발한 창법을 주로 전승했기 때문에, 이들의 창법에 대해서는 별로 알려진 것이 없다.

한편 판소리 명창이 많아지고 개발된 장기와 더늠 및 창법이 다양해지면서, 소리하는 법제(法制)와 전승 지역에 따라 판소리가 유파별로 분화되기에 이른 것도 판소리 전성기 때의 대표적인 특징이다. 판소리 유파에 대하여 처음으로 언급한 사람은 정노식이다. 정노식은 『조선창극사』에서 '대가닥'이라는 제목 하에 다음과 같이 기술하고 있다.

대가닥에는 동편제, 서편제, 중고제, 호걸제가 있으나, 대체로 동서로 나누고 중고, 호걸은 극소하다. 동편은 우조(羽調)를 주장하여 웅건청담(雄建淸談)하게 하는데 호령조가 많고 발성초(發聲初)가 썩 진중하고 구절 끝마침을 꼭 되게 하여 쇠망치로 내려치는 듯이 하고, 서편제는 계면(界面)을 주장하여 연미부화(軟美浮華)하게 하고 구절 끝마침이 좀 지르르 끌어서 꽁지가 붙어

다닌다. 동편은 담담연(淡淡然) 채소적(菜蔬的)이라 한다면, 서편은 진진연(津津然) 육미적(肉味的)이다. 동편은 천봉월출격(千峰月出格)이라 하면, 서편은 만수화란격(萬樹花爛格)이다. 그 색채와 제작을 대략 이상으로 표시하면 근사할 듯하다. 중고제는 비동비서(非東非西)의 그 중간인데 비교적 동에 가까운 것이다. 그러면 동서의 유래가 여하히 분류된 것이냐 하면, 동(東)은 송흥록의 법제를 표준하여 운봉, 구례, 순창, 흥덕 등지 이쪽을 동편이라 하고, 서(西)는 박유전의 법제를 표준하여 광주, 나주, 보성 등지 저쪽을 서편이라 하였다. 그후에는 지역의 표준을 떠나서 소리의 법제만을 표준하여 분파되었다. 중고제, 호걸제는 염계달, 김성옥의 법제를 많이 계승하여 경기 충청 간에서 대부분 유행한다.[247]

위의 내용에는 판소리의 유파, 전승지역, 발성법, 미적 특징과 음악적 특징 등이 모두 기술되어 있다. 이를 다시 정리하면 다음과 같다.

---

247 정노식, 위의 책, 35쪽.

〈 표 10 〉 판소리유파별 특징

제	전승지역	악조 및 발성법	음악적 특징	미적 특징
동편제	운봉, 구례, 순창, 흥덕 등지(섬진강 동쪽)	우조, 호령조. 시작은 무거운 발성으로 하고 끝은 끊어지듯이 함.	웅건청담(웅장하고 맑음). 담담연채소적(채소를 먹듯이 담담함. 잔가락과 기교가 없이 쭉쭉 뻗어나가는 소리를 말함).	천봉월출격 (우뚝 솟은 봉우리에 달이 떠오르듯이 소리를 함)
서편제	광주, 나주, 보성 등지(섬진강 서쪽)	계면조. 시작은 가벼운 발성으로 하고 끝은 늘어지게 함.	연미부화(부드럽고 화려함). 진진연육미적 (고기를 먹듯이 쫄깃쫄깃함. 잔가락과 기교, 부침새가 많아 소리가 늘어진다는 뜻).	만수화란격 (온갖 나무에 꽃이 화려하게 피듯이 소리를 함)
중고제 호걸제	경기 충청도 지역	염계달, 김성옥의 법제를 이어받음. 동편제와 서편제의 중간 형태이나 동편제에 다소 가까움.		

이러한 특징 외에도 동편제는 선천적인 음량을 그대로 드러내어 소리하거나, 아니리와 발림을 거의 사용하지 않고 대마디장단에 맞추어 통성(通聲)으로 내뱉는 스타일이라고 할 수 있다. 그에 비해 서편제는 계면조로 애원처절하게 부르면서 화려한 기교를 많이 구사하고, 엇붙임이나 잉애걸이 등 장단의

변화도 다채롭게 사용하는 스타일이다.[248]

이와 같이 판소리 명창들은 자신의 장기, 더늠, 창법을 개발 연마하고 자신이 속한 법제의 전통을 이어받아 기량을 습득함으로써 신기(神技)에 가까운 소리를 구사할 수 있었는바, 이에 따라 일부 명창들은 소리로써 인간과 천지 자연을 감동시키기도 하였다. 몇 가지 사례를 들어보기로 한다. 전기 8명창의 한 사람인 권삼득의 일화이다. 권삼득은 향반의 자제로 독서는 하지 않고 판소리에 빠졌다. 이를 안 문중 사람들은 소리를 못하게 했으나 듣지 않자 가문의 일대 치욕이라고 생각하고 회의를 하여 권삼득을 죽이기로 작정했다. 이에 거적을 덮어 죽이려는데, 권삼득이 죽을 때 죽더라도 소리 하나만 하기를 청하자 문중 사람들은 그것만은 허락을 했다. 이에 권삼득은 거적 밑에서 비창한 소리 한 자락을 했는데, 그것을 들은 사람들이 감동을 하여 차마 죽이지 못하고 족보에서 이름을 빼고 가문에서 축출하는 것으로 마무리했다.[249] 이날치의 일화도 흥미롭다. 경성에 성격이 몹시 강의침정(剛毅沈靜)한 노재상이 있었는데, 어느날 친구가 "명창은 능히 사람을 울리고 웃긴다."고 하니, 노재상은 "그건 졸장부나 그럴 일이지, 강의하고 기백이 있는 대장부라면 어찌 미천한 광대에게 감정의 지배를 받을쏘냐."라고 했다. 이에 내기를 하는데, 소리를 듣고 낙루(落淚)를 하면 금 1천냥을 이날치에게 주고 그와 반대로 하등의 감동이 없으면 이날치의 생명을 뺏기로 결정했다. 이날치는 만좌 앞에서 〈심청가〉 중 심청이가 부친의 눈을 뜨게 하기 위해 공양미 삼백석을 받고 선인(船人)에게 몸이 팔려 떠나는 장면, 고을 사람들에게 앞 못 보는 자기의 부친을 부탁하는 장면, 피눈물을 흘리면서 인당수에 몸을 던지는 광경 등을 애사비조(哀詞悲調)로 절절하게 소리를 하니, 만좌에서 울음바다가 되었다. 그리고 그 노재

---

248 판소리의 유파별 계보와 그 외의 다양한 특징에 대해서는 유영대, 「판소리의 유파와 기법적 특징」, 판소리학회 엮음, 『판소리의 세계』, 문학과지성사, 2000, 107-120쪽 참조.

249 정노식, 위의 책, 45-46쪽.

상도 심청의 출천대효에 감동을 받아 부지불각 중에 돌아앉아 눈물을 흘렸다고 한다.[250] 그 외에 송흥록이 진주 병사 앞에서 토끼 배따는 대목을 애원성으로 절창을 하자 모인 사람들이 눈물바다를 이루고 진주 병사도 돌아앉아서 울었다는 일화도 유명하다.

　판소리는 그것을 향유한 사람에게만 감동을 주는 것은 아니었다. 송흥록이 진주 촉석루에서 〈춘향가〉 중 '옥중가'를 부르자 갑자기 음풍이 돌면서 수십 대의 촛불이 일시에 꺼지고 공중에서 귀곡성이 들렸다는 일화나, 이날치가 새타령을 부르자 새들이 모여들었다는 일화는 소리가 천지자연도 감동시킬 수 있다는 사례가 된다. 이는 아마도 과장된 전문(傳聞)이겠으나, 그만큼 판소리는 탈조화(奪造化)의 신비로움과 예술적 극치를 보여준 장르라는 뜻이겠다.

　이상으로 판소리가 전성기를 구가했던 때의 판소리의 다양한 면모, 즉 판소리의 수련 과정과 임기응변의 기교, 주요 명창들의 장기와 더늠 및 창법, 판소리의 유파별 특징과 감응력 등을 구체적으로 살펴보았다. 이러한 판소리의 세계는 판소리가 형성된 이후 향유층들과의 다양한 접변을 통해 점진적으로 정립된 것으로서, 19·20세기 판소리의 예술적 위상과 가치가 어떠한 형태로 존재했는지를 잘 보여주고 있다.

---

250 정노식, 위의 책, 94-95쪽.

제3절 미의식의 변모와 전형화의 양상

판소리와 양반향유층 간의 문화접변이 심화되는 과정을 거쳐 판소리는 그 예술적·미학적 수준을 높여 갔다. 그 과정에서 판소리의 미의식도 변화하였는데, 본절에서는 이에 대하여 살펴보고자 한다.

1. 사설의 아속 융합과 '화'의 미학

초기 판소리는 민중층을 기반으로 형성·유통되었기 때문에 사설의 내용과 연행(演行)의 양상이 대체로 거칠고 투박했을 것으로 추정된다. 이점은 판소리 비평가인 정현석과 신재효의 견해를 보면 충분한 설득력이 있다. 정현석은 당시의 판소리의 문제점을 다음과 정리한 바 있다.

　① 서사(敍事)가 사리에 맞지 않고 조리가 없다.
　② 노랫말이 비속하고 이치에 어긋난다.
　③ 소리의 고저(高低)가 뒤바뀌고 소리를 미친 듯이 내질러서 내용을 알아
　　 들을 수가 없다.
　④ 머리를 흔들고 눈동자를 굴리며 온몸을 난잡스럽게 놀려대어 눈뜨고

볼 수가 없다.

그리고 신재효도 당대 판소리 광대를 모아 문자를 가르치고, 음과 뜻을 바로잡으며, 비속하고 조야함이 심한 것을 고쳐가면서 광대들을 가르쳤다고 하는데, 이것도 신재효가 목도했던 당시의 판소리가 정제되지 못하고 조야하거나 졸박한 상태에 있었음을 반증하는 것이다.

한편, 정현석은 위와 같은 당시의 판소리의 문제점을 개선하는 방향성을 다음과 같이 제시했다.

① 가사와 언어를 순화하고 합리적 문리(文理)를 갖추어야 한다.
② 목의 기본을 갖춘 사람을 뽑아 소리를 가르친 뒤 노랫말을 외우게 한다.
③ 성조(聲調)의 울림을 정확히 이해하고 구사해야 한다.
④ 사설의 발음, 서사의 조리, 단정한 몸가짐을 갖추어 청중의 거부감을 없애야 한다.
⑤ 절도에 맞는 너름새를 보여야 한다.

위와 같이 정현석과 신재효가 판소리의 방향성을 제시하거나 실습을 통해 당시의 판소리를 바로잡아 나간 것은 판소리의 양반 향유층을 의식했기 때문이다. 판소리가 민중층을 기반으로 해서 형성되었다고 하더라도, 양반 향유층까지 판소리의 세계에 끌어들이기 위해서는 판소리 사설과 연행 방식을 양반 향유층의 감정 구조와 심미 취향에 맞출 필요가 있는 것이다. 정현석과 신재효의 견해가 양반 향유층을 의식하여 판소리의 방향성을 모색했다는 점은 신재효가 개작한 〈춘향가〉 문면에서도 확인된다. 신재효는 당시의 춘향가를 개작하는 과정에서, 예컨대 "다른 가긱 몽즁가난 황능뫼의 갓다난듸 이 사셜 짓난

이난 다른 ᄃᆡ를 갓다 ᄒᆞ니 좌상 처분 엇덜넌지"[251]와 같이, 기존 사설을 수정하면서 '좌상(座上)'즉 양반 향유층을 의식하는 문구를 군데군데 서술하고 있다.

판소리가 그 예술적·미학적 성취 면에서 최고의 경지에 이르게 된 것은 정현석, 신재효 등의 판소리 비평가들과 양반 향유층들의 참여가 큰 역할을 했다. 그러면서 판소리의 미의식도 변하게 되었는데, 판소리와 상층 향유자들 간의 예술적 접변이 심화되고 판소리가 최고의 전형을 갖추었을 때의 미의식을 한마디로 표현하면 아속(雅俗)의 융합과 화(和)의 미학이라고 할 수 있다.

판소리는 형성 기반이 민중층이기 때문에 기본적으로 속미적(俗美的) 성향이 강하다. 예를 들어 〈춘향가〉를 보면 골계적 표현이나 비속어, 분노와 한탄의 감정 세계가 직접적으로 표출되는 사례가 흔히 나타난다. 그러나 이러한 즉자적(卽自的) 감정 표출은 양반 향유층의 미의식과는 거리가 있다. 또한 인물 관계의 측면에서 기생인 춘향과 양반 자제인 이몽룡이 애정과 혼인에 이르는 이야기 소재 역시 양반 향유층으로서는 쉽게 수용하기 어렵다. 그렇기 때문에 양반 향유층을 수용하기 위해서는 사설의 측면에서 통속미와 함께 전아미(典雅美)를 갖출 필요가 있고, 춘향과 이몽룡의 관계도 납득할 만한 수준으로 거리를 좁힐 필요가 있다.

이러한 필요성이 판소리 대본으로 나타나게 되었는데, 그 대표적인 것이 신재효가 개작한 〈남창 춘향가〉와 완판84장본 〈열녀춘향수절가〉이다. 이 두 작품은 19세기 말 이후 판소리 현장에서 전승되거나 현장에서 연행된 〈춘향가〉의 모습을 직접적으로 보여주는 작품들이다. 그 중에서 먼저 신재효본 〈춘향가〉를 보면, 춘향과 이몽룡의 인물 관계에서 춘향의 신분이 고귀한 인물로 변화되어 있다. 이러한 변화는 춘향을 천상선녀의 적강(謫降)인물로 수정했기

---

251 김진영 외 편, 『춘향전전집』1, 박이정, 1997, 34-35쪽.

때문이다.[252] 이러한 수정으로 인해 인물 성격 면에서도 여염집 규수로서의 단아한 형상으로 표현된다.

ᄉ쏘 자제 도련임이 광한누 구경왓다 츄쳔ᄒᄂ 네 거동 바ᄅ보고 딕혹ᄒ여 불너보라 ᄒ셧신이 날을 ᄊ라 어셔 가ᄌ 춘향이 천연졍ᄉᆡ 방ᄌ를 ᄊ진난다 셔울게신 도련임이 ᄂ 일홈을 엇지 알며 셜령 알고 부르란들 네가 나를 눌노 알고 부르면 쎡 갈 쥴노 당돌이 건네온다 쳔만부당 못 될 일를 잔말 말고 건네가라[253]

위의 내용은 방자의 청에 춘향이 답변하는 말이다. 여염집 규수와 같은 엄중한 면모가 잘 드러나 있다. 예컨대 장자백 창본 〈춘향가〉의 다음과 같은 표현과는 상당한 차이가 있음을 알 수 있다.

아나 엿짜 이 ᄋᆡ 춘향아 (말노)불러 논이 춘향이 깜작 놀ᄂᆡ여 근의 아ᄅᆡ 쑥 ᄉ러지며 ᄋᆡ고 호졉시럭게 삼긴 ᄌ식 너의 션산의 불이 낫는야 눈쌀치 ᄉᆡᆼ긴 거시 어름의 밋ᄉ러져 죽은 거명쇠 눈쌀쳐로 ᄉᆡᆼ긴 ᄌ식 한마트면 낙상할 변 보왓ᄶ……엿짜 그 ᄌ식 밋친 ᄌ식일시 도련님이 날를 엇지 아라 부른단 말린야 네가 도련님 퇵밋틔 안져 춘향인지 난양인지 긔ᄉᆡᆼ인이 비상인이 네 ᄋᆡ미니 네 할만이 죵죠리ᄉᆡ 열시 ᄶ듯 죠랑죠랑 외야 밧치라든야 이 긔씹

252 "호남좌도 남원부난 동으로 지리산 서으로 적성강 산수정기 어리여서 춘향이가 ᄉᆡᆼ겨ᄊ나 춘향 어모 퇴기로서 사십이 너문 후어 춘향을 처음 빌 제 쑴 가온ᄃᆡ 엇뗜 선녀 도화이화 두 가지를 두 손의 갈나쥐고 ᄒ날노 ᄂᆡ려와서 도화를 ᄂᆡ여쥬며 이 쏫슬 잘 각고와 이화졉을 부쳐씨면 모연ᄒᆡᆼ낙 죠흘이라 이화 갓다 젼홀 곳시 시각이 급ᄒᄀ로 총총이 ᄊ나노라 쑴 ᄭᆡᆫ 후의 잉틱ᄒᆞ야 십삭 ᄎ셔 ᄯ 나온이 도화ᄂᆞ 봄향긔라 일홈을 춘향이라 ᄒ야ᄊ나". 김진영 외 편, 위의 책, 11쪽.

253 김진영 외 편, 위의 책, 15쪽.

의로 나셔 쇠졋 먹소 도야지 등의 업피여 ᄌ라난 이 두덕이 잠연네 ᄌ식가[254]

또한 이몽룡과 춘향의 이별 장면에서도, 대개의 경우 춘향은 이몽룡과의 이별에 직면하여 세간기물(世間器物)을 부수고 머리를 산발하여 울부짖는 난동을 부리지만, 신재효본 〈춘향가〉에는 그러한 모습을 전혀 찾아볼 수 없다. 그 외에도, 신재효본 〈춘향가〉에는 춘향의 열행(烈行)이 다른 대본보다 한층 더 강조되어 있는데, 이것도 춘향의 고귀한 신분을 나타내는 구성이다.

요컨대 춘향의 신분을 가능한 한 고귀하게 하고 그러한 신분에 대응되는 엄숙 단아한 풍모와 열행의 형상으로 바꾼 것은 양반 향유층들이 거부감 없이 〈춘향가〉를 수용할 수 있도록 하기 위해서였다. 그 외에 신재효가 개작을 하면서 한문투로 윤색한 것도 양반 향유층을 적극 고려한 결과이다.

신재효본 〈춘향가〉에 나타나는 이러한 면모는 〈열녀춘향수절가〉에도 나타난다. 이 작품에도 춘향은 적강 선녀로서의 고귀한 인물로 태어나고, 그에 따라 언행도 조신한 면모를 보여준다. 또한 춘향의 열행도 매우 강조되어 있다. 이러한 특징도 양반 향유층의 심미 취향을 적극적으로 고려한 결과이다.

한편, 판소리 예술이 아속(雅俗)융합의 미적 성격을 갖추게 된 데에는 더늠의 개발이 큰 역할을 했다. 더늠이 폭넓게 개발되었다는 것은 완창(完唱)이 아니라 부분창(部分唱)이 주로 행해졌다는 의미이다. 부분창은 더늠을 세련되고 품격 있게 다듬는 것이 매우 중요하다. 그런 점에서 더늠의 개발은 판소리 예술의 전아미를 표출하는 데 큰 기여를 했다고 볼 수 있다. 〈심청가〉에서 '장승상부인'대목은 19세기 말에 첨가된 더늠인데, 이 더늠 첨가로 인해 〈심청가〉는 좀 더 전아한 미의식을 갖출 수 있었다.[255]

---

254 김진영 외 편, 위의 책, 101-102쪽.

255 19세기 판소리에서의 더늠 첨가 방향과 〈심청가〉 '장승상부인' 대목의 더늠 첨가의 의미에 대해서는 유영대, 「19세기 판소리에서의 더늠 첨가 방향」, 『판소리연구』, 국어국문학회, 1998; 유영대,

이상으로 정현석과 신재효의 판소리 비평론, 전성기 〈춘향가〉의 모습을 지닌 신재효본 〈춘향가〉와 완판84장본 〈열녀춘향수절가〉의 변모 양상, 〈심청가〉에서의 더늠 개발 등을 통해, 전성기 판소리는 초기 판소리의 민중적 속미(俗美)에 양반 취향의 전아미(典雅美)가 결합된 아속(雅俗)융합의 미학적 성격을 지니게 되었음을 살펴보았다.

그런데 아속 융합의 미학은 동양 전통의 '화(和)'의 미학에 뿌리를 두고 있다. 특히 악론(樂論)에서 화(和)의 미학은 다음의 내용에서 잘 살펴볼 수 있다.

귀와 눈은 마음의 욕망이 발동하는 자리이다. 그러므로 반드시 조화를 이룬 음악을 듣고 바르게 이루어진 사물을 바라보아야 한다. 조화를 이룬 음악을 듣는 데 익숙하면 귀가 밝아지고, 바르게 이루어진 사물을 보는 데 익숙하면 마음이 밝아진다. 귀가 밝으면 말이 바르게 들리고, 마음이 밝으면 덕이 밝게 빛난다. 말이 바르게 들리고 덕이 밝게 빛나면 생각이 순수하고 건실해진다.……만약 보고 듣는 것이 조화롭지 못한 것이어서 마음에 동요와 현혹이 일게 되면 맛의 느낌이 정미(精美)하지 못하고, 맛의 느낌이 정미하지 못하면 지기(志氣)가 해이해지며, 지기가 해이해지면 심신이 조화를 이루지 못하게 된다.[256]

정치는 음악을 닮는다. 음악은 8음의 조화를 통해 이루어지고, 조화는 평형을 통해 이루어진다. 음악은 5성의 조화로 이루어지고 5성은 궁상각치우 5가지 음률로 평형을 이룬다.……사물이 제각기 그 정상을 얻도록 하면 그것

「'장승상부인' 대목의 첨가에 대하여」, 『판소리연구』 5집, 판소리학회, 1994 참조.

[256] "夫耳目 心之樞機也 故必聽和而視正 聽和則聰 視正則明 聰則言聽 明則德昭 聽言昭德 則能思慮純固……若視聽不和 而有震眩 則味入不精 不精則氣佚 氣佚則不和." 『國語』「周語下」, 單穆公의 말. 宋河璟, 「동양예술정신에 나타난 '화(和)'-서예의 중화(中和) 미학을 중심으로-」, 『동양예술』 제1호, 한국동양예술학회, 2000, 186쪽에서 재인용.

이 음악의 극치(中和)이고, 극치가 집합하는 자리가 소리(聲)이며, 소리가 서로 호응하여 안정을 이루는 것이 조화(和)이고, 크고 작은 것들이 서로를 침범하지 않는 것이 평형(平)이다.……조화와 평형의 소리가 있으므로 하여 재물이 증식된다. 이에 중용의 덕이 담긴 소리로 뜻을 말하고, 중화의 소리로 뜻을 읊는다. 흠결 없는 덕음(德音)으로 제사를 받들어 신과 사람이 화합을 이루게 되니 신은 안녕을 내려주고 사람은 신의 뜻을 듣는다.[257]

위의 내용에는 화(和)의 순연성(純然性)에 대한 동양적 사유가 잘 나타나 있다. 우리나라에서도 우륵(于勒)의 악론(樂論)에 이미 화(和)의 미학이 나타나 있다.

신라고기에 말하기를, 가야국 가실왕이 당의 악기를 보고 그대로 만들었는데, 왕은 '각 나라의 방언이 각각 다르니, 성음인들 어찌 같겠는가' 하고, 성열현 사람 우륵에게 명하여 12곡을 만들게 하였다. 뒤에 우륵은 나라에 난리가 일어날 것 같아 악기를 가지고 신라 진흥왕에게 투탁했다. 왕은 그를 받아들여 국원에 두고, 대나마 법지, 계고, 대사 만덕 등을 보내어 그 업을 전수케 했다. 3인이 12곡을 전하며 서로 말하기를, 이들은 번잡하고 음란하여 아정하지 못하다고 하고, 5곡으로 줄였다. 우륵이 듣고 처음에는 노했으나 5곡을 다 듣고는 눈물을 흘리며 탄식하기를, 즐겁지만 넘쳐 흐르지 않고 애처롭지만 슬프지는 않으니, 가히 바르다고 할 만하다고 하고, 임금 앞에서 연주하니 왕이 듣고 크게 기뻐하였다.[258]

---

257 "夫政象樂 樂從和 和從平 聲以和樂 律以平聲……物得其常曰樂極 極之所集曰聲 聲應相補曰和 細大不踰曰平……夫有和平之聲 則有蕃殖之財 於是乎道之以中德 詠之以中音 德音不愆 以合神人 神是以寧 民是以聽." 同上, 州鳩의 말. 송하경, 위의 논문, 186-187쪽에서 재인용.

258 "新羅古記云 伽倻國嘉實王 見唐之樂器而造之 王以謂諸國方言各異聲音豈可一哉 乃命樂師省熱縣人于勒 造十二曲 後于勒以其國將亂 携樂器投新羅眞興王 王受之 安置國原 乃遣大奈麻法

위의 내용을 보면 '樂而不流 哀而不悲'의 음악이 '正'의 음악임을 표현하고 있다. '樂而不流 哀而不悲'는 『논어(論語)』의 '樂而不淫 哀而不悲'와 동일한 의미로서, '過'와 '傾'이 아닌 '中庸', '和'의 상태가 유가(儒家) 음악미학의 최고 경지임을 뜻하는 것이다.

요컨대 전성기 판소리사설의 미적 성격인 아속(雅俗)의 융합미(融合美)는 '화(和)'의 유가적(儒家的) 전통 미의식과 깊게 연맥 되어 형성된 것임을 알 수 있다.

2. 선율의 변화와 '화'의 미학

판소리 예술은 양반 향유층 문화와의 접변이 심화되면서 판소리 사설뿐만 아니라 음악적인 측면에서도 그 예술적 미학적 수준이 고양되었다. 덜렁제, 설렁제, 석화제, 경드름제, 덜미소리 등 역대 명창들이 개발한 다양한 창법 용어만 보더라도 전성기 판소리의 음악 수준을 잘 알 수 있다. 그러나 판소리가 양반 향유층과 접변을 이루면서 변하게 된 음악적 성격의 구체적인 면은 판소리의 선율 형태를 통해서 가장 잘 알 수 있다고 본다.

판소리 선율은 계면조, 평조, 우조를 기본으로 한다. 그리고 이들은 성음의 성격에 따라 다시 진계면, 단계면, 평계면, 평조, 평우조, 진우조, 가곡성 우조 등으로 보다 더 세분된다. 이들 각각의 성격을 악상 기호로 표현하면 다음과 같다.

知 階古 大舍萬德傳其業 三人旣傳十二曲 相謂曰 此繁且淫 不可以爲雅正 遂約爲五曲 于勒始聞 焉而怒 及聽其五種之音 流涙歎曰 樂而不流 哀而不悲 可謂正也爾 其奏之王前 王聞之大悅." 『三國史記』권 32, 「雜志」 제1, 〈樂〉.

- 진계면: 아주 슬프고 비통하게
- 단계면: 슬픈 감정을 갖고, 혹은 여린 감정을 갖고
- 평계면: 약간 애조를 띠고
- 평조: 화평하고 한가하게, 혹은 담담하고 여유 있게
- 평우조: 즐겁고 경쾌함이 지나치지 않게
- 진우조: 호기 있고 위엄 있게
- 가곡성 우조: 점잖고 품위 있게, 품위 있고 우아하게[259]

그리고 현재의 판소리를 대상으로 각 선율에 대응하는 대표적인 사설을 뽑아보면 다음과 같이 정리될 수 있다.

- 진계면: 〈춘향가〉의 이별 대목, 옥중가, 〈심청가〉의 부녀이별 대목, 〈흥보가〉의 흥보부부 한탄 부분, 〈적벽가〉의 군사설음 대목 등.
- 단계면: 〈춘향가〉의 쑥대머리 대목
- 평계면: 〈심청가〉 화초타령 중 '두견화' 묘사 부분
- 평조: 〈춘향가〉 중 기산영수, 남원의 경치자랑, 천자뒤풀이 등
- 평우조: 〈흥보가〉의 화초타령
- 진우조: 〈춘향가〉의 긴사랑가, 〈적벽가〉의 삼고초려, 적벽대전 대목 등
- 가곡성 우조: 〈춘향가〉의 '저건너' 대목, 〈심청가〉의 '시비따라 승상댁에 간다' 대목 등[260]

그러나 실제로 창을 할 때에는 계면조, 평조, 우조, 가곡성 우조 등의 성음

---

259 백대웅, 『전통음악의 선율구조』, 대광문화사, 1982, 47쪽 참조.
260 백대웅, 「판소리에 있어서의 우조·평조·계면조」(위의 책)를 참조하여 정리함.

이 교체되기도 하고 섞이기도 한다. 또한 창자(唱者)의 해석에 따라 동일 부분의 성음을 서로 다르게 보기도 한다. 예를 들어 〈춘향가〉의 '적성가' 대목은 창자에 따라 평조로 보기도 하고 우조로 보기도 한다.

한편, 명창들의 일화를 보면 〈춘향가〉의 옥중 대목, 〈심청가〉의 부녀이별 대목, 심청의 인당수 투신 대목 등 주로 계면조의 슬픈 대목에 감동을 했다는 사례를 흔히 발견하게 된다. 현전하는 판소리에 계면조 선율이 절반 이상을 차지하게 된 것도 계면조 선율에 호응했던 과거의 전통이 이어졌기 때문으로 본다. 또한 현재 계면조가 우세한 것은 판소리가 대중의 감정선을 자극하는 대중화에 치중한 요인도 있다고 판단된다.

그러나 판소리에 양반 향유층이 본격적으로 참여하기 시작한 19세기 중반 이후의 상황을 보면 계면조 못지않게 평조, 우조 등의 판소리 선율도 널리 구사되었다고 생각된다. 이것은 송만갑이 가문의 전통적 소리 법제를 따르지 않고 계면 위주의 세속화에 치중하자, 그 부친 송우룡이 소리의 법통을 말살했다고 하며 송만갑을 죽이려 했다는 일화나[261], 한평생 판소리를 엄숙하고 진지하게 불러온 이동백 명창이 청중들의 요구에 따라 어쩔 수 없이 진계면의 슬픈 소리를 하면서도 판소리의 세속화에 경멸적인 태도를 보였다는 일화[262] 등을 통해 어느 정도 짐작할 수 있다. 여기에 명시적으로 언급된 것은 아니지만, 송만갑 가문의 소리 법통과 이동백이 평소에 선호했던 창법은 계면조보다는 평조나 우조에 가깝지 않았나 생각된다.

판소리 유파(類派)의 형성을 보는 시각에서도 19세기 후반기 판소리의 평조, 우조 경향성을 추정할 수 있다. 판소리의 대표적인 유파는 동편제와 서편제인데, 동편제는 평조, 우조 선율을 기본으로 하고 서편제는 계면조 선율을

---

261 정노식, 『조선창극사』(복각본), 동문선, 1994 참조.
262 천이두, 『천하명창 임방울』, 현대문학사, 1994 참조.

기본으로 한다. 그런데 판소리에 양반 향유층이 참여하면서 양반의 미의식에 어울리는 평조와 우조의 선율이 중요해지고, 그러한 경향이 동편제 창법으로 정형화되었다고 본다. 그렇다고 하여 계면조 선율이 약화되었다고 볼 수는 없다. 판소리의 본질이 청중들을 울고 웃기는 데 있기 때문에, 평조나 우조와 함께 계면조의 전통도 면면히 이어졌다고 생각된다. 그러나 양반 향유층들이 무당의 굿소리에 가까운 '어정소리'를 비판하거나, 지나친 처절함을 표현하는 진계면을 비판한 것을 보면, 양반들이 주요 향유층으로 등장한 시기에는 계면조 선율보다는 평조나 우조 선율이 판소리의 주된 창법이었을 가능성이 높다고 본다.

그런데 평조, 우조 위주의 동편제가 정형을 갖추게 된 것, 양반들이 어정소리와 진계면을 비판한 것 등은 양반의 미의식과 밀접한 관련성이 있다고 생각된다.

진계면은 비애의 감정이 과도한 선율인데, 이것은 양반 미의식의 기반인 중용의 가치관과 화(和)의 미학에 크게 어긋나는 것이다. 그 때문에 판소리 선율이 양반층의 미의식을 존중하여 감정을 과잉되게 노출하지 않고 절제하여 표현하는 방향으로 변화했던 것이다. 또한 평조를 '화(和)의 안일평온(安逸平溫)한 심사에서 나오는 창법'이라고 하거나 '인간의 감정 중에서 어느 쪽에도 기울어짐이 없는 중용의 상태를 묘사한 것'으로 이해하는 관점에서도 알 수 있듯이[263], 평조 우조가 대두한 것은 양반의 미의식과 밀접한 관련성이 있다. 그리고 19세기 중반 이후 판소리 창법에서 시창(詩唱)과 가곡성 우조가 등장한 것은 양반 미의식의 직접적인 반영이라고 할 수 있다.[264]

다음은 〈춘향가〉에서 시창과 가곡성 우조로 불리는 대표적인 대목이다.

---

263 백대웅, 위의 책 참조.
264 이상 판소리와 양반 미의식의 관련성은 유영대, 「판소리의 전개와 변모」, 고전소설편찬위원회 편, 『고전소설론』, 새문사, 1990 참조.

춘향가 중 "금준미주는"

아니리)

본관이 불쾌허여 운자(韻字)를 내여 걸인을 쫓기로 하겄다. "좌중에 통할 말이 있소. 우리 근읍 관상들이 모여 노는 좌석에 글이 없어 무미하니 글 한 수씩 지음이 어떻겠소?" "좋은 말씀이오." "만일, 문자대로 못짓는 자 있으면 곤장 댓개씩 때려 밖으로 내쫓읍시다" "그럽시다" "운자는 본관영 감이 내시오" "본관이 운자를 내는디, 기름고(膏) 높은고(高) 두 자운을 내 놓으니 어사또 함소(含笑)허며 허는 말이 "나도 부모님덕에 천자권이나 읽었으니 나도 글 한 수 짓겠소" 운봉이 눈치있어 통인 불러 "네, 저 양반께 지필연(紙筆硯) 갖다 드려라" 지필묵 갖다 어사또 앞에 놓으니 어사또 일필휘지하야 글지어 운봉주며 "운봉은 밖으로 나가 조용한 틈을 타서 한 번 떼여보시오" 운봉이 받어 밖에 나가 떼어보니 글이 문장이요 글씨 또 한 명필이라. 고금을 막론하고 위정자는 이 글의 뜻을 다시 한번 생각할 여지가 있는 것이었다. 그 글에 허였으되,

FREE TEMPO (무장단)

금 준_____ 미____ 주 는_____

천 인_____ 렬 이 요

옥 반_____ 가 효____ 만 성_____ 고 를____

촉 루_____ 낙 시____ 민 루_____ 낙 이 요

가 성_____ 고 처_____ 원 성_____ 고 라____

(금술동이에 담긴 좋은 술은 천사람의 피로 만들었고 옥쟁반에 담긴 안주
는 만사람의 기름으로 만들었으니 촛농 떨어질 때 백성의 눈물 떨어지고 노
래소리 높은 곳에 백성의 운성소리가 높다.)

제5장 문화접변의 심화와 전형화 과정

저건너

아니리) 이렇듯 돌아서는 데 춘향은 얼굴을 들어 누각을 살펴보니 늠름하
게 서 있는 도련님이 군자의 거동이요, 맑은 기운이 사람에게 쏘이시니 열
사의 기상이라. 방자를 다시 불러," 방자야 글쎄 존중하신 도련님이 나를
부르시니 황송하나 여자의 염치 차마 못가겠다. 너 도련님께 여쭙기를 [안
수해 접수화 해수혈] 이라 이말만 전하여라" 방자 돌아오니 도련님 보시
고 "이놈 어찌 혼자만 오느냐?" "혼자고 무엇이고 안 간다고 안 간다고 허
니 가라고 가라고 허시더니 춘향이가 도련님보고 숭은 숭은 다 봅디다."
"뭐라고 하드냐?" "[안수해 접수화 해수열]이라 합디다." "그래 그일 잘
됐다. 이애 방자야." "예이." "너 춘향집을 나느냐?" "예이, 아옵니다"
"날더러 찾아오란 뜻이다. 춘향집을 일러라!" 방자가 손을 들어 춘향집을
가르키난디

요컨대 19세기 후반에 이르러 판소리에 양반 향유층이 참여하면서, 판소리는 계면 위주의 선율에서 탈피하여 평조, 우조, 가곡성 우조 등이 더해지면서 양반의 심미의식인 중용의 미, 화(和)의 미가 더해질 수 있었다.

제 **6** 장

판소리의 미학적 의의와 새로운 가능성

이상에서 판소리의 예술적 문화접변이 심화되어간 양상과 판소리예술이 전형성을 성취해 나간 과정을 살펴보았다. 본장에서는 판소리의 미학적 의의와 새로운 가능성에 대하여 살펴보기로 한다.

　판소리는 형성된 이후 판소리 담당자들의 부단한 노력과 판소리와 향유층 간의 다양한 접변을 통해 점진적으로 예술적 전형을 갖추게 되면서 조선 후기와 근대를 대표하는 민족예술로 자리 잡게 되었다. 그러면 최고의 예술적 전형을 갖춘 판소리의 성격은 무엇이며 어떠한 의의가 있는가. 이러한 물음은 결국 현재의 관점에서 판소리의 본질과 의의를 재정립해 볼 때 답할 수 있다고 생각한다. 그리고 판소리의 새로운 가능성을 모색하는 것도 이러한 판소리의 본질과 역사적 성격을 제대로 이해한 바탕 위에서 가능하다고 생각한다. 따라서 이 장(場)에서는 지금까지 살펴본 판소리의 전개 양상을 토대로 판소리의 본질과 역사적 의의를 정리하고, 이를 바탕으로 이 시대의 판소리를 진단하고 미래에 있어야 할 판소리를 전망해 보기로 한다.

제1절 판소리의 미학적 의의

　판소리의 본질은 판소리의 구조와 존재방식을 통해 이해될 수 있다. 판소리는 이야기이자 음악이고 공연물이다. 따라서 이들 구성요소들의 특징과 의미를 먼저 살펴볼 필요가 있다. 〈춘향가〉는 신분 차이가 있는 청춘남녀가 환경 세계의 제약을 극복하고 사랑을 성취해 가는 이야기이고, 〈심청가〉는 심청의 희생적인 효성으로 심봉사의 개안을 유도하고 그것이 모든 맹인들의 눈을 뜨게 함으로써 대동사회를 구현하는 모습이 큰 가치를 지니는 작품이다. 〈흥부가〉는 형제간의 우애와 생활상의 건실한 태도가 삶에서 얼마나 중요한가를 제기하는 작품이고, 〈수궁가〉는 사회관계 속에서 충(忠)의 윤리와 그것의 현현 방식, 충의 윤리로 강요되는 억압적 요소, 삶에서의 지혜와 슬기 등을 문제삼고 있는 작품이다. 그리고 〈적벽가〉는 전쟁으로 대표되는 사회적 위기가 삶의 질에 어떠한 영향을 미치는가를 되돌아보게 하는 작품이다. 그런데 이상과 같은 내용은 모두 인간의 문제, 삶의 문제와 직결되는 것이기 때문에, 조선 후기 당대는 물론이고 현재에도 유의미한 가치를 제공해 준다고 할 수 있다.

　〈춘향가〉에서 이몽룡과 춘향은 서로 사랑하는 사이가 된다. 그러나 두 사람은 신분적 격차가 심하기 때문에, 그 사랑을 이루는 것이 쉽지 않았다. 예상대로 두 사람의 사랑에는 심한 난관이 개입하게 되었는데, 그 난관을 두 사람은 열(烈)과 믿음으로 극복했다. 어느 시대나 청춘남녀의 사랑은 늘 있게 마련이고 최고의 가치를 지니는 것이지만, 그 사랑을 성취하는 것은 쉽지 않다. 특히나 신분 사회에서 신분 격차를 극복한다는 것은 더더구나 쉽지 않다. 그런 점에서 이몽룡과 춘향이 보여준 사랑의 성취는 대단히 고귀한 것이고, 시대를 떠나 영구불변의 가치가 있는 것이다. 〈춘향가〉가 당대에 큰 호응을 받으면서 유통되었고 현재에도 끊임없이 재생산되는 이유는 바로 이 때문이다. 〈심청가〉에서의 효, 〈흥부가〉에서의 우애, 〈수궁가〉에서의 충과 지혜, 〈적벽가〉에서의 전쟁에 내몰린 백성들의 고단함 등도 모두 공동체적 가치를 표상하는 것들이다. 그리고 작품들이 이러한 공동 가치를 표출하고 있기 때문에 민족적 공감을 얻을 수 있었다.

다음으로 〈춘향가〉 등은 표현 방식의 측면에서도 주목할 만하다. 〈춘향가〉에는 상하층의 많은 인물들이 등장하는데, 이들의 캐릭터가 고정되어 있지 않고 상황에 따라 늘 유동하는 모습을 보여준다. 몇 가지 사례를 들어보자. 이몽룡이 그네 뛰는 춘향이를 발견하고 저게 금이냐 옥이냐고 묻자, 방자는 처지에 맞지 않게 금과 옥의 출처를 중국의 고사를 들먹이며 유식하게 대답을 한다. 그리고 이몽룡은 광한루에 행차했을 때는 주위 광경을 보면서 시를 읊조리는 등 양반 자제로서의 근엄한 모습을 보여주다가, 춘향을 보고 싶어 안달을 보일 때는 전혀 다른 모습을 보인다. 예컨대 방자로부터 자신의 부친이 아직 취침하지 않고 '소 눈 금적이듯 금적금적한다'는 말을 듣고는 "에라, 흘레개자식 그만두어라. 내가 보마."[265]와 같이 상소리도 마다하지 않고 있다. 춘향의 언행도 매우 흥미롭다. 다음은 춘향과 방자의 대화 장면이다.

춘향이가 깜짝 놀라 그넷줄에서 뛰어내려와 눈 흘기며 욕을 하되,
"애고 망측해라. 제미 ×개 ×으로 열두 다섯 번 나온 녀석, 눈깔은 얼음에 자

---

265 성현경 풀고 옮김, 『옛그림과 함께 읽는 李古本 춘향전』, 열림원, 2001, 34쪽.

빠져 지랄떠는 소 눈깔같이 최생원의 호패 구멍같이 똑 뚫어진 녀석이, 대가리는 어리동산에 무른 다래 따먹던 덩덕새 대가리 같은 녀석이, 소리는 생고자 새끼같이 몹시 질러 하마터면 애 떨어질 뻔하였지.”

방자놈 한참 듣다가 어이없어,

“이애, 이 지집아 년아. 입살이 부드러워 욕은 잘한다만은 내 말을 들어보아라. 무악관 처녀가 도야지 타고 활 쏘는 것도 보고, 소가 발톱에 봉선화 들이고 장에 온 것도 보고, 고양이가 분 발라 연지 찍고 시집가는 것도 보고, 쥐구멍에 홍살문 세우고 가마가 들락날락하는 것도 보고, 암캐 월경하여 서답 찬 것도 보았으되, 어린아이 년이 애 있단 말은 너한테 첨 듣겠다.”[266]

위의 내용은 방자가 춘향이를 불러오라는 이도령의 분부를 듣고 춘향을 만나 대화하는 장면이다. 두 사람의 언어구사가 대단히 흥미롭다. 물론 이는 판소리 광대가 사용했던 말이거나 필사자에 의해 창조된 것이다. 그러나 그것이 춘향과 방자의 캐릭터에 부여됨으로써 인물 형상이 매우 핍진하게 창조되고 있다. 위의 말만 보면 춘향은 시골바닥의 한 미천한 여인에 불과하다. 그러나 춘향이 신관사또의 수청을 거부하면서 ‘열녀불경이부(烈女不更二夫)’를 외칠 때에는 여느 양반집 규수 못지않다. 인물의 이러한 이중적 형상은 〈춘향가〉의 모든 인물에게서 찾아진다. 위의 춘향과 방자의 언행은 골계적이기도 하다. 이러한 골계적인 표현은 〈춘향가〉를 관류하는 주된 특징이다. 그러나 춘향이 옥에 갇혔을 때의 “어두침침 옥방 안에 칼머리 비스듬히 안고 앉았으니, 벼룩 빈대 온갖 벌레 무른 등의 피를 빨고, 궂은비는 부슬부슬, 천둥은 우루루, 번개는 번쩍번쩍, 도깨비는 휙휙, 귀신 우는 소리 더욱 싫다. 덤비는 것이 헛것

---

266 성현경 풀고 옮김, 위의 책, 22쪽.

이라. 이것이 웬일인고?"[267]와 같은 표현은 비참하기 이를 데 없다. 이와 같이 〈춘향가〉는 골계와 비애의 정조가 혼합되어 있다. 뿐만 아니라 위 내용에서 춘향과 방자의 언행에 나타나 있는 언어수준은 거의 비속어에 가깝다. 그러나 이러한 표현만 나오는 것은 아니다. 〈춘향가〉에는 상층의 지식인 세계에서 사용하는 말이나 그들만이 알 수 있는 언어표현도 많이 등장한다. 이처럼 〈춘향가〉는 골계와 비애, 전아(典雅)와 비속(卑俗)의 이중성이 나타난다.

그런데 인물 성격의 이중성은 사람이라면 누구나 가지고 있는 것이다. 사람인 이상 늘 선하기만 하고 늘 악하기만 할 수는 없다. 그것은 사람이면 누구나 선악(善惡)의 양면을 다 가지고 있기 때문이다. 춘향이는 방자가 어르는 말에 두려움을 느껴 광한루로 건너가 이몽룡을 만났다. 그러나 신관사또가 수청을 요구할 때에는 끝까지 거절했다. 이처럼 사람은 어떤 경우에는 집요한 면이 있으면서도 어떤 경우에는 쉽게 단념하고 다음 행동으로 나아가기도 한다. 이것도 인물성격의 이중성 때문이다. 언어표현의 이중성도 마찬가지다. 예나 지금이나 살다보면 고운 말을 할 때가 있고 거친 말을 할 때가 있다. 이러한 모습은 월매와 향단은 물론 이몽룡이 어사가 되어 내려올 만나는 농부들, 신관사또의 생일연에 참여한 인물들 등 작품의 모든 인물들에게서 공통적으로 나타난다. 이렇게 보면, 〈춘향가〉의 등장인물들의 성격과 그들의 언행, 그리고 그에 대한 묘사는 당대의 전형을 그대로 보여준 것이라고 말할 수 있겠다. 즉, 시대적 전형을 창조했기 때문에 인기가 있었던 것이다.

판소리의 주요 특징 중 하나는 상층 양반에 대한 해학과 풍자, 비판이다. 작품에서 일상어와 비속어가 많이 사용된 것도 이와 관련된다. 그런데 위에서 본 바와 같이, 춘향과 방자와 같이 같은 계층끼리 주고받는 대화는 대체로 골계적인 성격이 강하다. 그러나 계층이 다른 사람을 향하여 사용하는 일상이 및 비

---

267 성현경 풀고 옮김, 위의 책, 118쪽.

제6장 판소리의 미학적 의의와 새로운 가능성

속어는 단순한 골계를 넘어 해학, 풍자, 비판을 지향하는 경우가 많다. 예컨대 방자가 이몽룡을 춘향의 집으로 인도하면서 자신의 나이를 들먹이며 형 노릇을 하는 장면은 골계적이라기보다는 해학적이다. 일상 현실에서는 방자와 같은 종의 신분이 이몽룡을 향해 그렇게 하지 못한다. 그런 점에서 작품에서나마 방자와 같은 하층민들은 이 부분에서 통쾌한 기분을 느낄 것이다. 그러나 이 상황이 심각한 상황이 아니라는 점에서 풍자에까지는 이르지 못하고 있다. 그렇기 때문에 해학적이라고 한 것이다. 그렇다고 하여 단순히 웃고 넘길 만한 장면만은 아닌 것으로 보인다. 방자의 이러한 행위는 상대방 양반의 약점을 교묘히 이용하여 상하층의 관계를 일시적으로나마 전복해보려는 의도가 은근히 작용하고 있다. 그런 점에서 풍자를 간직한 해학이라고 할 수 있겠다.

〈춘향가〉에는 신관사또가 춘향을 하옥하라는 명을 내렸을 때 귀먹은 형리가 등장하여 일을 엉뚱하게 처리하는 장면이 있는데, 두 사람 간에 다음과 같은 어이없는 언행이 오고간다.

　　사또 호령하되,

"저년을 한 매에 쳐죽일 터인즉 죄 지었다는 다짐 받아라."

형리 남의 말을 알아듣지 못하고 눈치껏 제 생각대로 공갈하되,

"여봐라. 나라에서 빌려준 곡식과 세금은 소중히 스스로 바쳐야 하거늘, 너
는 어떤 년으로 끝내 바치지 아니하니 어찌 된 일인고? 며칠 이내로 바치되
만일 그렇지 않으면 맞고 갇히렷다."

사또, 이 거동을 보고 호령을 하되,

"이놈! 무엇이 어째?"

귀먹은 형리가 눈치 보고,

"춘향이 들으라. 하늘과 땅은 늙지 않고 달도 영원한데, 적막강산에 고작 백

년 살아보는 인생이라. 자세히 들었느냐?"

사또 문지방을 쾅쾅 두들기며,

"이 망할 놈아. 이것이 다 무슨 소리냐? 저놈을 어찌하면 좋을꼬."

귀먹은 형리가 알아듣고,

"예. 아뢰리다. 사또는 하늘이 되고 춘향이는 땅이 되어 늙지 말고 오래오래 적막강산 집을 짓고 백년해로하지는 뜻이외다."

사또 그 말 듣고,

"옳다 옳다. 그 말은 잘하였다."[268]

이 장면에서 형리는 양반은 아니지만 일반 백성들에게는 상전에 해당하니, 신관과 형리 모두 백성들에게는 윗사람이다. 따라서 저들의 해괴망측한 언행은 같은 입장에서 벌어진 것으로서, 하층 백성들에게는 조소의 대상이 될 만하다. 상층 양반을 향한 하층민들의 풍자와 비판은 춘향이 하옥된 후 여러 왈자들이 등장하여 신관을 욕하는 장면, 이몽룡이 어사가 되어 내려올 때 농부들과 대화하는 장면 등에 집중적으로 나타난다. 왈자를 비롯한 지역 백성들은 처음에는 춘향을 한낱 기생이거나 기생에 준하는 사람으로 평가했다. 그러다가 춘향이 우리도 인간이라고 항거하는 장면을 보고는 춘향을 자기네 하층민의 입장을 대변하는 상징적인 인물로 보게 된다. 그래서 춘향의 수난을 자신의 수난으로 판단하고 집단적으로 신관사또를 비판하고 나선다. 또한 이어 사가 농부들에게 본관의 정치가 어떠냐고 물었을 때 농부들은 본관의 정치를 '꼬뚜레공사', 네 가지 망령 즉 '사망(四妄)'이란 말로 비판했다.

이처럼 〈춘향가〉에는 불의한 상층 양반에 대한 집단적 풍자와 비판이 날카롭게 나타나고 있는데, 이것은 당대의 현실을 그대로 반영한 것이다. 조선 후

---

268 성현경 풀고 옮김, 위의 책, 107쪽.

기 이전에는 상층 양반들의 불의와 불법에 대하여 하층민들은 자의식이나 문제의식이 없었다. 그러나 조선 후기는 그동안 억압되었던 피지배계층들이 일정한 자각과 문제의식을 가지고 자신들의 능력으로 삶의 방향성을 개척해 나간 한편, 상층 양반이라 하더라도 부당한 행위를 보이는 경우에는 풍자와 비판을 서슴지 않았던 시대였다. 특히 풍자와 비판은 문학을 비롯한 예술 양식을 통해 나타났는데, 그 대표적인 양식이 판소리와 민속극이다. 이와 같이 판소리는 조선 후기 당대의 전형적인 상황을 표상하는 장르라는 의의를 지닌다.

뿐만 아니라 조선 후기는 실학과 양명학의 영향으로 현실주의적 사고가 부상했던 시대였다. 그래서 사물과 현상의 진리를 파악할 때에도 철저히 현실주의적인 안목으로 접근했다. 이러한 시대정신은 예술 분야에서 여지없이 발휘되었다. 연암 박지원의 현실주의 소설, 하층민의 다양한 삶과 동력을 포착한 야담들, 사생(寫生) 정신을 바탕으로 한 김홍도와 신윤복의 회화 등이 모두 그들이다. 그리고 여기에서 빼놓을 수 없는 것이 바로 판소리다. 판소리는 구성상 긴장과 이완의 반복, 부분의 독자성, 장면극대화 등을 주요 특징으로 한다. 판소리는 긴장된 분위기를 연출하여 향유자들을 바짝 몰입시켰다가 골계적인 아니리나 소리판 외적 요소의 가미를 통해 긴장감을 이완시키고 다시 긴장감을 조성하는 반복적 구성을 취한다. 또한 이야기의 한 장면을 극단적으로 확장하여 소리함으로써 향유자들의 긴장감과 몰입도를 높이는 방법을 취하는데, 이것을 부분의 독자성이라고 한다. 장면극대화는 기본적으로 사실정신에 입각한 세밀한 묘사를 통해 만들어지는 것이 일반적이다. 특히 장면극 대화는 명창들이 개발한 더늠에서 주로 발견되는데, 완창이 주로 행해지는 요즘과는 달리 예전에는 더늠을 위주로 한 부분창이 주로 행해짐으로써 장면극대화 및 부분의 독자성이 판소리의 주요 특징이 되었다. 그런데 주목되는 것은 판소리의 이와 같은 구성 및 연행방식이 조선 후기 당대의 시대정신이라고 할 수 있는 사실주의 정신을 바탕으로 했다는 점이다.

요컨대 판소리는 이야기, 인물 성격, 정신, 표현 방식의 측면에서 당대의 전형을 대변하는 장르였기 때문에, 조선 후기의 대표적인 예술이 될 수 있었던 것이다. 위에서는 주로 〈춘향가〉을 중심으로 살펴보았는데, 〈춘향가〉에 나타나는 판소리의 특징 및 의의는 다른 작품에도 공히 적용되는 점이라고 할 수 있겠다.

판소리는 위와 같은 성격을 지닌 '이야기'를 연희적인 '행위'를 곁들이면서 '소리'로 한다는 특징을 지닌다. 따라서 판소리의 음악적인 성격과 연희적인 성격도 매우 중요하다. 특히, 판소리에서 소리가 차지하는 위치는 대단히 중요한데, 레퍼토리가 아무리 좋아도 소리가 좋지 못하면 판소리를 잘할 수 없고, 또 그런 소리는 판소리라고 하지도 않는다. 소리를 잘하기 위해서는 판소리 특유의 목구성을 갖추어야 한다. 판소리에 사용되는 목으로는 수리성, 천구성, 자웅성, 노학성, 덜미소리 등이 있고, 여기에서 변형된 소리도 다양하다.[269] 그리고 이러한 소리를 갖추기 위해서는 다년간의 수련 과정을 거쳐야 한다. 소리를 연마한 후에는 소리와 이야기를 접합할 수 있어야 하고, 또 이야기에 따라 그에 적합한 장단을 맞출 줄 알아야 한다.[270] 뿐만 아니라 판소리는 우조, 계면조, 평조 등의 선율을 사용하는데, 이러한 선율을 목구성과 접합하여 울림을 창조할 수 있어야 한다. 그 외에도 판소리 광대는 소리판의 상황에 따라 운용의 묘를 살려 향유자들을 몰입시킬 수 있어야 한다. 이렇게 하는 데 필요한 또

---

269 신재효는 〈광대가〉에서 끌어올려 내는목, 차차로 돌리는목, 돋우어 올리는목, 툭툭 굴러 내리는 목, 청청하게 도는목, 청원하게 뜨는목, 불시에 튀는목 등 어떤 소리인지 정확히 알 수 없는 목구성을 여럿 나열하고 있다. 그 외에도 어떤 음절 안에서의 음정의 급격한 변화를 일으키는 기법으로 드는 목, 찌르는 목, 채는 목, 휘는 목, 감는 목, 방울목 등이 있고, 다시 이런 기법을 배합하여 만들어지는 장식음으로 꺾음 목, 제친 목, 구르는 목, 던지는 목, 퍼버리는 목 등이 있다고 한다. 정병욱, 『한국의 판소리』, 집문당, 1981, 68쪽 참조.

270 판소리 장단에는 진양조, 중머리, 중중머리, 잦은몰이, 휘몰이, 엇머리, 엇중머리 등이 있다.

하나의 요소로 너름새를 들 수 있다. 너름새는 판소리 광대의 연기적인 행위를 말하는데, 주로 부채를 이용하여 소리와 내용에 맞는 동작을 보이거나, 아니면 고수와 대화나 행위를 주고받는 것으로 소리판을 운용하게 된다.

당대의 전형적인 상황을 전형적인 인물을 통해 구성된 이야기, 이중적 인물형상과 사실적 표현기교에 바탕을 둔 골계와 풍자와 비판의 시대정신, 고도로 세련된 성음과 너름새. 이것이 바로 판소리의 본질이다. 권삼득은 양반이 천민이나 하는 소리를 했다고 하여 죽을 위기에 처했을 때, 역설적으로 소리로서 목숨을 구제한 일이 있고, 이날치 역시 소리로서 양반을 울리고 웃겨 목숨을 건진 바 있다. 그 외에도 판소리의 매력과 감응력을 알려주는 일화는 매우 많다. 뿐만 아니라 판소리는 모흥갑이 평양감사 도임 축하연에서 단독 공연한 그림에서도 볼 수 있는 것처럼, 양반사대부의 행사에서도 연행되었고, 심지어 왕족이나 어전(御前)에서도 연행되었다. 이 모두 판소리의 높은 위상을 말해주는 것이다.

18~19세기를 풍미한 판소리는 20세기에 들어와서도 인기리에 연행되었다. 1902년에 협률사(協律社)가 세워지면서 판소리는 창극으로 변모하여 향유되었다. 판소리는 전통적으로 소리꾼 한 명이 여러 배역을 동시에 실연(實演)하는 장르였는데, 창극은 여러 명의 소리꾼이 각자 배역을 맡아 연극적인 형태로 소리를 하는 방식이다. 따라서 창을 중심으로 한다는 점에서는 동일하나 연행방식에는 많은 차이가 있다. 창극은 극장에서 공연되었으므로 청중에는 제약이 있을 수밖에 없었다. 전통 판소리는 대청이나 마당, 아니면 시장에서 소리판을 열어 연행하는 것이기 때문에, 상하남녀노소 모두가 즐길 수 있었다.그러나 창극은 돈을 지불하고 극장에 출입할 수 있는 위치가 되어야 볼 수 있었다. 그래서 주로 지위와 경제력을 갖춘 양반이나 재력가들이 향유하였다.

1920년대가 되면 각 지방에서 기생 양성소라고 할 수 있는 권번이 만들어지는데, 이 권번에서 판소리를 가르치기 시작했다. 판소리는 대개 남성 광대가 부르는 것이 일반적이었다. 신재효가 진채선을 가르쳐 최초의 여성 판소리 명창으로 길러냈지만, 이때까지만 해도 여성 명창은 극소수에 불과했다. 그러다가 전국에 권번이 만들어지면서 여성 출신의 판소리 명창이 많이 등장하게 된다. 판소리는 본래 지방의 민속예술이었다. 그리고 초창기에는 땅재주, 줄타기, 재담 등 다른 민속 연희와 함께 공연되었던 것이다. 그러다가 판소리에 대한 애호가 확산되면서 단독 공연이 일반화되고, 이로 말미암아 판소리 광대들은 대부분 서울로 진출하여 활동했다. 서울에서 활동을 해야만 아무래도 높은 보수를 받을 수 있기 때문이다. 그런데 권번이 생기면서 각 지방에서도 비록 소규모나 판소리가 연행되는 빈도가 잦아지면서, 창극으로 인해 일정한 변질을 겪었던 판소리가 다시 부활할 수 있었다. 뿐만 아니라 이 당시에는 일부 판소리 명창에 의해 판소리가 녹음되어 유통됨으로써 판소리의 대중화가 한층 확대되었다. 그후 판소리는 오페라, 뮤지컬, 연극, 영화, 드라마, 창작판소리 등으로 끊임없이 재생산되면서 현대에도 지속적으로 관심을 받는 대표적인 전통 민속예술로 자리 잡게 되었다.

제2절 현재의 판소리와 미래의 판소리

오늘날 전통 판소리는 18세기~20세기 초반의 위상을 가지고 있지는 못하다고 여겨진다. 판소리는 스승과 제자 간의 일대일 사승관계를 통해 전수되는 것이다. 제자는 스승이 가르쳐주는 판소리 기법을 하나하나 따라 함으로써 소리를 배우게 된다. 그래서 다 배운 뒤에는 스승이 사용한 창법대로 소리를 하게 된다. 이렇게 하여 판소리의 계통과 법통이 만들어진다. 그런데 스승이 제자에게 소리를 가르칠 때에는 자신이 학습하거나 개발한 더늠을 위주로 가르친다. 왜냐하면 스승도 자신이 가장 잘할 수 있는 것이 더늠이기 때문이다. 따라서 판소리는 더늠 위주로 전승되는 것이 일반적이다. 그러나 현재 전통 판소리의 더늠 전수가 소멸되거나 약화되고 있는 실정이다.

근대 5명창이라고 하면 박기홍, 김창환, 전도성, 송만갑, 이동백, 김창룡, 유성준, 정정렬 등을 거론하는데, 이들이 활동할 때만 하더라도 다양한 소리가 존재했었다. 이들 각 명창들은 고제 판소리를 토대로 한 자신들의 바디[271]를 가지고 있었기 때문이다. 뿐만 아니라 '국창'으로 불려졌던 임방울도 "쑥대머리"를 비롯한 여러 소리들을 남긴 바 있다. 그러나 20세기 후반부터 이들 선대

---

[271] 판소리에서 '바디'는 전승 계보와 관련하여 사용되는 말인데, 아마도 '받다'라는 말에서 유래한 듯하다. 이 말이 사용되는 예는 제자가 스승의 더늠을 배워 그대로 부를 때, 스승의 '바디'를 이어받았다고 한다. 그리고 대개 그 바디를 개발한 사람의 이름을 앞에 붙여 '송만갑 바디', '김세종 바디'와 같이 명명한다. 즉, '바디'라는 말은 '더늠'이란 말과 거의 같으나, 전승 계보를 따질 때 일반적으로 많이 사용되는 말이므로, 본고에서도 이 부분에서 '바디'라는 용어를 쓰기로 한다.

명창들의 소리들이 전승에서 서서히 소멸되고 있는 실정이다.[272]

그런데 미래의 판소리를 전망하기 위해서라도 우선 전통 판소리가 폭넓게 향유될 필요가 있다. 그래야만 판소리의 본질적 가치를 현대인들에게도 각인시킬 수 있기 때문이다. 현재 근대 5명창으로 불리는 사람들이나 그 이후에 활동한 사람들의 소리가 여러 소리매체를 통해 상당수 전해지고 있다. 그러나 이들 소리가 현재의 소리꾼들에게 잘 전승되고 있지 못하다. 물론 현대의 명창들이 선대 명창들이 남긴 소리들을 그대로 답습하라는 것은 아니다. 그렇지만 선대 명창들이 남긴 소리 중에는 판소리의 전승 과정 및 다양한 양상과 판소리 고유의 예술적 본질 및 매력을 보여주는 소리가 매우 많다. 따라서 이들을 제대로 전승하여 부르게 되면 판소리의 여러 특징들을 현대인들에게도 효과적으로 전달할 수 있을 것이다. 그리고 그렇게 한다면 판소리의 가치도 지속적으로 강조할 수 있을 것이다. 뿐만 아니라 판소리를 현대에 맞게 변용하는 것도 전통 판소리의 다양한 토대 위에서 가능하다는 점을 상기한다면, 전통 판소리의 전승이 중요하다는 점은 더욱 자명해진다. 현재 여러 명창들이 각자 전승한 전통 판소리를 대중들에게 전달하기 위해 각고의 노력을 다하고 있다. 그러나 그 흐름이 약하다고 볼 수 있다. 최근에 임방울이 남긴 소리가 새롭게 발굴되고 복각되어 공개된 바 있다. 이처럼 전승해야 할 전통판소리는 앞으로도 지속적으로 축적될 것으로 생각된다. 따라서 판소리의 생명을 살리고 유지한다는 사명감을 가지고 전통판소리를 꾸준히 전승해야 하는바, 실상은 그렇지 못하다는 것이 현 단계의 상황이다.

판소리를 생각하면 다들 대단히 가치 있는 민족유산으로 판단하고 있지만, 그 존재 실상은 낙관적이지 못하다. 2003년에 판소리가 유네스코가 지정하는

---

[272] 현단계 판소리의 전승 현황과 관련된 좀더 자세한 내용은 최동현, 「21세기의 판소리 〈춘향가〉」, 『판소리연구』 11집, 판소리학회, 2000, 59-78쪽 참조.

'인류구전 및 무형 유산 걸작'에 선정되어 환호한 적이 있지만, 사실 '유산 걸작'으로 뽑힌 것이 판소리의 존립 상태가 여의치 않기 때문임을 이해한다면 마냥 환호할 일만은 아니라는 것을 알 수 있다.

전통 판소리가 왜 이러한 위기에 처했는가. 가장 큰 원인은 소리꾼이 나오지 않아서 그렇다고 볼 수 있다. 그러면 전통 판소리를 살리기 위해서는 무엇이 필요한가. 이러한 상황에서 우선적으로 요청되는 것은 전통 판소리를 전승하거나 새롭게 더늠을 개발하고 창조할 줄 아는 명창들이 지속적으로 나와야 한다는 것이다. 그런데 문제는 이것이 쉽지 않다는 것이다. 판소리를 잘 하기 위해서는 다년간의 수련을 거쳐야 한다. 위에서 언급한 것처럼 판소리는 독특하고 복잡한 성음을 갖추어야만 가능한데, 이것이 쉽지도 않을뿐더러 단기간에 되는 것도 아니다. 더 큰 문제는 애써 소리를 배웠다고 하더라도 그것이 경제적인 도움으로 연결되기가 어렵다는 것이다. 따라서 소리꾼을 양성하기 위해서는 제도적 장치가 마련되어야 한다. 우리의 값진 전통문화를 계승한다는 취지의 공식적인 제도를 만들어서 지원을 해야 한다. 이러한 제도가 만들어지면 먼저 현재 생존해 있는 명창들이 제자들을 길러낼 수 있도록 물적 지원을 할 필요가 있다. 그리고 배우는 사람들도 명창이 되기만 한다면 경제적인 문제는 발생하지 않는다는 인식을 가질 수 있게끔 할 필요가 있다. 현재 정부에서는 전통 장인들을 보호하기 위한 여러 가지 제도적 장치를 마련하고 있다. 물론 판소리도 무형문화재 제도를 만들어 정부가 관여하고 있긴 하지만, 이것은 보존에 목적이 있는 것이지, 생산과 재창조에 목적이 있는 것은 아니다. 요컨대 명창이나 명창이 되기를 희망하는 사람들이 오로지 판소리만 할 수 있도록 실질적인 제도와 장치를 만들 필요가 있다는 것이다.

전통 판소리를 활성화하기 위해 고려해야 할 또 하나의 문제는 판소리의 수용, 즉 향유의 문제이다. 현재 일정한 교육 수준을 가진 사람들치고 〈춘향가〉 등의 판소리 작품을 모르는 사람은 없을 것이다. 그러나 이야기의 처음부터 끝까지 내용을 세밀하고 구체적으로 아는 사람들은 의외로 많지 않다. 예를 들어, 〈춘향가〉에서 이몽룡이 어사가 되어 남원으로 내려오는 도정과 그 과정에서 겪게 되는 여러 사건과 장면을 구체적으로 말해 보라면 모르는 사람이 의외로 많다. 이점은 〈수궁가〉, 〈적벽가〉로 가면 훨씬 더하다. 이러한 문제는 기본적으로 텍스트에의 접근과 관계되는바, 독서 대중들이 쉽게 접하여 읽을 수 있는 판소리 대본이 그리 많지 않다는 것이다. 좀더 구체적으로 말하면 판소리 작품 책은 많으나 처음부터 끝까지 무리 없이 읽어내려 갈 수 있는 텍스트는 상당히 부족하다는 것이다. 그것은 여러 요인이 있으나 무엇보다도 판소리 작품에 한문투와 난해어가 많기 때문일 것이다. 독서를 하면서 어려운 말이 많거나 이해되지 않는 부분이 빈번하게 나타나면 독서에 흥미를 가질 수 없다. 그리고 이러한 상황이 반복되면 관심이 판소리에서 떠나게 되어, 소리판에서 소리를 한다고 하더라도 소리꾼도 흥미가 없고 청중들도 재미를 느끼지 못한다. 즉, 소통이 안 되는 것이다. 어떤 소리꾼이 "요사이는 부를 소리가 없다.", "어사출또도 못 붙이고, 〈적벽가〉 불도 못 지른다."라고 말한 바 있는데, 이것은 무슨 대목을 불러도 청중들이 알아듣지를 못하는 상황을 두고 한 말이다. 따라서 무엇보다도 선결해야 할 문제는 판소리적 요소를 유지하면서도 독서 대중들이 이해 가능한 판소리 텍스트를 만들어내는 것이다. 그리고 이를 널리 보급하여 판소리에 대한 애호층을 확산할 필요가 있다.

전통 판소리를 되살리기 위해 필요한 것으로 또 하나 요청되는 것은 부분창을 활성화하는 것이다. 판소리는 결국 소리(창)가 생명이기 때문에, 소리가 가진 묘미를 청중들에게 제대로 전달할 수 있어야 한다. 그렇게 하기 위해서는 완창보다는 부분창이 적합하다. 과거에 우리는 "제비 몰러 나간다"로 유명한 박동진 명창이 7-8시간에 걸쳐 〈춘향가〉를 완창하는 것에 경의를 표한 바 있다. 그러나 요즘은 그때처럼 완창을 해서는 대중적인 호응을 얻기가 어렵다. 현재 국립극장 등에서 완창 발표회가 늘 행해지지만, 일부 애호가 외에는 큰 관심을 받지 못하고 있다. 판소리가 일반 대중들에게도 깊이 스며들기 위해서는 초중등학교나 대학교, 기업이나 각 기관, 노인 단체 등 어느 현장에서나 소리가 가능해야 한다. 그렇게 하기 위해서는 더늠 위주의 부분창이 더 적합하다. 다음으로 판소리 명창들은 작품 전체 중에서 판소리의 생명과 미학이 고도로 온축된 부분을 뽑아 더늠으로 개발하고, 그것을 고도의 세련된 창법으로 소리를 하여 청중들을 매료시켜야 한다. 그리고 이런 소리판이 지속적으로 행해져야 한다.

요컨대 독서 대중들이 쉽게 접근하여 이해할 수 있는 작품 텍스트를 통해 작품의 내용에 대해 익숙하게 한 다음, 작품의 한 대목을 묘미 있게 전달하여 판소리의 예술적 가치를 복원하고 지속시킬 필요가 있다는 것이다. 그리고 이러한 방식을 지속적으로 확산해야 하는데, 그렇게 하기 위해서는 제도적인 장치도 필요하리라고 생각된다. 판소리의 새로운 방향을 모색하는 일도 판소리 자체가 활성화해야 가능하기 때문에, 위에서 언급한 여러 지적들을 깊이 숙고할 필요가 있다고 생각된다.

시대가 변하면 문화가 달라지고 문화가 달라지면 예술도 그 문화에 따라 변하기 마련이다. 판소리도 문화의 하나이기 때문에 이러한 이치를 벗어날 수 없다. 판소리는 창을 생명으로 하지만, 이야기가 없으면 존재할 수 없다. 전통 판소리가 조선 후기를 풍미하고 현재에까지도 전승되고 있는 것은 창도 창이지만, 〈춘향가〉 등이 갖추고 있는 내용적 요소도 중요한 작용을 했다. 특히 〈춘향가〉 등의 이야기는 당대의 전형적인 상황을 전형적인 인물을 통해 표출함으로써 독서 대중은 물론 판소리 향유자들이 깊이 몰입할 수 있었다. 그러나 〈춘향가〉 등에 담긴 메시지가 오늘날에도 변함없이 통한다고 보기는 어렵다. 충, 효, 열, 지혜 등 각 작품의 주된 메시지가 가치가 없는 것은 아니지만, 오늘날에도 소리판에서 이것만을 전달하거나 이것이 담긴 이야기만을 그대로 전달하는 것은 곤란하다. 즉, 충, 효, 열 등의 가치가 소중하다고 해도 그것을 신분차이가 나는 청춘남녀의 신분 극복과 사랑, 강물에의 투신, 속임수 등의 이야기로 전달하는 것은 현대인들에게는 맞지 않다는 것이다. 따라서 판소리의 이야기를 현대에 맞게 재창조할 필요가 있다.

그러면 재창조의 방향에는 어떤 것이 있을 수 있을까. 간략히 말하면 '예스러움을 유지하면서 새로운 것'이라야 한다. 여기서 '예스러움'은 판소리가 가지고 있는 본래적 성격과 가치를 말하고, '새로운 것'은 새로운 시대상과 그 가치를 말한다. 따라서 예스러움을 유지한다는 것은 판소리의 본질을 상기했을 때 마련되는 것임을 바로 알 수 있고, 새로운 것은 현재의 전형적인 상황이 무엇인지를 직시했을 때 마련될 수 있는 것임을 알 수 있다. 그러면 재창조의 방향을 살펴보기 전에 20세기 중후반에 유통되었던 창작 판소리의 면모를 간략히 살펴보기로 한다.

창작 판소리라고 할 수 있는 작품으로 가장 먼저 등장한 것은 1904년 원각사에서 공연된 〈최병두타령〉이다. 이 작품은 김창환 또는 강용환이 실화를 토대로 만들었다고 하는데, 창극의 형식으로 되어 있다. 그러니 엄밀한 의미에서 창작 판소리라고 하기는 어렵다. 온전한 의미의 창작 판소리로 최초라고 할 수 있는 작품은 해방 전후에 형성 유통된 『열사가』이다. 『열사가』는 〈이준 선생 열사가〉, 〈안중근 열사가〉, 〈윤봉길 열사가〉, 〈유관순 열사가〉 등으로 구성된 연작이라고 할 수 있으며, 여기에 〈이순신전〉, 〈권율장군전〉, 〈녹두장군 전봉준〉 등의 작품이 덧붙기도 한다. 『열사가』는 일제에 의한 주권 상실, 그로 인한 비분강개, 민족의 자존심을 지켜줄 영웅에 대한 열망 등을 주제의식으로 하는 것으로서, 민족주의적 이념에 입각한 작품이라고 할 수 있다. 박동실 명창이 주도적으로 보급하였고 현재에도 정순임, 안숙선 등의 명창이 박동실 바디를 전승하고 있다.

다음으로 주목되는 것은 임진택의 활동이다. 임진택은 〈똥바다〉, 〈오적〉, 〈소리내력〉 등을 판소리로 불렀는데, 이들은 김지하의 담시(譚詩)를 바탕으로 한 판소리다. 뿐만 아니라 임진택은 자신이 직접 작사 작곡한 〈오월광주〉를 판소리로 부른 바 있다. 임진택이 부른 일련의 판소리는 민중적 시각에 입각한 작품인데, 이는 그가 판소리를 민중운동의 무기로 활용하고자 한 의도에 기인한다.

한편 1980년 광주 민주항쟁을 다룬 〈그날이여 영원하라〉는 전문적인 소리꾼이 직접 부른 판소리로서의 의의를 지니는 작품이다. 이 작품은 정철호가 작사한 것을 명창 은희진, 안숙선, 박금희, 김수연, 김성애 등이 분창(分唱) 형태로 부른 것으로서, 당대의 가장 첨예한 문제를 판소리화 했다는 점에서 의의가 있다고 생각된다. 그 외에 박동진은 어느 방송작가가 사설을 써서 준 성경의 내용을 〈판소리 예수전〉이란 제목의 판소리로 만들어 부른 바 있다.

그런데 위에서 거론된 판소리 작품들은 해학과 풍자를 곁들인 〈똥바다〉와 〈오적〉을 제외하면 대체로 비장한 정조를 위주로 하고 있다. 이는 각 작품이 바탕으로 삼은 현실이 대단히 엄혹했기 때문이다. 그러나 그렇다 하더라도 비장의 정조에 치우쳤다는 것은 판소리의 본질에서 멀어진 감이 없지 않다. 그리고 이들 작품의 주제의식도 대부분 직설적으로 표출되는 형태를 띠고 있고 결말도 대체로 비극적으로 끝난다. 판소리는 비장과 골계, 전아와 비속, 웃음과 울음의 이중성을 특징으로 한다. 그리고 결말도 축제적 장면으로 끝나는 것이 일반적이다. 그런 점에서 위의 창작 판소리들은 전통 판소리와 상당한 거리가 있다고 하겠다. 이와 같이 판소리는 일정한 목적의식 하에 부단히 창작되어 왔는데, 대체로 시대 현실에 강하게 견인되는 모습을 띠고 있다. 그래

서 전통 판소리의 본질과 일정한 동이성을 가지고 있음을 확인할 수 있다.[273]

그러면 이 시대 판소리가 나아가야 할 방향을 다음과 같이 정리해 보기로 한다.

첫째, 현재 우리나라의 전형적인 상황을 포착하고, 거기에 맞는 전형적인 인물을 창조하여 한 편의 이야기를 구성해야 한다. 그리고 이야기도 전통 판소리처럼 완결된 구성을 갖출 필요가 있다. 실제로는 부분창을 하더라도 전통 판소리가 그런 것처럼 대본 자체는 완결된 이야기일 필요가 있다. 그래야만 더늠도 다양하게 개발할 수 있기 때문이다. 이를 위해서는 무엇보다도 이 시대에 맞는 이야기를 창조할 필요가 있다. 이야기가 있어야만 판소리가 제대로 굴러갈 수 있기 때문이다.[274] 이야기의 창조는 전통 판소리의 경우를 참조할 필요가 있다. 〈춘향가〉 등 전통 판소리의 대부분은 기존에 존재했던 설화를 바탕으로 형성되었다. 이 시대의 판소리도 현대소설이나 각 시대를 대표하는 기록물을 활용하여 이야기를 만들 필요가 있다. 그리고 이야기의 창조와 구성에는 판소리 전문가뿐만 아니라 문필가도 적극 참여할 필요가 있다.

둘째, 판소리는 웃음과 울음, 골계와 비장, 전아와 비속 등을 본질적 생명으로 한다. 창작 판소리도 이점을 염두에 둘 필요가 있다. 뿐만 아니라 결말도 대동적 축제 분위기로 끝나는 전통 판소리의 구성 방식을 원용할 필요가 있다. 또한 가능한 한 풍자적인 요소도 가미하면 좋을 것이다. 판소리란 모름지기 청중들이 소리판에서 울기도 하고 웃기도 하며 때로는 욕도 하면서 몰입하였다가 가슴이 탁 터지는 해방감을 느끼면서 마무리하도록 하는 예술이다. 이 시대의 판소리도 여기에서 이탈해서는 안 될 것이다.

---

273 이상 창작 판소리의 형성과 유통 양상에 대해서는 유영대, 「20세기 창작판소리의 존재양상과 의미」, 『한국민속학』 39집, 한국민속학회, 2004; 김기형, 「창작판소리」, 판소리학회 엮음, 『판소리의 세계』, 문학과지성사, 2000, 339-353쪽 참조.

274 임진택, 「살아있는 판소리」, 백낙청 편, 『한국문학의 현단계』 II, 창작과비평사, 1983, 341쪽.

셋째, 전통 판소리가 지닌 부분의 독자성, 장면극대화의 원리를 준용할 필요가 있다. 판소리가 대중화되기 위해서는 궁극적으로 향유자들도 판소리를 직접 할 수 있어야 한다.[275] 그럴 때 필요한 것이 더늠 역할을 하는 특정 장면이다. 즉, 판소리 명창은 특정 장면을 더늠화하여 반복적으로 연창하고, 향유자들은 처음에는 듣는 입장에 있다가 나중에는 그 더늠을 부를 수 있는 단계에까지 이르러야 판소리의 대중화를 실현할 수 있다고 생각된다. 그럴 때 필요한 것이 부분의 독자성, 장면극대화의 원리이다.

넷째, 전통 판소리의 표현법을 익혀 활용할 필요가 있다. 〈춘향가〉 등에는 특히 중의적(重意的) 표현을 이용하여 골계, 해학, 풍자의 성격을 신묘하게 창출하는 장면을 흔히 볼 수 있는데[276], 이 역시 전통 판소리의 소중한 특징이다. 우리말은 표현을 다채롭게 하는데 매우 유용한 도구라고 한다. 전통 판소리의 단계에까지는 이르지 못한다고 하더라도 우리말 표현법을 잘 활용하여 흥미 있는 장면이나 표현법을 가능한 한 많이 창조할 필요가 있다.

마지막으로, 이 시대의 판소리는 거시적으로 민족적 공감을 넘어 공동체적 가치를 담아야 한다고 생각된다. 전통 판소리는 민족주의 시대에 민족적 공감을 바탕으로 한 민족문화로 존재했다. 그러나 이 시대는 민족과 국가를 초월한 지구공동체 시대이다. 따라서 판소리도 지구공동체적 가치를 표상하는 메시지를 추구할 필요가 있다. 이것이 판소리를 세계화하는 한 방법이기도 하다.

이상으로 전통 판소리의 미학적 본질과 의의, 전통 판소리가 쇠멸해가는

---

275 김대행은 현대인들이 노래방에서 노래하듯이 판소리도 누구나 부를 수 있는 단계에 이르러야 활성화될 수 있다고 보았다. 그러기 위한 한 방법으로 단가(短歌)를 적극 개발할 필요가 있다고 하였다. 김대행, 「21세기 사회변화와 판소리 문화」, 『판소리연구』 11집, 판소리학회, 2000, 7-23쪽 참조.

276 예를 들면, 〈춘향가〉에 나타나는 "한 농부 검은 소로 밭을 갈거늘, 저 농부, 말 좀 묻지. 무슨 말이오? 검은 소로 흰 밭을 가니 응당 어두우렷다? 어둡기에 별 달았소. 예끼 사람, 무슨 말을 그리 하나? 왜요? 별 달았으면 응당 더우렷다? 덥기에 성에 올렸지. 성에 올렸으면 응당 추우렷다? 춥기에 소에게 양지머리 달았지요."(성현경 풀고 옮김, 위의 책, 128-129쪽)와 같은 표현이다.

상황 및 원인과 대책, 이 시대 판소리가 나아가야할 방향성 등을 살펴보았다.[277] 논의를 요약한다면, 판소리가 지닌 '예스러움'을 전승할 소리꾼이 나와야 하고, 이를 위해서는 제도적인 뒷받침이 필요하다. 예술은 문화적인 산물이기 때문에, 시대현실과 문화가 바뀐 이 시기에 판소리도 변해야 한다. 이 시대에 요청되는 판소리는 전통 판소리의 미학적 성격에 '새로운 것'을 접합한 것이어야 한다. 새로운 것은 이 시대의 전형적인 상황과 거기에 적합한 전형적인 인물의 창조, 이 시대의 공동체적 가치, 전통 판소리의 이중적 구성 및 표현법의 갱신과 변용 등이 되겠다.

---

277 이 시대 판소리에 대한 진단 및 앞으로의 방향성과 전망에 대한 여타의 논의는 김대행, 『우리시대의 판소리문화』, 역락, 2001; 김현주, 「창작판소리 사설의 직조방식」, 『판소리연구』 17집, 판소리학회, 2004; 손태도, 「판소리 계통 공연 예술들을 통해 본 오늘날 판소리의 나아갈 길」, 『판소리연구』 24집, 판소리학회, 2007; 최동현, 「판소리의 세계화에 관하여」, 『판소리연구』 26집, 판소리학회, 2008 등을 참조할 것.

제 **7** 장

결론

본 연구에서는 판소리가 형성된 이후 판소리와 그 주변 세계와의 다양한 접변 양상을 고찰함으로써 판소리가 예술적 전형을 추구해 나간 과정을 구명하였다.

　판소리는 처음에는 하층 예능인들이 주체가 되어 연행한 민속 예술이었다. 그러다가 시간이 지나면서 사회의 전 계층이 향유하는 예술로 부상함에 따라 조선 후기는 물론 근현대에 이르기까지 우리 민족을 대표하는 전통 예술로 자리 잡게 되었다. 판소리가 이러한 길을 걸어올 수 있었던 것은 주변과의 다양한 관계 양상이 무엇보다도 중요했다. 판소리는 판소리가 형성되기 이전에 존재했던 다양한 설화와 음악·연희적 요소의 영향을 받아 형성될 수 있었다. 판소리는 조선 후기 당대의 시대사조와도 밀접한 관련성이 있다. 조선 후기에는 현실환경과 시대정신의 변화에 따라 판소리와 같은 민속예술이 폭넓게 꽃피울 수 있는 시대였다. 이러한 시대적 토대에서 판소리가 형성·유통될 수 있었다. 판소리가 본격적으로 향유되어 민족을 대표하는 예술이 될 수 있었던 것은 상층 양반을 중심으로 하는 향유층의 영향 또한 지대했다. 향유층들은 다각적인 방향에서 판소리에 관심을 기울임으로써 판소리가 세련된 전형을 갖추는 데 큰 영향을 미쳤다.

　이와 같이 판소리가 ‘탄생-전개-성장-예술적 전형의 획득-대표적인 민족예술’의 단계를 밟아나갈 수 있었던 것은 판소리와 그 주변 요인들의 다양한 관계 양상에서 찾을 수 있다고 생각된다. 본 논문에서는 판소리와 주변 세계와의 이러한 관계 양상을 ‘문화접변(文化接變)’의 관점을 토대로 그 접변 양상을 구체적으로 살펴봄으로써, 그것이 판소리의 예술적 전형의 획득에 기여하거나 영향을 미친 측면에 대해서 고찰하였다.

　2장에서는 판소리예술 탄생의 원류적 배경을 고찰하였다. 그 중에서 문학적 배경, 음악적 배경, 연희적 배경을 특히 주목하였다. 먼저 문학적 배경으로 주목되는 것은 각 판소리 작품의 근원설화들이다. 〈춘향가〉의 배경 설화로는 성섭(成涉)의 고조(高祖) 성이성(成以性)의 이야기, 박석고개 전설, 노진(盧禛) 설화와 박문수(朴文秀)설화 등이 있고, 그 외에 염정설화, 암행어사 설화, 관탈민녀(官奪民女) 설화 등이 〈춘향가〉 이야기의 주요 배경이 되었다고 볼 수 있다.

〈심청가〉의 이야기는 〈효녀지은설화〉, 〈거타지설화〉, 〈관음사연기설화〉 등과 관계가 있는데, 그 중에서 원량(元良)이란 장님과 그 딸 원홍장(元洪莊)의 이야기를 주 내용으로 하는 〈관음사연기설화〉가 〈심청가〉의 원류 설화로 주목을 받고 있다. 〈흥부가〉는 〈박타는 처녀설화〉를 바탕으로 하되 여타 선악 형제를 다룬 설화나 동물들의 보은을 소재로 한 설화 등을 광범위하게 받아들여 형성된 것으로 보인다. 〈토끼전〉은 본생경(本生經)에 실려 있는 본생설화(本生說話)를 원류로 하고, 그들이 변형되어 형성된 〈구토지설〉 등의 설화를 근간으로 형성되었다. 〈적벽가〉는 『삼국지연의』의 적벽대전 부분을 바탕으로 하되, 해당 내용을 토대로 다양하게 변주된 적벽대전 관련 설화를 원류로 형성된 것으로 보인다. 한편, 〈춘향가〉나 〈심청가〉 등 일부 판소리 작품은 〈성주풀이〉, 〈바리공주〉 등 판소리 전대(前代)의 장르인 서사무가의 이야기에도 일정한 영향을 받았다고 판단된다.

판소리의 음악은 동양의 전통 '음악'과 함께 국내적으로는 제석굿, 비손, 타령, 불교음악인 영산회상곡 등과 관련을 맺으면서 형성되었다고 본다. 판소리의 연희적 배경으로 주목되는 것은 너름새인데, 너름새는 전통시대 가무백희(歌舞百戲)중 소학지희(笑謔之戲)와 깊은 관련성이 있다. 또한 예인들이 재담을 할 때 연희적인 행위를 하면 그것은 재담극이 되고 ,재담을 할 때 가락이 있는 말을 하면 그것은 재담소리가 된다. 이 재담소리도 판소리와 밀접한 관련성이 있다. 뿐만 아니라 강담사의 연행 모습도 판소리에 일정한 영향을 미쳤다고 볼 수 있다.

3장에서는 판소리예술 형성의 시대사조적 기반을 고찰하였다. 본 논문에서는 판소리 형성의 시대사조적 기반을 대표적으로 실학과 양명학을 바탕으로 한 평등주의 세계인식과 주변문화의 부상(浮上), 민족의식의 고양과 민족문화의 재발견, 음악의 대중화와 풍류문화의 성행 등에서 찾아보고자 했다.

먼저 실학의 인간평등론과 관련하여 주목되는 견해는 우도(友道)의 윤리이다. 우도는 평등의 윤리이고 상대방의 주체성과 자유를 인정하는 바탕 위에서 그 가치를 발현하는 윤리이기 때문에, 우도를 중시하게 되면 인간관계가 신분을 떠나서 형성될 수 있고 진리와 가치도 신분과 관계없는 곳에서 발견될 수 있다. 이러한 우도론은 조선 후기의 인식론과 문화론에 큰 영향을 끼쳤다고 생각된다. 이러한 실학사상은 양지(良知)에 다다르면 누구나 개별적 주체성을 지닌다는 양명학적 사유와도 연결된다고 판단된다. 조선 후기에 들어서서 서얼 신분들, 중인층, 능력 있는 하층 예능인들, 여성들과 그들 각각이 형성하고 향유한 여러 문화 현상들이 역사의 수면 위로 부상할 수 있었던 것은 실학과 양명학의 인간평등적 사유가 큰 바탕이 되었다고 생각된다.

조선 후기가 되면 화이론(華夷論)이 회의되거나 부정되면서 민족의식이 싹트게 되고 이에 기반한 민족문화가 주요하게 부각된다. 이에 따라 '우리 것'에 대한 관심과 애정이 높아졌다. 우리 것에 대한 애정은 우리의 역사와 강토, 우리말과 우리문학에 대한 관심으로 확산되었다. 그에 따라 민요, 야담, 사설시조, 민속극 등이 문예 부문에서 주요 관심의 대상이 되었다. 또한 민족적인 것에 대한 관심은 古→今, 雅→俗, 法→我의 예술 경향을 발흥시켜 문화예술 영역에서 속미주의적(俗美主義的) 심미 경향이 부상하게 되었다.

조선 후기는 다양한 음악이 연행되면서 음악문화라고 할 수 있는 경향이 형성되고, 아울러 음악문화가 풍류적인 성격을 띠면서 그것은 사회의 전 구성

원들이 보다 쉽게 접할 수 있는 문화 소비품으로 자리잡게 되었다. 그 결과, 서울의 시정에서 상공업으로 부(富)를 축적한 일부 사람들은 당대의 풍류를 주도했던 증인층들과 합세하여 온갖 풍류판을 열었는데, 이들의 풍류판에는 판소리 광대뿐만 아니라 당대의 모든 예인들이 참여하여 흥겨운 놀이판을 연출하였다.

이상과 같이 조선 후기가 되면 새로운 세계관이 형성되고, 우리 것과 민족문화에 대한 관심이 촉발되었으며, 새롭게 부상한 도시의 부호층과 음악애호가들에 의해 음악 및 풍류문화가 흥성했고, 속미주의적 예술 취향이 부상했는데, 이러한 시대사적 흐름이 판소리를 비롯한 민속 연희들이 꽃필 수 있었던 기반으로 작용했다고 생각된다.

4장에서는 판소리 문화접변의 초기적 양상을 연행 현장에서의 접변과 판소리 작품에서의 접변으로 각각 나누어 고찰하였다.

판소리는 초기에는 지방의 누각이나 관청에서 연행되었고 판소리 광대도 그런 곳에서 주로 활동했다. 그러다가 상층 양반이나 중인층의 여러 행사에 참여하게 되고, 나아가서는 왕족이나 어전(御前)에서 소리를 하기에 이르렀다. 이러한 과정에서 판소리 광대는 초기에는 판소리뿐만 아니라 다른 예능들도 겸했던 것으로 보이고, 판소리 자체도 다른 예능들과 동시에 연행된 것으로 보인다.

초기 판소리 광대들은 유가(遊街)와 문희연(聞喜宴)등에서 주로 활동했는데, 여기에서 판소리광대들은 판소리만 한 것이 아니라 재담과 잡희, 판소리 단가, 사설시조, 가사, 12가사 등을 구분하지 않고 겸했던 사실을 알 수 있었다. 판소리 광대들은 중인가객들의 처소나 유흥장에도 참여하였다. 그 과정에서 박효관, 안민영 등과 같은 상층 중인 가객들과 교유를 맺고, 그들의 비호를 받으면서 판소리예술을 점차적으로 전국화할 수 있었다.

현재 전하는 판소리 작품은 내용 구성이나 연행 방식의 측면에서 독특한 구성을 취하고 있다. 내용 구성을 보면, 전체적으로 한 편의 완결된 이야기이되, 서사적인 부분만 있는 것이 아니고 시조나 한시 등의 서정 양식도 들어가 있다. 또한 작품의 주지(主旨)와 동떨어진 재담(才談)이나 다른 소설 작품도 삽입되어 있고, 회화적 요소도 무수히 분포되어 있다. 판소리 작품은 이처럼 내용이 대단히 혼종적이다.

먼저 판소리와 문예 양식 간의 접변 양상에서, 판소리와 접변을 이룬 서정 양식에는 시조, 민요, 가사, 무가, 잡가 십이가사 등이 있고, 산문 양식에는 소설, 재담이 등이 있다. 그리고 판소리와 접변을 이룬 회화 양식에는 〈구운몽도〉, 〈상산사호도〉, 〈어변성룡도〉 등의 풍속화나 민화 등이 주류를 이룬다.

5장에서는 판소리 문화접변의 심화와 전형화 과정을 주목하였다. 판소리 향유층들은 판소리에 대한 자신의 관심을 감상으로 나타내기도 하고 새롭게 변용하거나 개작하기도 하였는데, 이러한 과정을 통해 판소리와 향유층들 간의 접변이 다양하게 전개될 수 있었다. 또한 판소리에 대한 관심은 판소리에 대한 비평과 교육론으로 주창되었고, 그것을 기반으로 판소리의 창법이 개발되고 유파가 정립되는 단계에 이르렀다. 뿐만 아니라 접변이 심화되면서 판소리 미의식도 변모했다. 그래서 5장에서는 접변의 심화와 판소리의 전형화 과정을 창작 부문, 이론 부문, 미의식 부문으로 크게 나누어 고찰하였다. 창작물을 통해서는 판소리 현장의 문예적 외현, 판소리 고유미학의 발견과 속미주의적 경향, 유가미의식의 강조와 정리(情理)의 합일 지향 등을 주목하였고, 이론 부문에서는 판소리의 비평담론, 명창을 위한 교육론, 창법의 개발과 유파의 정립 등을 주목하였으며, 미의식 부문에서는 사설과 선율에서의 화(和)의 미학을 주목하였다.

판소리 현장을 문예적으로 외현한 작품으로는 유진한의 〈만화본 춘향가〉,

송만재의 〈관우희〉, 이유원의 〈관극팔령팔수〉 등이 특히 주목되었다. 이들 작품을 통해, 우리는 초기판소리의 구체적인 모습과 상층 양반들의 판소리에 대한 관심을 확인할 수 있었다. 특히 양반들의 판소리에 대한 관심은 판소리가 전 계층을 향유 대상으로 하는 기반을 제공하였다는 점에서 중요한 의의가 있다고 본다. 판소리 고유미학은 민중들의 삶에서 포착되는 풍류, 흥취, 골계, 해학, 풍자, 비판, 조야함 등에서 창출된다고 본다. 그런데 판소리에 주목한 상층 향유자들 중에는 판소리의 이러한 고유미학을 가치있게 판단하고, 그것을 문예적으로 재현하였다. 이에 해당하는 작품으로는 유진한의 〈만화본춘향가〉, 윤달선의 〈광한루악부〉 등이 있다. 이들 작품들은 판소리 〈춘향가〉가 갖추고 있는 판소리의 본래적 면모를 중점적으로 포착하여 판소리 고유미학의 하나인 풍류성, 평민성 등을 살리는 방향에서 재현한 것이다. 또한 이들 작품에는 조선 후기의 예술적 심미 경향인 속미주의적 경향도 잘 살려내고 있다.

한편, 판소리 수용자들 중에는 유가미의식을 강조하는 방향으로 판소리를 수용하기도 하였다. 여기에 해당하는 작품으로는 〈춘향신설(春香新說)〉, 신재효본 〈남창 춘향가〉, 이해조의 〈옥중화〉 등이 있다. 이들 작품들은 판소리 고유의 정(情)의 세계와 민중성을 유지하면서도 거기에 유가적 이(理)의 세계와 유가미의식을 가미하여 판소리예술 세계를 정리(情理)의 합일을 보여주는 방향으로 전환시켰다. 이로 말미암아 판소리는 상하층이 공유하는 미의식을 가질 수 있었다.

판소리에 대한 비평과 이론을 모색한 사람으로서 대표적으로 꼽을 수 있는 사람은 정현석과 신재효이다. 이 중에서 정현석은 판소리의 교훈적 가치를 강조하면서, 동시에 판소리 광대의 자질과 판소리 사설의 문제점을 개선하는 비평담론을 전개했다. 정현석이 강조한 판소리 대본 및 판소리 광대가 갖추어야 할 교육적 지침들은 다음과 같다. 첫째, 가사와 언어를 순화하고 합리적 문리

(文理)를 갖추어야 한다는 것, 둘째, 목의 기본을 갖춘 사람을 뽑아 소리를 가르친 뒤 노랫말을 외우게 하고 그것을 자기화할 것, 셋째, 성조(聲調)의 울림을 정확히 이해하고 구사할 수 있을 것, 넷째, 사설의 발음, 서사의 조리, 단정한 몸가짐 등을 중시하여 향유층들에게 거부감이 없도록 할 것, 다섯째, 절도에 맞는 너름새를 보일 것 등이다. 신재효도 〈광대가〉를 통한 판소리 광대의 자질론(資質論), 판소리의 사실성(寫實性)과 관련된 이면론 등을 통해, 판소리예술의 발전에 기여하였다. 특히 〈광대가〉에는 판소리가 중국 시인들의 대표적인 작품을 능가하는 예술성을 갖추고 있다는 점, 판소리 광대가 갖추어야 할 네 가지 법례와 그에 대한 설명, 판소리 광대가 가지고 있는 목구성의 성격 등 판소리 작품과 판소리 광대에 관한 자세한 비평적 논술이 개진되어 있다.

19세기에 이르면 판소리는 대표적인 공연 예술이자 흥행 예술의 하나로 자리를 잡게 된다. 이때가 되면 판소리 광대의 수가 늘어나고, 그 중에는 기량 면에서 난숙한 경지에 이르러 '명창' 소리를 듣는 판소리 광대도 다수 등장한다. 또한 판소리 명창이 많아지고 개발된 장기와 더늠 및 창법이 다양해지면서, 소리하는 법제(法制)와 전승 지역에 따라 판소리가 유파별로 분화되기에 이른 것도 판소리 전성기 때의 대표적인 특징이다. 판소리의 유파에는 동편제, 서편제, 중고제, 호걸제 등이 있다고 전해지는데, 그 중에서 동편제와 서편제가 가장 특징적인 유파라고 할 수 있다. 동편제는 우조와 호령조를 주로 구사하며, 남성적인 소리를 특징으로 한다. 반면에 서편제는 계면조를 주로 구사하며, 여성적이고 애절한 소리 특징을 지니고 있다. 이와 같이 판소리 명창들은 자신의 장기, 더늠, 창법을 개발 연마하고 자신이 속한 법제의 전통을 이어받아 기량을 습득함으로써 신기(神技)에 가까운 소리를 구사할 수 있었는바, 이에 따라 일부 명창들은 소리로써 인간과 천지자연을 감동시키기도 하였다.

한편, 19세기 중후반에 이르러 양반 향유층이 판소리의 세계에 본격적으로 참여하면서 판소리의 미의식도 변하게 되었다. 판소리 사설의 측면에서는 아속미(雅俗美)의 융합을 통해 화(和)의 미학을 강조했다. 이점은 19세기 중후반의 현장 판소리를 담고 있는 신재효본 〈남창춘향가〉, 완판84장본 〈열녀춘향수절가〉를 통해 확인할 수 있다. 또한 판소리 선율에서도 기존의 계면조 위주에서 탈피하여 평조와 우조, 특히 가곡성 우조, 시창(詩唱)등이 사용됨으로써 양반 미의식인 화(和)의 미학이 좀 더 강화되었다.

이상으로 정리된 판소리의 세계는 판소리가 형성된 이후 향유층들과의 다양한 접변을 통해 점진적으로 정립된 것으로서, 19·20세기 판소리의 예술적 위상과 가치가 어떠한 형태로 존재했는지를 잘 보여주고 있다.

6장에서는 판소리의 미학적 의의, 그리고 새로운 가능성에 대하여 고찰하였다. 판소리의 미학적 의의는 판소리의 구조와 존재방식을 통해 이해될 수 있다. 판소리 작품은 충, 효, 열, 사랑, 우애, 희생, 지혜 등 모두 인간의 문제, 삶의 문제를 주 내용으로 한다. 이러한 것들은 조선 후기 당대는 물론이고 현재에도 민족적 공감을 얻을 수 있는 공동 가치라고 할 수 있다. 판소리는 표현방식의 측면에서도 주목할 만하다. 특히 인물성격의 표현에서 골계와 비애, 전아(典雅)와 비속(卑俗), 웃음과 울음 등 이중적 현상이 두드러지게 나타나는데, 이러한 이중성은 사람이라면 누구나 가지고 있는 것이다. 언어표현의 이중성도 마찬가지다. 결국 〈춘향가〉의 등장인물들의 성격과 그들의 언행, 그리고 그에 대한 묘사는 당대의 전형을 그대로 보여준 것이라고 말할 수 있겠다. 즉, 시대적 전형을 창조했기 때문에 인기가 있었던 것이다.

판소리의 주요 특징 중 하나는 상층 양반에 대한 해학과 풍자, 비판이다. 이것은 당대의 현실을 그대로 반영한 것이다. 조선 후기는 그동안 억압되었던 피지배계층들이 일정한 자각과 문제의식을 가지고 자신들의 능력으로 삶의 방향성을 개척해 나간 한편, 상층 양반이라 하더라도 부당한 행위를 보이는 경우에는 풍자와 비판을 서슴지 않았던 시대였다. 특히 풍자와 비판은 문학을 비롯한 예술 양식을 통해 나타났는데, 그 대표적인 양식이 판소리와 민속극이다. 이와 같이 판소리는 조선 후기 당대의 전형적인 상황을 표상하는 장르라는 의의를 지닌다.

판소리는 구성상 긴장과 이완의 반복, 부분의 독자성, 장면극대화 등을 주요 특징으로 한다. 판소리는 긴장된 분위기를 연출하여 향유자들을 바짝 몰입시켰다가 골계적인 아니리나 소리판 외적 요소의 가미를 통해 긴장감을 이완시키고 다시 긴장감을 조성하는 반복적 구성을 취한다. 또한 이야기의 한 장면을 극단적으로 확장하여 소리함으로써 향유자들의 긴장감과 몰입도를 높이는 방법을 취한다. 이처럼 판소리는 이야기, 인물 성격, 정신, 표현 방식의 측면에서 당대의 전형을 대변하는 장르였기 때문에, 조선 후기의 대표적인 예술이 될 수 있었던 것이다.

판소리의 질적 상승에는 음악적인 성격과 연희적인 성격도 크게 작용한다. 그래서 판소리 광대들은 우조, 계면조, 평조 등의 선율과 다양한 창법을 능수능란하게 구사할 수 있어야 하고, 너름새도 효과적으로 활용할 줄 알아야 한다. 판소리가 예술적 미학적으로 최고의 경지에 이르기 위해서는 이와 같은 음악 연희적 요소도 잘 구비돼야 한다.

요컨대, 당대의 전형적인 상황을 전형적인 인물을 통해 구성된 이야기, 이중적 인물형상과 사실적 표현기교에 바탕을 둔 골계와 풍자와 비판의 시대정신, 고도로 세련된 성음과 너름새. 이것이 바로 판소리의 본질이다.

그런데 오늘날 전통 판소리는 18세기~20세기 초반의 위상을 가지고 있지는 못하다고 여겨진다. 판소리는 스승과 제자 간에 더늠 위주로 전승되는 것이 일반적이다. 그러나 현재 전통 판소리의 더늠 전수가 소멸되거나 약화되고 있는 실정이다. 전통판소리는 미래의 판소리를 전망하기 위해서라도 반드시 전승되어야 한다. 전통판소리 중에는 판소리의 다양한 양상과 예술적 매력을 보여주는 소리들이 매우 많다. 판소리의 생명을 살리고 그것을 현대인들에게 각인시키기 위해서는 전통판소리가 지니고 있는 다양한 양상과 매력을 폭넓게 알릴 필요가 있다. 전통 판소리가 위기에 처한 원인은 우선적으로 소리꾼이 나오지 않아서 그렇다고 볼 수 있다. 따라서 전통 판소리를 살리기 위해서는 전통 판소리를 전승하거나 새롭게 더늠을 개발하고 창조할 줄 아는 명창들이 나와야 한다. 그리고 그렇게 하기 위해서는 판소리만 해서도 살아갈 수 있도록 제도적 장치가 마련돼야 한다. 전통 판소리를 활성화하기 위해서는 판소리적 요소를 유지하면서도 독서 대중들이 쉽게 접근할 수 있는 판소리 텍스트도 필요하다. 그리고 이를 널리 보급하여 판소리에 대한 애호층을 확산할 필요가 있다.

시대가 변하면 문화가 달라지고 문화가 달라지면 예술도 그 문화에 따라 변하기 마련이다. 판소리도 문화의 하나이기 때문에 이러한 이치를 벗어날 수 없다. 따라서 판소리도 새로운 시대에 맞게 재창조되어야 한다. 재창조의 방향은 다음과 같이 정리될 수 있겠다.

첫째, 현재 우리나라의 전형적인 상황을 포착하고, 거기에 맞는 전형적인 인물을 창조하여 한 편의 이야기를 구성해야 한다. 둘째, 판소리는 웃음과 울음, 골계와 비장, 전아와 비속 등을 본질적 생명으로 한다. 앞으로의 판소리도 이점을 염두에 둘 필요가 있다. 뿐만 아니라 결말도 대동적 축제 분위기로 끝나는 전통 판소리의 구성 방식을 원용할 필요가 있다. 또한 가능한 한 풍자적인 요소도 가미하면 좋을 것이다. 셋째, 전통 판소리가 지닌 부분의 독자성, 장면극대화의 원리를 준용할 필요가 있다. 판소리가 대중화되기 위해서는 궁극적으로 향유자들도 판소리를 직접 할 수 있어야 한다. 그럴 때 필요한 것이 더늠 역할을 하는 특정 장면이다. 넷째, 전통판소리의 표현법을 익혀 활용할 필요가 있다. 〈춘향가〉 등에는 특히 중의적인 표현을 이용하여 골계, 해학, 풍자의 성격을 신묘하게 창출하는 장면을 흔히 볼 수 있다. 우리말 표현법을 잘 살려 정통 판소리의 이러한 특징을 계승할 필요가 있다. 마지막으로, 이 시대의 판소리는 거시적으로 민족적 공감을 넘어 공동체적 가치를 담아야 한다고 생각된다. 전통 판소리는 민족주의 시대에 민족적 공감을 바탕으로 한민족문화로 존재했다. 그러나 이 시대는 민족과 국가를 초월한 지구공동체 시대이다. 따라서 판소리도 지구공동체적 가치를 표상하는 메시지를 추구할 필요가 있다. 이것이 판소리를 세계화하는 한 방법이기도 하다.

요컨대, 판소리가 지닌 '예스러움'을 전승할 소리꾼이 나와야 하고, 이를 위해서는 제도적인 뒷받침이 필요하다. 또한 예술은 문화적인 산물이기 때문에, 시대현실과 문화가 바뀐 이 시기에 판소리도 변해야 한다. 이 시대에 요청되는 판소리는 전통 판소리의 본질에 '새로운 것'을 접합한 것이어야 한다. 새로운 것은 이 시대의 전형적인 상황과 거기에 적합한 전형적인 인물의 창조, 이 시대의 공동체적 가치, 전통 판소리의 이중적 구성 및 표현법의 갱신과 변용 등이 되겠다.

참고문헌

1. 자료 및 단행본

〈奇緣小說 烏鵲橋〉

『禮記』

『매일신보』, 1912.4.7.

강명관 지음, 『한양가』, 신구문화사, 2008.

강명관, 『조선시대 문학예술의 생성 공간』, 소명출판, 1999.

강예원, 『판소리 작곡가 연구』, 지식산업사, 2005.

강한영 교주, 『신재효 판소리사설집』(全), 민중서관, 1971.

강한영, 『영인 신재효판소리전집』, 연세대 인문과학연구소, 1969.

구자균 교주, 『춘향전』, 교문사, 1984.

김길환, 『한국양명학연구』, 일지사, 1981.

김대행, 『우리시대의 판소리문화』, 역락, 2001.

김동욱, 『증보 춘향전 연구』, 연세대출판부, 1976.

김동욱, 『한국가요의 연구』, 을유문화사, 1961.

김만중 저, 홍인표 역주, 『서포만필』, 일지사, 1987.

김사엽, 『춘향전 : 열녀춘향수절가』, 대양출판사, 1952.

김승룡 편역주, 『樂記集釋』, 청계출판사, 2002.

김익두, 『판소리 그 지고의 신체 전략』, 평민사, 2003.

김종철 교주, 〈게우사〉, 『한국학보』 65, 일지사, 1991.

김종철, 『판소리사연구』, 역사비평사, 1996.

김종철, 『판소리의 정서와 미학』, 역사비평사, 1996.

김진영 외, 『교주본 심청전』, 민속원, 2005.

김진영 외, 『교주본 토끼전』, 민속원, 2004.

김진영 외, 『교주본 화용도』, 민속원, 2004.

김진영 외, 『교주본 흥보전』, 민속원, 2005.

김진영 외, 『실창(失唱)판소리전집』, 박이정, 2004.

김진영 외, 『심청전』, 박이정, 1997.

김진영 외, 『심청전이본전집』 1-12, 박이정, 1997-2004.

김진영 외, 『적벽가』, 박이정, 1998.

김진영 외, 『적벽가이본전집』 1-7, 박이정, 1997-2004.

김진영 외, 『춘향가』, 박이정, 1996.

김진영 외, 『춘향전이본전집』 1-17, 박이정, 1997-2004.

김진영 외, 『토끼전』, 박이정, 1998.

김진영 외, 『토끼전이본전집』 1-6, 박이정, 1997-2004.

김진영 외, 『판소리문화사전』, 박이정, 2007.

김진영 외, 『흥보가』, 박이정, 1997.

김진영 외, 『흥부전이본전집』 1-3, 박이정, 1997-2004.

김태준, 『원본 춘향전』, 학예사, 1939.

김태준, 『흥부전 변강쇠가』(한국고전문학전집 14), 고려대 민족문화연구소, 1993.

김현주, 『판소리와 풍속화 그 닮은 예술세계』, 효형출판, 2000.

김혜정, 『판소리음악론』, 민속원, 2009.

노동은, 『한국근대음악사 Ⅰ』, 한길사, 1995.

박영주, 『판소리사설의 특성과 미학』, 보고사, 2000.

박지원 지음, 신호열·김명호 옮김, 『연암집 하』, 돌베개, 2007.

박헌봉, 『창악대강』, 국악예술학교 출판부, 1966.

박황, 『판소리소사』, 신구문화사, 1974.

백대웅, 『전통음악의 선율 구조』, 대광문화사, 1982.

사진실, 『한국연극사 연구』, 태학사, 1997.

설성경, 『춘향전』(한국고전문학전집 12), 고려대 민족문화연구소, 1993.

설성경, 『춘향전의 통시적 연구』, 서광학술자료사, 1994.

설성경, 『춘향전의 형성과 계통』, 정음사, 1986.

성현 저, 남만성 역, 『용재총화』, 양우당, 1988.

성현경 외, 『광한루기 역주 연구』, 박이정, 1997.

성현경 풀고 옮김, 『옛그림과 함께 읽는 李古本 춘향전』, 열림원, 2001.

성현경·조융희·허용호, 『광한루기 역주 연구』, 박이정, 1997.

손태도, 『광대의 가창문화』, 집문당, 2003.

손팔주 편, 『신위전집』 4집, 태학사, 1983.

송지원, 『정조의 음악정책』, 태학사, 2007.

송하경, 『서예미학과 신서예정신』, 다운샘, 2003.

송하경 외, 『한국유학과 열린사유』, 심산, 2008.

신석초 역, 『석북시집 자하시집』, 명문당, 2003.

신은주, 『판소리 중고제 심정순가의 소리』, 민속원, 2009.

심현섭, 『유가미학』, 한국학술정보, 2011.

안민영 원저, 김신중 역주, 『역주 금옥총부』, 박이정, 2003.

양국영 저, 송하경 역, 『양명학통론』, 박영사, 1994.

유영대 편, 『동편제 명창 박봉술의 예술세계』, 민속원, 2009.

유진한 지음, 김석배 역주, 〈만화본 춘향가〉, 『판소리연구』 3, 판소리학회, 1992.

유화수·이은숙 역주, 『계서야담』, 국학자료원, 2003.

윤광봉, 『개정 한국연희시 연구』, 박이정, 1997.

윤재근, 『동양의 본래미학』(증보판), 나들목, 2006.

이가원 역편, 『이조한문소설선』, 민중서관, 1961.

이가원, 『춘향전』, 정음사, 1962.

이능화 저, 이재곤 역, 『조선무속고』, 동문선, 1991.

이병기, 『국문학개론』, 일지사, 1961.

이석호 역, 『조선세시기』, 동문선, 1991.

이우성·임형택 역편, 『이조한문단편집』 (상), 일조각, 1973.

이우성·임형택 역편, 『이조한문단편집』 (중), 일조각, 1978.

이우성·임형택 역편, 『이조한문단편집』 (하), 일조각, 1978.

이월영·시귀선 역, 『청구야담』, 한국문화사, 1995.

이유원 저, 김동현·안정 역, 『국역 임하필기 6』, 민족문화추진회, 2000.

이윤석, 『남원고사 원전비평』, 보고사, 2009.

이윤석·최기숙 글, 『남원고사』, 서해문집, 2008.

이택후·유강기 주편, 권덕주·김승심 공역, 『중국미학사』, 대한교과서주식회사, 1992.

이혜구 역주, 『신역 악학궤범』, 국립국악원, 2000.

인권환 편저, 『흥부전연구』, 집문당, 1991.

인권환, 『토끼전 수궁가 연구』, 고려대 민족문화연구원, 2001.

인권환, 『토끼전』(한국고전문학전집 6), 고려대 민족문화연구소, 1993.

임명진 외, 『판소리의 공연예술적 특성』, 민속원, 2004.

전경욱, 『춘향전의 사설 형성 원리』, 고려대 민족문화연구소, 1990.

전지영, 『다시보는 조선 후기 음악사』, 북코리아, 2008.

전통예술원 편, 『판소리 음악의 연구』, 민속원, 2001.

정노식 저, 『조선창극사』(복각본), 동문선, 1994.

정병욱, 『한국의 판소리』, 집문당, 1981.

정병헌, 『신재효 판소리사설의 연구』, 평민사, 1986.

정약용 저, 송재소 역주, 『다산시선』, 창작과비평사, 1981.

정양, 『판소리 더늠의 시학』, 문학동네, 2001.

정충권, 『판소리 사설의 연원과 변모』, 다운샘, 2001.

정하영, 『심청전』(한국고전문학전집 13), 고려대 민족문화연구소, 1993.

정현석 편저, 성무경 역주, 『교방가요』, 보고사, 2002.

조동일, 『제4판 한국문학통사』 3, 지식산업사, 2005.

조윤제, 『교주 춘향전』, 박문서관, 1939.

조희웅, 『고전소설연구보정』 하, 박이정, 2006.

천이두, 『한의 구조 연구』, 문학과지성사, 1993.

최동현 외, 『교주본 수궁가』, 민속원, 2005.

최동현 외, 『교주본 심청가』, 민속원, 2005.

최동현 외, 『교주본 적벽가』, 민속원, 2005.

최동현 외, 『교주본 춘향가』 1·2, 민속원, 2005.

최동현 외, 『교주본 흥보가』, 민속원, 2005.

최동현 외, 『영역본 수궁가 적벽가』, 민속원, 2005.

최동현 외, 『영역본 심청가 흥보가』, 민속원, 2005.

최동현 외, 『영역본 춘향가』, 민속원, 2005.

최동현 외, 『판소리 동편제 연구』, 태학사, 1998.

최동현 외, 『현대화사설본 수궁가 적벽가』, 민속원, 2005.

최동현 외, 『현대화사설본 심청가 흥보가』, 민속원, 2005.

최동현 외, 『현대화사설본 춘향가』, 민속원, 2005.

최동현, 『판소리의 미학과 역사』, 민속원, 2005.

최동현, 『판소리명창과 고수 연구』, 신아출판사, 1997.

최혜진, 『판소리계 소설의 미학』, 역락, 2000.

최혜진, 『판소리의 전승과 연행자』, 역락, 2003.

판소리학회 엮음, 『판소리의 세계』, 문학과지성사, 2000.

판소리학회 지음, 『판소리명창론』, 박이정, 2010.

판소리학회 편, 『신재효 판소리 연구』, 판소리학회, 1990.

판소리학회 편, 『판소리의 전승과 재창조』, 박이정, 2008.

하응백, 『창악집성』, 휴먼앤북스, 2011.

허원기, 『판소리의 신명풀이 미학』, 박이정, 2001.

허호구·강재철 공역, 『역주 춘향신설 현토한문춘향전』, 이회문화사, 1998.

리빙하이 저, 신정근 역, 『동아시아미학』, 동아시아, 2010.

이마미치 저, 조선미 역, 『동양의 미학』, 다할미디어, 2005.

2. 논문

권두환, 「조선 후기 시조가단 연구」, 서울대 박사논문, 1985.

김기수 편저, 「선소리」, 『한국음악』 26집, 국립국악원, 1991.

김대행, 「21세기 사회변화와 판소리 문화」, 『판소리연구』 11집, 판소리학회, 2000.

김동욱, 「만화본 〈춘향전〉 연구」, 『판소리연구』 2, 판소리학회, 1991.

김석배, 「〈만화본 춘향가〉 연구」, 『문학과언어』 12, 문학과언어학회, 1991.

김석배, 「춘향전 이본의 생성과 변모양상 연구」, 경북대 박사논문, 1992.

김은희, 「십이가사의 문화적 기반과 양식적 특성」, 성균관대 박사논문, 2002.

김종철, 「〈무숙이타령〉과 19세기 서울 시정」, 『판소리의 정서와 미학』, 역사비평사, 1996.

김종철, 「〈춘향신설〉고」, 다곡이수봉박사정년기념 『고소설연구논총』, 경인문화사, 1994.

김종철, 「옥중화 연구(1)─이해조 개작에 대한 재론」, 『관악어문연구』 20, 서울대 국어국문학과, 1995.

김학성, 「18·19세기 예술사의 구도와 시가의 미학적 전환」, 『한국시가의 담론과 미학』, 보고사, 2004.

김학주, 「당악정재 및 판소리와 중국의 가무극 및 강창」, 『한국사상대계』 Ⅰ, 성균관대 대동문화연구원, 1973.

김현양, 「〈옥중화〉의 계보」, 『동방고전문학연구』 창간호, 동방고전문학회, 1999.

김현주, 「창작판소리 사설의 직조방식」, 『판소리연구』 17집, 판소리학회, 2004.

김흥규, 「19세기 전기 판소리의 연행환경과 사회적 기반」, 『어문논집』 30, 민족어문학회, 1991.

김흥규, 「신재효 개작 춘향가의 판소리사적 위치」, 『한국학보』 10집, 일지사, 1978.

김흥규, 「판소리연구사」, 『한국학보』 7집, 일지사, 1977.

류준경, 「〈만화본 춘향가〉 연구」, 『관악어문연구』 27, 서울대 국어국문학과, 2002.

류준경, 「한문본 〈춘향전〉의 작품 세계와 문학사적 위상」, 서울대 박사논문, 2003.

백대웅, 「18세기의 음악환경과 전문예능인들의 음악활동 연구」, 『한국음악사학보』 26, 한국음악사학회, 2001.

서대석, 「판소리 형성의 삽의(揷疑)」, 『우리문화』 3, 우리문화연구회, 1969.

서대석, 「판소리와 서사무가의 대비 연구」, 『논총』 34, 이화여대 한국문화연구원, 1979.

성기련, 「18세기 판소리 음악문화 연구」, 『한국음악연구』 34, 한국국악학회, 2003.

성기련, 「19세기 전반기 판소리 음악문화 연구」, 『한국음반학』 16, 한국고음반연구회, 2006.

성기련, 「19세기 후반기의 판소리 음악문화 연구」, 『판소리연구』 15, 판소리학회, 2003.

성현경, 「〈춘향신설〉과 〈광한루기〉 비교 연구」, 『고소설연구』 8, 한국고소설학회, 1999.

손태도, 「조선 후기 서울에서의 광대 문화 변동과 판소리」, 『고전문학연구』 35집, 고전문학회, 2009.

손태도,「판소리 계통 공연 예술들을 통해 본 오늘날 판소리의 나아갈 길」,『판소리연구』24집, 판소리
학회, 2007.

宋河璟,「王陽明의 良知說에 關한 研究」,『유교사상연구』제1집, 한국유교학회, 1986.

宋河璟,「東江 趙守鎬의 接의 用筆美學과 俗美的 藝術世界」,『서예비평』제1호, 한국서예비평학회,
2007.

오윤선,「〈옥중화〉를 통해 본 '이해조 개작 판소리'의 양상과 그 의미」,『판소리연구』21집, 판소리학
회, 2006.

유영대,「판소리의 전개와 변모」, 고전소설편찬위원회 편,『고전소설론』, 새문사, 1990.

유영대,「'장승상부인'대목의 첨가에 대하여」,『판소리연구』5집, 판소리학회, 1994.

유영대,「19세기 판소리에서의 더늠 첨가 방향」,『판소리연구』, 국어국문학회, 1998.

유영대,「판소리의 유파와 기법적 특징」, 판소리학회 엮음,『판소리의 세계』, 문학과지성사, 2000.

유영대,「20세기 창작판소리의 존재양상과 의미」,『한국민속학』39집, 한국민속학회, 2004.

이보형,「창우집단의 광대소리 연구」,『한국전통문화논구』, 고려대 민족문화연구소, 1990.

이보형,「판소리 사설의 극적 상황에 따른 장단조의 구성」,『예술원논문집』14, 한국예술원, 1975.

이혜구,「송만재의 관우희」,『판소리연구』1, 판소리학회, 1989.

임진택,「살아있는 판소리」, 백낙청 편,『한국문학의 현단계』II, 창작과비평사, 1983.

전상욱,「방각본 춘향전의 성립과 변모에 대한 연구」, 연세대학교 박사학위논문, 2006.

전송열,「춘향전에 삽입된 한시의 양상과 그 기능적 의미」, 설성경 편,『춘향전 연구의 과제와 방향』,
국학자료원, 2003.

정무룡,「조선조 가객 연구」, 동아대학교 박사학위논문, 1993.

정출헌,「19세기 판소리사의 추이와 신재효」,『어문논집』37, 안암어문학회, 1998.

정출헌,「판소리 담당층의 변화에 따른 19세기 판소리사와 중고제의 소멸」,『민족문화연구』31집, 고
려대 민족문화연구원, 1998.

정하영,「〈광한루기〉연구」,『이화어문연구』12, 이화여자대학교 국어국문학과, 1992.

정하영,「〈춘향전〉 한문이본군 연구」,『성곡논총』29, 1998.

조동일,「갈등에서 본 춘향전의 주제」,『계명논총』6, 계명대학교, 1970.

조동일,「심청전에 나타난 비장과 골계」,『계명논총』7, 계명대학교, 1971.

조동일,「토끼전(별주부전)의 구조와 풍자」,『계명논총』8, 계명대학교, 1972.

조동일, 「흥부전의 양면성」, 『계명논총』 5, 계명대학교, 1968.

차충환, 「국문필사본 〈춘향전〉의 계열과 성격」, 『판소리연구』 18집, 판소리학회, 2005.

최동현, 「21세기의 판소리 〈춘향가〉」, 『판소리연구』 11집, 판소리학회, 2000.

최동현, 「판소리연구사」, 『판소리의 바탕과 아름다움』, 인동, 1986.

최동현, 「판소리의 세계화에 관하여」, 『판소리연구』 26집, 판소리학회, 2008.

최래옥, 「관탈민녀형 설화의 연구」, 『장덕순선생화갑기념 한국고전산문연구』, 동화문화사, 1981.

최래옥, 「판소리연구의 반성과 전망」, 『한국학보』 35집, 일지사, 1984.

최원오, 「〈무숙이타령〉의 형성에 대한 고찰」, 『판소리연구』 5집, 판소리학회, 1994.